"新标准"学前教育专业系列教材

幼儿园教育基础

（第二版）

主　编　张亚军
副主编　杨谊金　马　林
编　者　于邦辉　张　敏　林春霞
　　　　陈　睿　曹　宇　何丽丽

华东师范大学出版社
上海

图书在版编目(CIP)数据

幼儿园教育基础/张亚军主编. —2 版. —上海：华东师
范大学出版社,2020
ISBN 978 - 7 - 5760 - 0219 - 5

Ⅰ.①幼…　Ⅱ.①张…　Ⅲ.①幼教人员-师资培养-文
集　Ⅳ.①G615 - 53

中国版本图书馆 CIP 数据核字(2020)第 113497 号

幼儿园教育基础(第二版)

"新标准"学前教育专业系列教材

主　　编　张亚军
责任编辑　李　琴
责任校对　胡　静　时东明
装帧设计　庄玉侠
封面图　率　菲
插　　图　吴　诺

出版发行　华东师范大学出版社
社　　址　上海市中山北路 3663 号　邮编 200062
网　　址　www.ecnupress.com.cn
电　　话　021 - 60821666　行政传真 021 - 62572105
客服电话　021 - 62865537　门市(邮购)电话 021 - 62869887
地　　址　上海市中山北路 3663 号华东师范大学校内先锋路口
网　　店　http://hdsdcbs.tmall.com

印 刷 者　上海市崇明县裕安印刷厂
开　　本　787×1092　16 开
印　　张　17.25
字　　数　377 千字
版　　次　2021 年 1 月第 2 版
印　　次　2021 年 1 月第 1 次
书　　号　ISBN 978 - 7 - 5760 - 0219 - 5
定　　价　43.00 元

出 版 人　王　焰

(如发现本版图书有印订质量问题,请寄回本社客服中心调换或电话 021 - 62865537 联系)

Chubanshuoming | 出版说明（第二版）

本书是根据学前教育专业新标准和新理念编写的一本教材，为学前教育及其相关专业学生量身定做。

本书全面具体地向大家介绍了幼儿园教育涵盖的知识，内容广泛，引导学习者结合当前幼儿园教育改革的现状，思考和分析问题，培养学习者独立思考、分析问题和解决问题的方法和能力。本书主要栏目设置如下：

思维导图：提供直观式的单元结构和内容要点。

学习指导：对学习过程提供操作性建议，为读书笔记、同伴讨论、全过程学习等预留记录空间。

推荐资源：对海量学习资源的集约式遴选，为深度及拓展学习提供参考。

单元作业：针对单元核心要点设计的检测任务，注重专业知识的融会贯通和专业能力的提升。以可裁剪活页等方式呈现，便于教学实施。

目标指引：本单元内容的学习应达到的目标。

小资料：针对知识点进行的资料补充和说明。

共同讨论：针对学习内容提出问题，在讨论中思考和学习。

本书相关资源请至 have. ecnupress. com. cn 中的"资源下载"栏目，搜索关键词"幼儿园教育"进行下载。

另，本书部分图片取自网络和其他书籍，来源明确的已做标注，如有不妥之处，也请联系我们。

华东师范大学出版社

2021 年 1 月

Qianyan | 前 言（第二版）

　　本教材初版自 2014 年出版以来，在全国众多职业院校学前教育及其相关专业使用，颇受好评。通过多轮的教学实践反馈，并结合职业教育、教师教育形势发展，现决定做一次修订。

　　根据《国家职业教育改革实施方案》提出的"建设一大批校企'双元'合作开发的国家规划教材，倡导使用新型活页式、工作手册式教材并配套开发信息化资源"要求，结合本教材自身特点，本次改版除对各章节内容做必要的修改完善外，重点在以下方面做了一些新的尝试和探索。

　　首先，重视与幼儿园一线合作开发，吸纳了幼儿园一线骨干教师参加修订，在案例遴选、讨论、作业及任务设计、资源推荐等方面紧密结合幼儿园工作实际，使本课程的学习能强力支撑专业能力的培养。其次，突出教学指导，努力使静态的教材指向动态的教学，对教学双方及教学过程提供操作性建议，尤其是学法指导。通过设置"思维导图"、"学习指导"等栏目，以可裁剪活页等方式记录学习过程，为读书笔记、小组讨论、全过程学习预留记录空间。再次，在延伸拓展等方面做了一些新的尝试，希望学习者能基于教材继续出发，在深度学习和融会贯通的基础上进一步拓展延伸，以追求最佳的学习效果。通过"小资料"、"推荐资源"、"单元作业"等栏目，为进一步激发学习兴趣提供后续学习的线索。

　　本教材初版由合肥幼儿师范高等专科学校及兄弟学校学前教育专业教师参与编写，本次修订邀请了合肥幼儿师范高等专科学校学前教育系张敏、林春霞、陈睿老师参与，还从幼儿园一线邀请了合肥幼教集团实验幼儿园曹宇园长、合肥市安庆路幼儿园何丽丽老师参与，具体负责与幼儿园实践相关的案例遴选、任务设计等。各章节修订分工如下：张亚军修订了绪论及第一、五单元，马林修订了第二、三、四单元，杨谊金修订了第六、七、八单元，于邦辉修订了第九、十、十一单元。修订工作总体设计、任务分工及统稿由张亚军负责。

　　本教材修订依托安徽省"高水平高职教材建设"项目（项目号：2018yljc197）实施，是该项目的成果体现。该项目同时也是国家级职业教育学前教育专业教师教学创新团队、安徽省学前教育"高水平高职专业"等项目建设的成果。本次修订得到了合肥幼儿师范高等专科学校学前教育系领导及同仁的指导和关心,且对同行成果多有参考,谨致谢意!期待读者的指正。

　　本次修订得到了合肥幼儿师范高等专科学校学前教育系领导及同仁的指导和关心,同时,对同行成果多有参考,谨致谢意!期待读者的指正!

张亚军

2021 年 1 月

在学前教育专业课程体系中，"学前教育学"是专业基础理论课，处于专业课程"金字塔"的底座位置。其地位坚不可摧，其重要性毋庸置疑。但平心而论，对于教师而言，这门课程看似入门容易，实则不易把握，要想讲得出彩、深受学生喜欢就更不容易了。结合多年的教学经验，我们觉得课程要尽可能避免以下问题：体系庞杂，语言晦涩；理论有余，实用不足。为了淡化课程的理论色彩，我们将课程名称改为"幼儿园教育基础"，并归纳了简明实践取向的课程改革目标。

简明首先是指内容体系简明扼要，容易理解，在内容的取舍上以是否有助于幼儿园教师在一线工作中解决实际问题和提升保教水平为参照。在内容的呈现方式上，也要体现出简明性。文字表述应该是简明的，不应该是晦涩的，更不应该将简单明白的道理复杂化。我们也希望课程的讲述是简明的，能用简单通俗的大白话讲清楚问题。

实践首先是指教材的所有内容都是指向解决一线问题的，而不是为了维护一个严密的知识体系。因为这门课程是为培养合格幼儿园教师服务的，所以不能脱离幼儿园一线的实际；其次应该有丰富的一线资料和案例来充实教材，这样才会淡化理论的色彩，才会更好地融合理论与实践；还要有明确的实训与实践的任务安排，这样才能将传统的专业理论课程改造成为实践取向的课程。

当然，以上只是我们粗浅的改革设想和尝试，力图落实到本教材中，但或许心有余而力不足。在学前教育发展的新形势和幼儿园教师教育改革的大背景下，如果我们能做出点滴努力就感到十分荣幸了！

本书编者均执教本门课程多年，有丰富的教学及教改经验。编写成员包括合肥幼儿师范高等专科学校的张亚军、马林、杨谊金老师，安徽省宿州逸夫师范学校的于邦辉老师。张亚军编写了绪论及第一、五单元，马林编写了第二、三、四单元，杨谊金编写了第六、七、八单元，于邦辉编写了第九、十、十一单元。惠州商贸旅游高级职业技术学校张宾华、惠州工程职业技术学校于正志、惠城职业技术学校钟小容和南宁市商贸学校的宋沅昕老师也参与了部分内容的编写。张亚军负责全书框架体系的确立及统稿,马林协助编写提纲及统稿。

本书编写得到了合肥幼儿师范高等专科学校领导及学前教育系领导的关心和支持,本书是学前教育系教学团队建设的成果体现,也是 2012 年安徽省高等学校省级质量工程"精品资源共享课"项目——"学前教育学"、"教学研究重点项目"——"基于《教师教育课程标准(试行)》的高专学前教育专业主干课程教学改革研究"的成果。

虽然笔者一直致力于本门课程的改革与建设,但限于精力和水平,难免仍有不少遗憾,恳请同行及读者的批评指正!

张亚军

2014 年 12 月

Mu lu | 目 录

课程篇

实物篇

 绪　论

感悟幼儿园教育

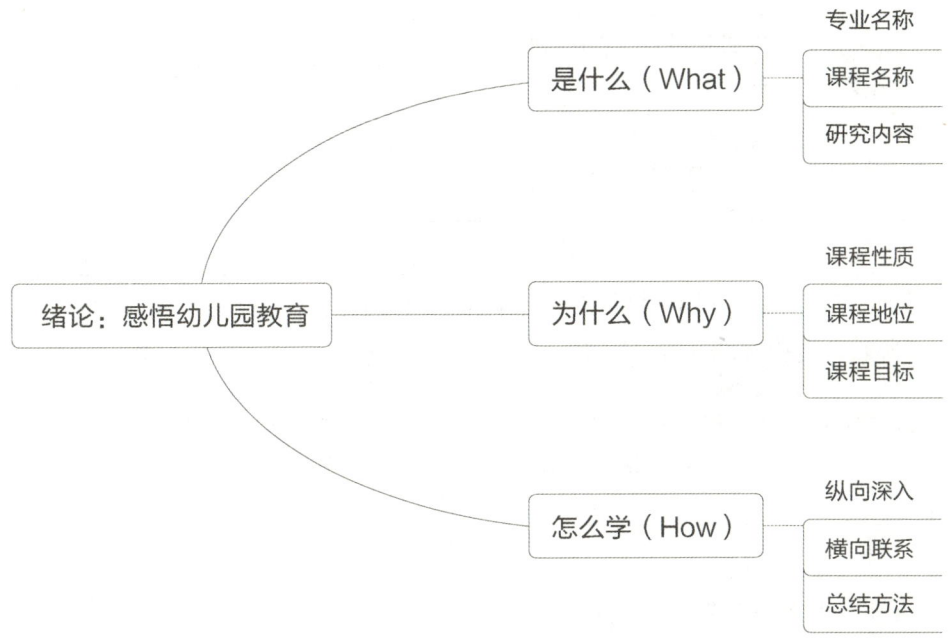

学习指导

课前准备：浏览教材内容，尽可能完成以下任务。

1. 提炼教材要点：

_____

_____

_____

_____

2. 提出需要向教师请教的问题：

_____

_____

_____

3. 同伴讨论：我对当前幼儿园教育的了解。讨论记录：

_____

_____

_____

课堂讨论：积极参与课堂讨论，并记录要点：

_____

_____

_____

课后延伸：学习并保存以下材料，提炼与本课程相关的要点。

1.《教师教育课程标准（试行）》：

_____

_____

_____

2. 本专业人才培养方案：

_____

_____

_____

_____

　　亲爱的同学们，我们已经迈进了学前教育专业的门槛，但专业课程可能还接触不多，为了将来做一名合格的幼儿园教师，学好这些专业课程是很重要的。我们即将学习的这门课程，是所有专业课中最重要、最基础的一门课程。

一、这门课是什么

（一）专业名称是什么

目前本专业的通用名称是"学前教育"，但还有其他与此相关、容易混淆的名称，比如"幼儿教育"、"早期教育"。这三个名称究竟有何区别呢？专业的名称为何会发生变化呢？

"幼儿"一般指 3—6 岁儿童，是一个指称很明确的词，所以，"幼儿教育"（young children education）指的就是针对 3—6 岁儿童实施的教育。

"学前"顾名思义就是指上学之前，这个"上学"一般指的是学校教育，而国际通行（包括我国）的入学年龄一般是 6 周岁左右，所以，"学前教育"（preschool education）指的就是针对上学之前，即 0—6 岁儿童实施的教育。

"早期"是一个指称不太明确的词语，既可以理解为人生的早期，也可以理解为儿童的早期，但究竟几岁之前为早期并没有明确的说法。所以，早期教育指的是针对哪个年龄段的教育似乎有点模糊。国内有个约定俗成的说法是把"早期教育"指称 0—3 岁儿童的教育，即婴儿阶段的教育，但国际上通行的"早期教育"（early childhood education）指的是针对 0—8 岁儿童的教育。

表 1　学前教育专业各名称对照表

名称	教育对象年龄	教育机构	职业岗位	备注
学前教育	0—6 岁	幼儿园、亲子园、托儿所	幼儿园教师、育婴师	
幼儿教育	3—6 岁	幼儿园	幼儿园教师	
早期教育	0—3 岁	亲子园、托儿所	育婴师	
	0—8 岁	preschool、k－3（幼儿园至三年级）	学前机构教师、小学教师	美国用法
婴儿保育	0—3 岁	亲子园、托儿所	育婴师	规范名称

（二）课程名称是什么

这门课程最常用的名称是"学前教育学"，当然，在不同的时期也各有不同，比如"幼儿教育学"、"学前教育原理"、"幼儿教育学基础"等。我们使用的名称是"幼儿园教育基础"，主要基于以下考虑。

首先是不强调课程内容体系的严密完整，而强调这个专业所必需的基础性、通识性的知识，即学这个专业所应该了解的常识性内容。出发点是幼儿园教师一线工作需要什么，这门课程就尽力呈现这些基础性的内容。

其次是不强调教育对象涵盖 0—6 岁整个学前阶段，而主要指向幼儿园阶段。因为当前幼儿园阶段的招生年龄也延伸到了 2 周岁左右，所以本课程也会适当顾及 2—3 岁儿童的教育。另外，对幼儿园以外的教育，比如 3—6 岁儿童的家庭教育不作为重点，但要论及幼儿园教师如何指导家庭教育。

（三）课程要研究什么

1. 什么是教育

教育是一种社会现象或活动，是一种具体的行为实践。广义而言，我们可以把一切对个体能产生积极影响、促使个体行为发生积极变化的行为都称之为教育。比如读了一本书、听了一席话、看了一段视频、父母的苦口婆心等，都算是广义的教育。

而狭义的教育主要是指有目的、有计划、系统地对个体产生正面影响，促使个体发生积极变化的行为。这种行为主要发生在专业的教育机构中，所以，狭义的教育主要是指学校教育，当然也包括幼儿园教育。

2. 什么是幼儿园教育

对应教育的含义，以0—6岁儿童为对象的教育行为可称为学前教育。因为教育有广义和狭义之分，学前教育也有广义和狭义之分。前者包含一切对0—6岁儿童产生积极影响的行为，如媒体的积极影响、父母的养育等；后者主要指的是专业机构所开展的有目的、有计划、系统的教育行为，主要指的是幼儿园教育。当然，随着现在教育机构（早教园、亲子园等）对0—3岁儿童教育的正规化和系统化，这些也可纳入狭义的学前教育。

本课程主要就是指幼儿园教育。

3. 什么是幼儿园教育基础

本书分为三篇。常识篇主要探讨幼儿园教育工作入门性、基础性、常识性的内容，我们不使用"学前教育学"的名称，就是试图淡化其理论性并强调对幼儿园基本要素的分析；课程篇主要探讨幼儿园一日各种类型活动的系统设计、组织与实施；实务篇主要探讨幼儿园教师基本的班级管理要求，以及幼儿园与外部的衔接与合作。

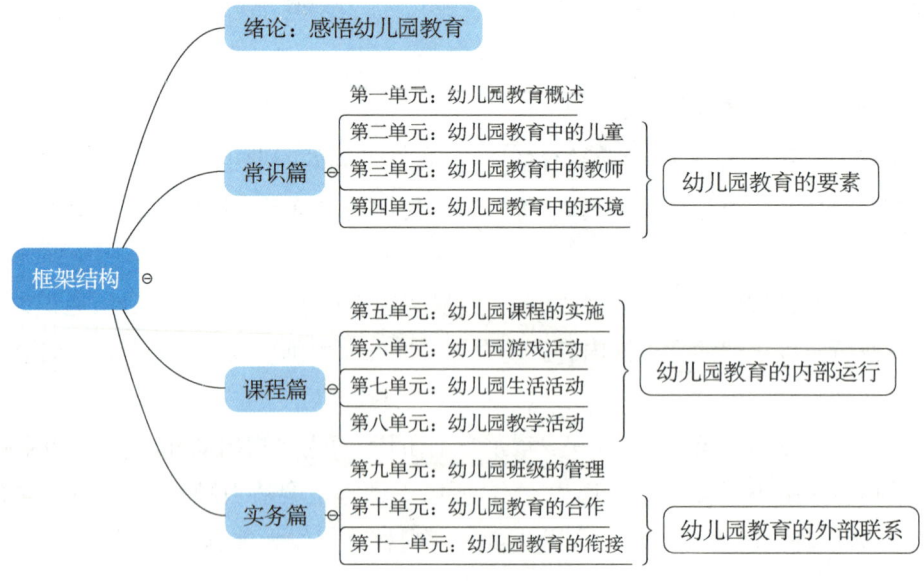

图1　内容体系及结构图

二、为什么学这门课

（一）课程性质

如前所述，本课程是学前教育专业学生必修的一门专业基础课，同时渗透普通教育的基础知识，是学前教育专业的入门性、通识性课程，与学前儿童发展、幼儿园卫生保健、幼儿园游戏等课程一起处于专业课程体系"金字塔"底座的位置，为学生进一步学习其他专业课程奠定基础。

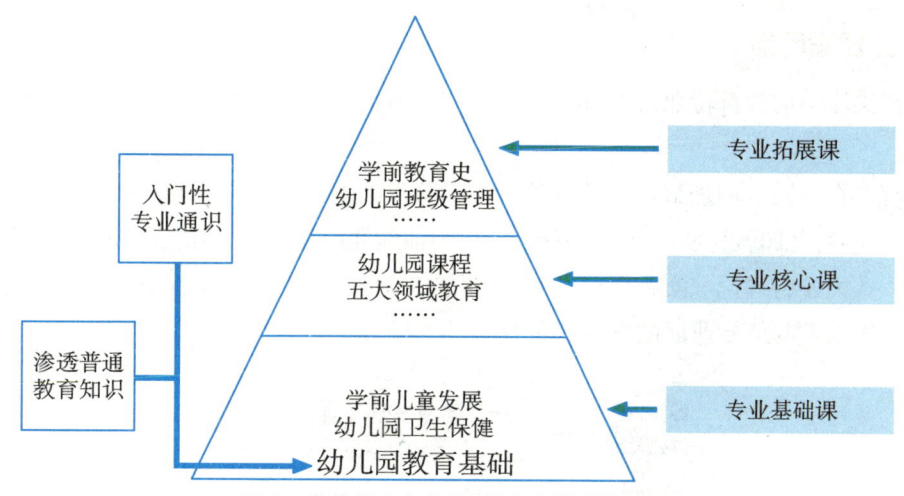

图2 学前教育专业课程"金字塔式"结构图

（二）课程地位

这门课程要为学前教育专业人才培养目标服务，2012年颁布的《幼儿园教师专业标准（试行）》规定："幼儿园教师是履行幼儿园教育教学工作职责的专业人员，需要经过严格的培养与培训，具有良好的职业道德，掌握系统的专业知识和专业技能。"这门课程在"常识篇"通过学习幼儿园教育的基本常识，渗透职业理念和师德的教育传递专业基础知识；在"课程篇"和"实务篇"中强调将专业基础知识运用于一线的实际技能。

本课程还与《教师教育课程标准（试行）》中"幼儿教育基础"的学习领域相对应。

表2 幼儿园职前教师教育课程设置表

学习领域	建议模块
1. 儿童发展与学习	儿童发展；幼儿认知与学习；特殊儿童发展与学习等
2. 幼儿教育基础	教育发展史；教育哲学；课程与教学理论；学前教育原理等
3. 幼儿活动与指导	幼儿游戏与指导；教育活动的设计与实施；幼儿健康教育与活动指导；幼儿语言教育与活动指导；幼儿社会教育与活动指导；幼儿科学教育与活动指导；幼儿艺术教育与活动指导；0—3岁婴幼儿保育与教育；幼儿园教育环境创设；幼儿园教育评价；教育诊断与幼儿心理健康指导等

续表

学习领域	建议模块
4. 幼儿园与家庭、社会	幼儿园组织与管理;幼儿园班级管理;家庭与社区教育;教育资源的开发与利用;幼儿教育政策法规等
5. 职业道德与专业发展	教师职业道德;教育研究方法;师幼互动方法与实践;教师专业发展;教师语言技能;音乐技能;舞蹈技能;美术技能;现代教育技术应用等
6. 教育实践	教育见习;教育实习等

（三）课程目标

本课程关注学前教育行业发展,提供职业理想与信念教育的平台,致力于专业理念与师德的提升。

本课程在帮助同学们理解学前教育基本常识的基础上,使大家能把握幼儿园教育的现状及规律,深入了解幼儿园教育实际,学会审视、分析当前幼儿园教育实践中的问题。

本课程致力于将理论与实践融合,培养幼儿园教师一线工作所需的基本能力,为大家进入托幼机构工作以及其他专业课的学习打下良好的基础。

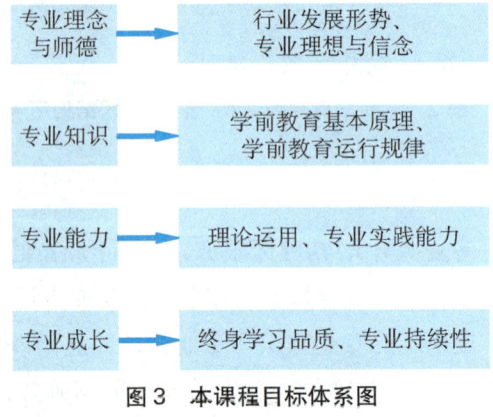

图3　本课程目标体系图

本课程还注重促进自主学习能力等学习品质的提升,着眼于同学们的终身学习和持续发展。

共同讨论

1. 你是否花心思考虑过学习的方法?介绍你在学习中积累的行之有效的方法。

2. 本类型课程学习的困难是什么?提出来大家一起讨论。

三、怎么学这门课

学习一方面没有捷径可走,不花功夫是不行的;但另一方面,学习又要讲究方法。所谓"磨刀不误砍柴工",归纳总结可靠的学习方法是有必要的。

（一）纵向深入

1. 要态度认真，不能不求甚解

任何一门课程的学习都要花费相应的时间，要精读细读、读深读透。这一方面要靠自己认真研读，特别是课前的准备以及课后的整理等；另一方面要借助于课堂上教师的讲解、自己主动的问询和积极的参与等。特别是对于存疑的地方，要与老师、同学充分交流，力求了然于胸。

2. 要勤于思考，不能单向接受

学习首先是一个输入的过程，然后还要有一个内化的过程，最后还应有一个输出的过程。输入主要是指接受，但学习不应止于此，还应在此基础上勤于思考、善于发问，甚至还要有质疑和批判的精神。要将知识内化到自己的知识结构中，最终形成自己的看法，有发表见解的能力。

3. 要粗细结合，不能平均着力

学习一门课程是一个系统工程，要持续很长一段时间，需要精读与泛读、宏观与微观相结合。建议先把书读薄，即先从宏观、总体上把握这门课程的框架、体系、结构；再把书读厚，即在把书读薄、把握总体的基础上，逐层深入，精细阅读，好比在知识骨架上逐渐充实血肉，使其充满活力。

（二）横向联系

1. 联系一线教学实际——实践性学习

本课程要为将来从事幼儿园教师工作服务，所以时刻对应着幼儿园一线。通过一线教学中的实例、案例、情境、问题来开展教学，致力于解决幼儿园一线中的具体问题。这需要搜集并拓展相关实例资源，也可利用模拟的实训场所，更要结合下园的实习来学习。

2. 联系相关课程——关联性学习

正如"金字塔"式的课程结构所反映的层次关系，专业课程之间相互关联，也可能存在着相互重叠和补充的关系。如心理学相关课程为本门课程提供了一些前提性知识，本门课程又为活动设计等课程提供了前提性知识等。这需要在学习本门课程和在之后的学习中做到相互联系，融会贯通。

3. 联系社会现象——研究性学习

广义的学前教育不仅仅指幼儿园教育，还包括家庭、社会教育等更大的范围，幼儿园教育往往与更广阔的教育及社会现象交织在一起，比如社会上出现面向幼儿的各种各样的兴趣班、考级热，以及不少家长仍持有的"拔苗助长"心理等。因此，还要学会以专业的角度去分析教育现象，围绕相关主题开展自主的研究性学习。

关于学习方法，推荐如下四个关键词：理解——思考——应用——批判。

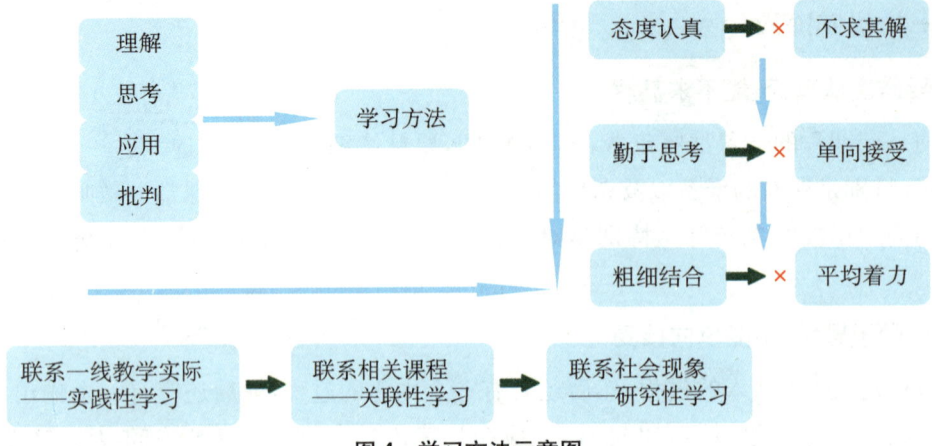

图4　学习方法示意图

（三）总结方法

下面请你自己再认真思考一下关于学习方法的问题，把从各种途径获取的有关学习方法的信息填写在下表中，并最终归纳出不超过 20 字的学习本门课程的"秘笈"，用以全程指导本门课程的学习。当然，你可以随时完善、调整这张表格。

表3　学习方法讨论记录表

老师推荐的方法	1. 2. 3. ……
同学推荐的方法	1. 2. 3. ……
自己积累的方法	1. 2. 3. ……
学习秘笈（20字内）	1. 2. 3. ……

常识篇

CAHNG SHI PIAN

人类的幼儿教育很早就产生了,近代以来,幼儿教育逐渐成为一个专门的研究领域,形成了丰富的幼教思想宝库。

第一单元 幼儿园教育概述

 思维导图

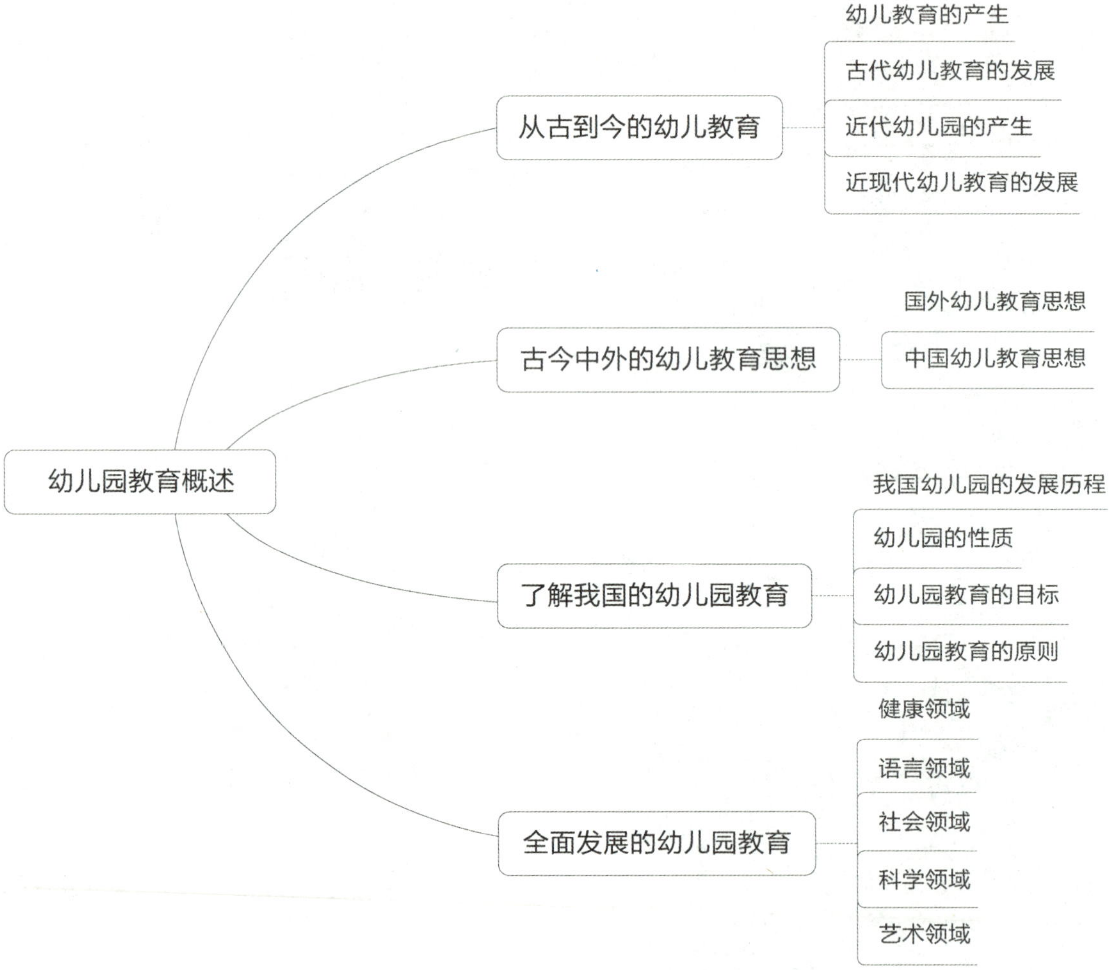

从古到今的幼儿教育
- 幼儿教育的产生
- 古代幼儿教育的发展
- 近代幼儿园的产生
- 近现代幼儿教育的发展

古今中外的幼儿教育思想
- 国外幼儿教育思想
- 中国幼儿教育思想

幼儿园教育概述

了解我国的幼儿园教育
- 我国幼儿园的发展历程
- 幼儿园的性质
- 幼儿园教育的目标
- 幼儿园教育的原则

全面发展的幼儿园教育
- 健康领域
- 语言领域
- 社会领域
- 科学领域
- 艺术领域

 目标指引

1. 能清晰地描述幼儿教育的历史发展进程，特别是在此进程中的重要事件。

2. 能清晰地描述幼儿教育思想发展的脉络,重点把握幼儿教育发展史上最有影响力的幼儿教育家及其思想,如夸美纽斯、福禄贝尔、蒙台梭利、陈鹤琴等。

3. 能清晰地描述我国幼儿园教育的基本概况,了解我国近代幼儿园的发展历程,能清晰地阐述我国幼儿园的性质、目标,理解幼儿园教育的基本原则。

4. 能清晰地阐述全面发展的幼儿园教育的内涵,熟悉各领域教育的目标、内容、指导要点、教学建议等。

课前准备:浏览教材内容,尽可能完成以下任务。

1. 提炼教材要点:

_____

_____

_____

_____

2. 提出需要向教师请教的问题:

_____

_____

_____

_____

3. 同伴讨论:(1)古代有没有幼儿园? (2)历史上对幼儿园教育影响最大的人物和思想有哪些? (3)如何理解我国幼儿园教育的目标? (4)如何理解全面发展的幼儿园教育?

讨论记录:

_____

_____

_____

_____

课堂讨论:积极参与课堂讨论,并记录要点:

_____

_____

_____

_____

课后延伸:学习并保存以下材料,提炼与本单元相关的要点。

1.《幼儿园工作规程》(2016 版):

_____

_____

_____

2.《幼儿园教育指导纲要(试行)》:

_____

_____

_____

3.《3—6 岁儿童学习与发展指南》:

_____

_____

_____

_____

单元导言

师:同学们,你们觉得古代社会有幼儿园吗?

生:有,古代不是有私塾吗?

生:好像不对吧,私塾应该相当于今天的小学。

师:你们绝大多数人都上过幼儿园吧? 你们觉得自己的幼儿园生活过得如何?

生:是我过得最快乐的一段日子,因为老师很喜欢我,还有最好的朋友,我每天都喜欢上幼儿园。

生:老师发火的时候有点可怕,我最怕被老师送到别的班去。

生:我没上过幼儿园,只上过学前班。

师:还记得在幼儿园都干些什么吗?

生:玩游戏、玩雪花片、玩橡皮泥,还有木头人。放学了在儿童乐园疯玩,不愿意回家。

生:上课,每天都上课,但是很好玩的,讲故事啦、画画啦、表演啦……

生:好像到大班的时候就要学拼音、认字,还要每天写字呢!

同学们,你们的幼儿园生活是什么样的呢?

第一节 从古到今的幼儿教育

对幼儿的教育自古有之，但把幼儿送到专门的机构中接受教育，是在一定的历史阶段才出现的。让我们梳理一下幼儿教育发展的历史脉络。

一、幼儿教育的产生

同学们在讨论的时候可能已经有了这样的结论：人类的幼儿教育很早就产生了。那么最早可以追溯到什么时候呢？

据相关的考古发现，在人类社会的早期已经有了一些显然是用于儿童玩耍的娱乐用具，如石球、陶球等。结合"绪论"中所讨论的幼儿教育概念可知：人类

共同讨论

1. 历史上最早的幼儿教育是从什么时候开始的？历史上最早的幼儿教育又是从什么时候开始的？
2. 我国的幼儿园教育普及了吗？

要延续下去，就要繁衍后代，而对未来的一代，必然要承担养育的义务。其中，"育"即指教育，比如传授基本的生产和生活的技能，培养其遵守规范和尊敬长者的道德，使其了解图腾崇拜及祭祀等宗教知识，满足幼子的情感和游戏的需求等。因为凡是对幼儿所实施的有积极影响的活动都可称之为幼儿教育，所以幼儿教育是伴随着人类社会的产生而产生的。

二、古代幼儿教育的发展

在原始社会，由于生存条件极其恶劣，幼儿教育主要是为了满足种族生存和繁衍延续的需要，在家庭未出现之前，实行的是儿童公养公育。幼儿教育与生产、生活紧密结合，也出现了早期的道德、艺术、宗教等教育内容。

在人类进入奴隶社会及封建社会后，幼儿教育也具有鲜明的阶级性和等级性，普通百姓子女的幼儿教育是极其有限的，只有王公贵族，甚至上层统治者才有资源及闲暇对子女实施教育。幼儿教育以家庭为单位实施，在特权阶级中出现了与生产、生活脱离的可能，因此教育的内容也丰富起来，涵盖体、智、德、美等各个方面，开始强调幼儿教育的重要性，注意到了游戏对幼儿发展的价值等。

由于古代时间跨度长，不同国家、地区、民族各不相同，因此古代幼儿教育的发展也呈现出不同的特色。比如古希腊斯巴达的幼儿教育带有强烈的尚武特征，雅典的幼儿教育注重培养未来公民的各种才能；古罗马的幼儿教育注重礼貌和宗教色彩的知识；西方中世纪的幼儿教育具有鲜明的基督教色彩；中国古代幼儿教育普遍重视智育，在编撰蒙养教材①方面取得了很大的成绩等。

---

① 古人把对儿童进行的初等教育称为"蒙养"，所用的教材就是蒙养教材.

小资料

中国蒙养教材

《三字经》、《百家姓》、《千字文》是中国古代三种启蒙读物,俗称"三"、"百"、"千",千百年来代代相传,产生了广泛而深刻的影响。《三字经》已被联合国教科文组织选入"世界儿童道德教育丛书"。加上《千家诗》,对应著名的四书五经,俗称"启蒙小四书"。

据说《三字经》有 1248 字,《百家姓》有 472 字,《千字文》有 1000 字,《千家诗》约 9000 字,去其重复,当有 2000—3000 字。如认识了这两三千字,则已是扫盲的水平。

《三字经》三字一句,隔句有韵;《百家姓》、《千字文》四字成句,都有韵脚,朗朗上口,容易诵读;《千家诗》更有韵脚平仄,诵读之声琅琅,抑扬有致。

这些虽非儒家正规经典,却大致包含了儒家文化的基本内容。

三、 近代幼儿园的产生

在古代社会,幼儿教育都是在家庭中进行的,也没有专职的幼儿教师。专门的幼儿社会教育机构和专职的幼儿教师是到了近代才出现的。

(一) 幼儿家庭教育与幼儿社会教育

古代的幼儿教育只有幼儿家庭教育,没有所谓的幼儿社会教育,因为专门的幼儿社会教育机构还未产生。一直到了 19 世纪中期,世界上第一所幼儿社会教育机构——幼儿园才正式建立。

在此之前,也零星出现了一些类似的机构,比如法国慈善家奥柏尔林于 1769 年创办的"编织"学校,英国空想社会主义者欧文于 1816 年创办的"幼儿学校",我国清代道光年间(1837 年)唐鉴等人创办的收养孤残幼儿的慈善机构"及幼堂"。这些机构虽然兼具教育的功能,但主要还是以照管、养育为主,所以并没有被认为是最早的幼儿社会教育机构。

(二) 近代幼儿园产生的历史背景

幼儿园是近代社会的产物,这是有其深刻的社会根源的。

 共同讨论

1. 古代社会为什么没有幼儿园?
2. 幼儿园为什么在近代产生?
3. 近代幼儿园产生的社会背景是什么?

最根本的原因当然是社会经济的发展。由于近代机器大工业的出现,改变了以前自给自足的自然经济形态。近代资本主义萌芽,大量的产业工人出现,不同于以前家庭作坊式的手工劳动,他们需要在工厂里按严格的工作时间从事流水线生产。年轻的产业工人一般需要夫妻双方均走入工厂劳动才足以养家糊口，这样就无法专门在家照料孩子。资本主义经济发展的内在需求决定了幼儿社会教育机构的产生成为必然。

资本主义的产生以第一次工业革命为标志，技术进步成为社会进步的重要推动力量，这在客观上推动了对技术和人才的需求，因而资本主义社会对教育也越来越重视。世界上第一所幼儿园在此社会需求下也必然地应运而生了。

（三）第一所幼儿园

1837 年，德国教育家福禄贝尔把精力完全投入了儿童教育，在勃兰根堡创办了一所"发展幼儿活动本能和自我活动的机构"，招收 3—7 岁儿童，并把以往发明的教具、材料应用其中。这所机构一直没有一个正式的名称，福禄贝尔也曾经想过几个名称，但都觉得不理想。

图 1-1　福禄贝尔幼儿园里的纪念碑

这所幼儿教育机构设在山林中，风景非常优美。1840 年的某一天，福禄贝尔和助手在树林中散步，看见山林中的花草树木充满生机和活力，因而深受感染：幼儿也是生机勃勃的个体，他们生活在自己创办的幼儿教育机构里，就像花和鸟儿生活在园林中一样。因此，他把幼儿比作需要呵护的花草树木，把教师比作辛勤的园丁，把教育机构比作美丽的花园，于是决定取名为"kindergarten"，即"儿童的花园"，中文翻译为幼儿园（幼稚园）。

因此，1837 年或 1840 年被认为是世界上第一所幼儿社会教育机构产生的年代，自此以后，幼儿社会教育机构在德国、欧洲乃至全世界遍地开花。福禄贝尔也因此被尊称为"现代幼儿园之父"、"世界幼教之父"。

四、近现代幼儿教育的发展

自近代幼儿园产生以来，幼儿教育的含义就发生了变化，即除了幼儿家庭教育，还包含幼儿社会教育，并且作为专业系统的教育机构，后者的发展和进步基本代表了幼儿教育的发展水平。

19 世纪后半叶，西方幼儿教育的发展表现在两个方面：一方面为社会下层家庭设立了幼儿学校、母育学校、简易幼儿园、孤儿院和托儿所等机构；另一方面为社会中上层家庭设立了幼儿园。在此阶段兴起的福禄贝尔幼儿园运动，成为促进西方幼儿教育发展的重要动因。随着近代初等义务教育的普及，各国政府对幼儿教育事业日益重视，西方各国公立幼儿教育机构得到较大发展，成为整个公立学校系统的有机组成部分。

19 世纪末至第二次世界大战以前，席卷欧美的教育改革运动对幼儿教育的发展有很大影响。美国开始反思福禄贝尔式幼儿园，出现了进步主义幼儿园运动，并波及各国。各国普遍重视对儿童的研究和教育实验，重视幼儿自身的主体地位。

二战后至 20 世纪 80 年代，幼儿教育领域出现了"智育中心"的倾向，各国为加强在国际竞争中的科技实力，日益重视幼儿的智力开发，强调科学启蒙教育。20 世纪 60 年代以后，因社会民主运动的影响，出现了幼儿教育机会均等运动。

20世纪80年代以后，幼儿教育的目标逐渐调整为重视幼儿个性的全面发展，强调幼儿的整体发展，幼儿教育拓展了教育补偿和治疗的功能。幼儿教育的民主化和平等化成为重要的发展趋势：幼儿教育普及率逐渐上升，幼儿教育的公平性加强，政府也逐渐对幼儿教育进行财政支持。

第二节　古今中外的幼儿教育思想

近代以来，幼儿教育逐渐成为一个专门的研究领域，出现了专门的幼儿教育家。这些对幼儿教育发展产生重要影响的人物的观点构成了幼儿教育思想的宝库。

一、国外幼儿教育思想

古代的幼儿教育还没有专门化、系统化，主要是在家庭中进行的，因此还未出现专门研究幼儿教育的人，也没有系统的幼儿教育思想，但在一些哲学家、思想家的著作中有零星的论述，比如在古希腊哲学家柏拉图的《理想国》、古罗马学者昆体良的《雄辩术原理》中都有关于幼儿教育的阐述。在古罗马后期，基督教开始兴起，整个西方的中世纪教育也深受基督教宗教蒙昧主义的影响，幼儿教育笼罩在其阴影之下。一直到了文艺复兴时期，高举"人本主义"的大旗，崇尚人的自由和个性，树立了全新的儿童观。这一时期出现了著名的人文主义教育家及其代表作，如伊拉斯谟的《幼儿教育论》，这表明幼儿教育逐渐成为一个专门的研究领域。

（一）夸美纽斯

图1-2　夸美纽斯

夸美纽斯是17世纪捷克的教育家，一生颠沛流离，终身矢志教育，留下了丰厚的教育遗产，幼儿教育是其中最重要的组成部分。

夸美纽斯的教育思想构成了一个完整的体系，称为"泛智主义"教育思想。所谓"泛智主义"即"广泛的智慧"，他自己解释为要阐明"把一切事物教给一切人类的全部艺术"。

1. 教育适应自然

这是夸美纽斯提出的教育主导原则。他看出旧教育的最大弊端就是违背自然，不管学生的兴趣和水平，只要求学生死记硬背，将大量知识不加选择地灌输给学生。要改革旧教育，就必须贯彻教育适应自然的原则。

夸美纽斯所认为的"适应自然"就是遵循自然界的"秩序"，即自然和社会中普遍的法则。人类属于自然界的一个部分,人类的教育也应遵循自然界的法则。比如万物于春天复苏,园丁在春天种植,"人生的春天"就是童年时期,应该施以适宜的教育,以使苗壮成长。可见,"适应自然"的主张体现了依据人的天性和身心发展规律进行教育的朴素的思想。

2. 国民教育体系

夸美纽斯从其"适应自然"的教育主张出发,构建了一个完整的"泛智主义"教育体系。他认为从婴儿期开始直至 24 岁左右都是适合教育的时期,并大致以每 6 年为一个阶段,分为四个时期:婴幼儿期(0—6 岁)、儿童期(7—12 岁)、少年期(12—18 岁)、青年期(18—24 岁)。对应着每一个阶段,分别设立不同的学校。

他认为应在每个家庭设立母育学校,即"母亲膝前的学校",由母亲对婴幼儿进行教育。他说,在母育学校里,应当把"一个人在人生旅途中所应当具备的全部知识的种子播种到他的身上"。虽然这仍然指的是家庭教育,并不是一所真正意义的学校,但强调了家庭和母亲教育的重要性。

3. 教学一般原则

夸美纽斯认为教学必须考虑儿童的特点,使教学变得容易、愉快、省力、省时、牢固、彻底。如何能做到呢? 他提出了以下具体的原则。

(1) 要废除强制灌输的方法,激发儿童学习的自觉性和主动性。他认为强迫孩子去学习,实际上是大大地伤害了他们。他认为应当通过说服、赞扬、奖励和改进学校环境、教学方法等一切可能采用的方式,把学生求知的欲望激发起来。

(2) 要废除引经据典、咬文嚼字的讲授法,运用直观教学。他把直观教学定为教师的一条"金科玉律",要求在一切教学中普遍运用。认为教学要从观察事物开始,如果没有实物,就用图像、模型等直观教具代替。

(3) 要循序渐进地教学,不可使学生负担过重。教学内容的安排要由易到难、由简到繁、由近及远。教学的分量要适合学生的接受能力,不可使学生负担过重、精力耗尽。

小资料

夸美纽斯的教育遗产

● 《母育学校》,于 1630 年完成,1633 年出版。世界上第一部学前教育专著,详细论述了在家庭中对婴幼儿实施教育的各种问题。

● 《大教学论》,于 1632 年完成,1657 年出版。世界上第一部教育学专著,标志着独立形态的教育学的开端,论述了诸如教育目的、任务、作用、教育的基本原理、教学原则、内容、方法、德育等教育学基本内容。

● 《世界图解》,于 1654 年完成,1658 年出版。世界上第一部插图本的儿童读物,依据直观原则编写的对幼儿进行启蒙教育的看图识字课本。

夸美纽斯站在新旧时代的分水岭上，对幼儿教育进行了最早的系统阐述，标志着幼儿教育成为一个专门的研究领域。他留下了丰厚的教育遗产，其"适应自然"的教育原则对后世影响深远，他的一些教育主张在今天仍不乏借鉴意义。

（二）福禄贝尔

图1-3　福禄贝尔

福禄贝尔是19世纪德国著名的教育家，创办了世界上第一所幼儿园，建立了完整的幼儿园课程体系，奠定了近代幼儿园教育的基石。

1. "恩物"与作业

"恩物"（gifts）实际上是福禄贝尔为幼儿园设计的一套教学材料，寓意为"上帝恩赐给孩子的礼物"，是最早积木的雏形。福禄贝尔创制的"恩物"主要有六种。

比如第一种"恩物"是装在木盒子里用羊绒制作的软质彩球，分成红、黄、蓝、绿、紫、白6种颜色。每个小球上系有两条线供玩耍，可帮助幼儿辨别几种基本颜色、锻炼肌肉、训练感觉、培养注意力和独立活动的能力，还能帮助其发展语言、理解抽象概念等。

第二种"恩物"是木制的圆球、立方体和圆柱体。福禄贝尔认为，圆球是运动的象征，立方体是静止的象征，圆柱体则是球体和立方体两种形态的结合。用各种方法使圆球、立方体和圆柱体摇摆、滚动、平衡等，就能展现它们的各种特性。借助于这种"恩物"，能使幼儿辨别这三种物体的异同，并认识物体的各种形状和各种几何图形。

第三种"恩物"是一个可以分成8个相同小立方体的木制大立方体。通过对它们组合和分割，能使幼儿认识部分与整体、部分与部分之间的关系，还能激发幼儿的建造能力。

其他几种"恩物"也都体现了几何形体的分解与组合。

图1-4　各种"恩物"

作业是福禄贝尔为儿童设计的各种制作活动。从某种意义上来说,作业是"恩物"的发展,它要求幼儿将"恩物"的知识运用于实践。作业的种类有很多,有绘画、纸工(如编纸、折纸、剪纸等)、用小木棒或小环拼图、刺绣、图片上色等,还有利用"恩物"按照成人绘制的图形镶嵌起来的作业等。

2. 游戏及歌谣

福禄贝尔详细论述了儿童游戏的整个体系,并且阐明了游戏对教育的巨大意义。福禄贝尔把游戏分为三类:第一类是身体的游戏。这是一种模仿自然界的某些现象和周围成人生活中某些动作技能的游戏(如"磨坊"、"蜗牛"等),主要是为了锻炼幼儿的身体,既可以作为力量和灵活性的练习,也可以是内在的生活勇气和生活乐趣的表达。第二类是感官的游戏,既可以是听觉的练习(如捉迷藏等),也可以是视觉的练习(如辨别色彩的游戏等)。第三类是精神的游戏,主要是为了训练幼儿的思考和判断等能力。

福禄贝尔还强调集体游戏在幼儿园中的重要性,并认为许多有趣味的游戏只能在集体性游戏中才可能进行。通过集体游戏,不仅可以使幼儿学会尊重别人,养成幼儿节制、友爱、勇敢等良好的品质,还可以培养幼儿间友爱和信赖的感情。

福禄贝尔建立的幼儿园标志着近代幼儿社会教育的开端,这种机构一直延续、发展到现在。现代的幼儿园仍然在福禄贝尔确立的框架和体系内发展,致力于促进儿童的全面和谐发展,成为"儿童成长的乐园"。

(三)蒙台梭利

图 1-5　蒙台梭利

蒙台梭利是 20 世纪意大利著名的幼儿教育专家,在她所主持的"儿童之家"中,她将特殊儿童的训练方法成功地运用于正常儿童身上,建立了以"教具"操作为基础的幼儿教育方法,影响深远,沿用至今。她对幼儿教育的贡献既有理论上的,又有方法上的。《蒙台梭利教学法》《童年的秘密》是其代表作。

1. 儿童发展观

(1)心理(或精神)胚胎期。心理胚胎期即第二期的胚胎期,这也是人与动物的区别之一。在婴儿出生之时,生理胚胎已经形成,但心理能力几乎没有。大约需要一年多的时间,从"精神空白",经过接触外界环境的刺激,不断吸收、转化,然后发展成一个心理胚胎。

(2)吸收性心理。吸收性心理是儿童一种无意识的吸收环境而形成的特定的质的能力,就好比海绵遇到水一样,会主动去吸收。比如各种本地文化传统、风土人情、方言等都会无意识地成为个体心理品质的一部分,每个人都具有这种吸收性机能。

(3)敏感期。蒙台梭利几乎是最早明确地在教育中运用敏感期概念的。"正是这种敏感期,使儿童用一种特有的强烈程度去接触外部世界。在这个时期,他们对每样事情都易于学会,对一切都充满了活力和激情。"蒙台梭利细致地描述了在儿童不同年龄阶段会展现出来的秩序、细节、行走、手、语言等的敏感期。

秩序的敏感期

在我们学校最有趣的事情之一是，如果有任何东西被放错了地方，注意到它的儿童就会把这个东西放到规定的地方去。他会注意到最小的细节上的不一致，但成人和年龄更大一点的儿童就不会注意到这一点。例如，一块肥皂被放在脸盆架上而不是放在肥皂盒里，或者，一把椅子被放歪了或被放在不恰当的地方，看到它的儿童就会跑过去把它放在正确的地方。一些东西放得凌乱无序，似乎对他相当于是一种刺激，一种使儿童不安的信号。把东西放得整齐有序能给儿童带来真正的快乐。

（摘自《童年的秘密》）

2. 儿童教育观

（1）论自由、纪律与工作。在蒙台梭利看来，自由与纪律并不矛盾。在"儿童之家"里，幼儿在个别活动中有充分的自由，但同时又是有纪律的。真正的纪律是积极、活泼、主动、内在和持久的。从这个意义上来说，纪律就意味着自由。这样的纪律，必须、也只能建立在自由活动的基础上，表现在自由或自发的活动中。

蒙台梭利不十分赞成幻想性质的游戏活动，她更强调的是"工作"。蒙台梭利指出，儿童的工作与成人的工作在目的和要求的程度上不同，但其主要特征基本一致。工作是人类的天职和生活的需要，也是儿童的内在需要；儿童喜欢做事，他们常常模仿成人工作。

（2）论感觉教育。感觉教育在蒙台梭利的教育体系中占有重要地位，成为她教育实验的主要部分。感觉教育包括触觉、视觉、听觉、嗅觉和味觉等感官的训练。

蒙台梭利希望通过系统的感觉训练，使幼儿成为更加敏锐的观察者，增进他们的一般感受能力，使各种感觉处于完满的准备状态，为完成后续的诸如阅读、书写等复杂动作做好充分的准备。

（3）论教师。蒙台梭利学校的教师被称为"指导员"，她说："应用我的方法，教师教得少而观察得多；教师的作用在于引导儿童的心理活动和他们的身体发展。基于这一点，我把教师的名称改为指导员。"因此，教师是儿童的观察者和引导者，其主要职责是给幼儿准备一个适宜其发展的环境，做适当的引导工作，主要应由幼儿自己发展。当然，教师要有充分了解幼儿的能力，要能真正了解儿童的内在需要，不压制儿童的兴趣和自由活动。

3. 蒙台梭利方法

蒙台梭利根据"儿童之家"的教育实践，以精心设计的一套教具为基础，形成一整套的儿童教育体系。后来，应用于"儿童之家"的教育体系就以她的名字命名而流传于世。

蒙台梭利教具①

蒙台梭利方法基于孩子自发的活动,而这些活动源于由材料而唤醒的兴趣。

所有教具应精致有序、美丽光滑、制作精良。教具应完整无缺,对孩子而言,这些教具总是崭新、完整的,随时可用。

（1）实际生活练习。"儿童之家"以一系列实际生活的练习作为一天的开始,包括四项内容:清洁、秩序、安静和会话。

（2）肌肉训练。蒙台梭利把在"儿童之家"实行的帮助儿童发展肌肉的训练方法称为"体操",包括四类活动:锻炼下肢的各种运动、自由体操、教育体操和呼吸体操。

（3）自然教育和体力劳动。蒙台梭利受到园艺学教育方法的启示,把自然教育作为道德教育的重要手段之一,第一个"儿童之家"里就开辟了专门的种植园地。她非常重视手的发展,十分推崇泥塑活动。她在"儿童之家"教儿童制作陶器、用小砖砌墙,认为这样做能使儿童大致了解人类定居生活的主要劳动。

（4）感觉训练。蒙台梭利为儿童系统地设计了感觉训练的教具,包括触觉、重量

自古至今,对幼儿教育做出贡献的西方教育家可以列出一长串的名字,请对他们有基本的了解。

古希腊:柏拉图、亚里士多德。

古罗马:昆体良。

近现代:卢梭——自然教育；

裴斯泰洛齐——爱的教育；

爱伦·凯——儿童的世界；

杜威——儿童中心主义；

皮亚杰——建构主义。

① 译自"国际蒙台梭利协会"网站(http://www.montessori-ami.org).

觉、视觉、听觉、温觉、色觉、嗅觉、味觉等8种感觉训练。

（5）读写算练习。蒙台梭利认为儿童的语言是发展而来的，不是教出来的。她认为书写先于阅读。书写练习的步骤是：掌握和运用书写工具的肌肉运动机制的练习；建立字母符号的视觉；拼字练习。阅读教材由书写清晰的单词和短语的纸片和卡片组成，此外，还辅以各种玩具。她利用儿童日常生活中遇到的数学问题和游戏进行算术教学，并与感觉教育结合起来。

蒙台梭利对幼儿教育的影响是深远的，她所设计的教具和形成的方法至今仍被采用，这是任何一个幼儿教育家都无法与之比拟的。

二、中国幼儿教育思想

图1-6　陈鹤琴

在漫长的中国古代社会，也积累了一定的有关教养儿童的经验和思想，散见于典籍中。比如汉代学者贾谊针对太子的教育提出了一系列看法，北齐学者颜之推的《颜氏家训》中提出了家庭教育的一系列主张，宋代学者朱熹、明代学者王守仁在其著作中都有有关儿童教育的阐述。

近代思想家康有为提出了儿童公育的思想。随着幼儿园的出现，中国教育界的一些有识之士开始幼儿教育中国化的探索，做出了不朽的贡献，奠定了近代中国幼儿教育的基础。陈鹤琴、陶行知、张雪门、张宗麟等人是其中的代表人物，陈鹤琴更是领军人物。

陈鹤琴（1892—1982）早年留学美国，专心研究教育学和心理学，师从克伯屈、孟禄、桑代克等著名学者，回国后投身于中国化幼儿教育的探索中，全面奠定了中国幼儿教育的基石，贡献了毕生的心血。《儿童心理之研究》《家庭教育》是其代表作。

（一）"活教育"理论体系

"活教育"是陈鹤琴针对旧教育的弊端而提出的，以改变陶行知所说的"教死书，死教书，教书死；读死书，死读书，读书死"的问题。"活教育"形成了一个完整的理论体系，整个体系在三大目标（做人，做中国人，做现代中国人；大自然、大社会是知识的主要源泉；做中学，做中教，做中求进步）的统领下，构成了陈鹤琴教育思想的最高成就。

活教育的目的就是"做人，做中国人，做现代中国人"。具体来说，就是要有健全的身体，要有创造的能力，要有服务的精神，要有合作的态度，要有世界的眼光。

陈鹤琴在谈到"活教育"的课程时，提出"把大自然、大社会做出发点，让学生直接向大自然、大社会去学习"。他认为把书本作为唯一的学习材料是个错误的观念，因为书本上的知识是死的，是间接的，书本只可以适当用作参考。

陈鹤琴"活教育"的方法论吸收了杜威"做中学"的思想，但又更进了一步，不但要"做中学"，还要"做中教，做中求进步"。他说："我们强调儿童各类生活活动都要在户外，包括游戏、劳作、与大自然接触活动、自我表达课程、使用工具锻炼等，而不是像过去那样都在室内进行。"对于"活教育"的教学方法，他进行了长期的实践研究，将心理学具体化、教学法大众化，最终加以概括,提出了教学的17条原则。

共同讨论

"活教育"的十七条教学原则

原则一:凡是儿童自己能够做的,应当让他自己做。

原则二:凡是儿童自己能够想的,应当让他自己想。

原则三:你要儿童怎样做,就应当教儿童怎样学。

原则四:鼓励儿童去发现他自己的世界。

原则五:积极的鼓励胜于消极的制裁。

原则六:大自然大社会是我们的活教材。

原则七:比较教学法。

原则八:用比赛的方法来增进学习的效率。

原则九:积极的暗示胜于消极的命令。

原则十:替代教学法。

原则十一:注意环境,利用环境。

原则十二:分组学习,共同研究。

原则十三:教学游戏化。

原则十四:教学故事化。

原则十五:教师教教师。

原则十六:儿童教儿童。

原则十七:精密观察。

谈谈你对上述十七条教学原则的理解和认识,阐述这些原则对幼儿园教育的启示。

小资料

　　1923年,由陈鹤琴创办的南京鼓楼幼稚园(南京市鼓楼幼儿园前身)是中国化幼儿园的典型代表。

（二）幼儿园课程理论

陈鹤琴在鼓楼幼稚园进行了一系列的实验，涉及课程、教法、幼儿习惯及设备与玩具等诸多方面，但花费工夫最大、影响最深的要算是课程实验了。这个实验前后经历了不断调整的三个阶段：散漫期、论理组织期和设计组织期。简单而言，就是经历了一个儿童自发活动、教师预定活动和有必要预备的儿童自发活动这三个阶段。设计组织期又称中心制期，是根据儿童的日常生活经验按季节、节日等为中心去组织课程，规定儿童几天或一周为一个活动单元，围绕着这个单元将各项活动组织成有机整体，实行"整个教学法"。

具体在课程编制上，他提出了"五指"活动的新课程方案。意思是说这五种活动正像一只手的五个指头，各个指头相互联结构成一个整体。包括以下五个方面。

（1）健康活动：饮食、睡眠、早操、游戏、户外活动、散步等。

（2）社会活动：朝夕会、周会、纪念日、集会、每天的谈话、政治常识等。

（3）科学活动：栽培植物、饲养动物、研究自然、认识环境等。

（4）艺术活动：音乐（唱歌、节奏、欣赏）、图画、手工等。

（5）文学活动：故事、儿歌、谜语、读法等。

第三节　了解我国的幼儿园教育

一、我国幼儿园的发展历程

（一）清朝末年最早一批幼儿园

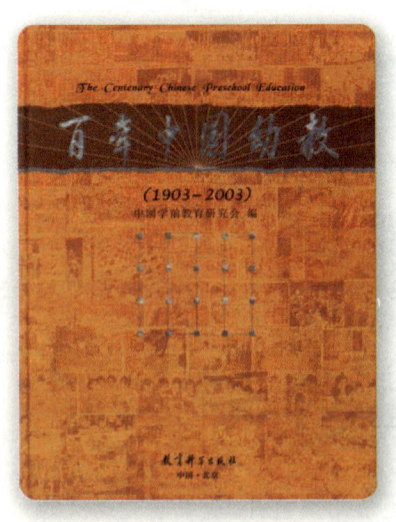

图 1-7 《百年中国幼教》

1904 年，清政府颁布了《奏定学堂章程》，即《癸卯学制》，确定了近代的学制系统。在这个章程中，为幼儿教育专门制定了《奏定蒙养院章程及家庭教育法章程》，这是我国近代幼儿教育的第一部法规。

1903 年，受两湖总督张之洞在湖北倡导新学的影响，湖北巡抚端方在武昌创办了我国近代第一所幼儿教育机构——湖北幼稚园。这是一个完全日本式的幼儿园。

在此前后，有代表性的官办幼儿教育机构还有湖南官立蒙养院（1905 年）、上海公立幼稚舍（1907 年）等。私立幼儿教育机构也出现了，具代表性的有上海务本女塾附设幼稚舍（1904 年），天津严氏蒙养院（1905 年）等。此间还出现了外国教会创办的幼儿教育机构，在数量上也大大超过了中国自办的机构。

（二）中华民国时期幼儿园发展

辛亥革命之后，1912年南京临时政府在蔡元培的主持下颁布了《壬子癸丑学制》，"蒙养院"改称"蒙养园"。1922年，中华民国政府公布《学校系统改革令》，即《壬戌学制》，改"蒙养园"为"幼稚园"，并正式列入学制系统。

北京女子师范学校曾于1914年附设蒙养园，张雪门于1917年在浙江鄞县创办星荫幼稚园，江苏省立第一女子师范学校于1918年附设蒙养园。

公立幼稚园的代表有1919年南京高师附属小学下设幼稚园，1935年浙江大学教育系培育院。私立幼稚园的代表有爱国华侨陈嘉庚创办的厦门集美幼稚园（1919年），民国元老熊希龄创办的北京香山慈幼院（1919年），东南大学教授陈鹤琴创办的南京鼓楼幼稚园（1923年）。

抗战期间，后方有代表性的幼儿园有四川省立成都实验幼稚园（1941年），老解放区有陕甘宁边区第一保育院（1938年）等。

（三）新中国幼儿园发展

1951年，新中国公布施行《关于学制改革的决定》，规定实施幼儿教育的组织为幼儿园。新中国的幼儿园首先在有条件的城市建立，然后逐步推广。发展的重点首先是工厂企业，其次是机关、学校和郊区农村。还新建了一批机关幼儿园，如北京市北海幼儿园、中国福利会幼儿园等。

改革开放之后，幼儿园得到全面恢复和发展。截止到1989年，全国幼儿园数为17.26万，在园幼儿数1847.66万，入园率为28.2%。

九五、十五期间幼儿园数量经历了一个从缓慢下降到急剧下降（2001年），然后逐步回升的发展过程。2005年，我国幼儿园数量为12.44万所。

2010年底，出台《国务院关于当前发展学前教育的若干意见》，并启动"学前教育三年行动计划"。截至2013年年底，全国共有幼儿园19.86万所，比2010年增加4.82万所。

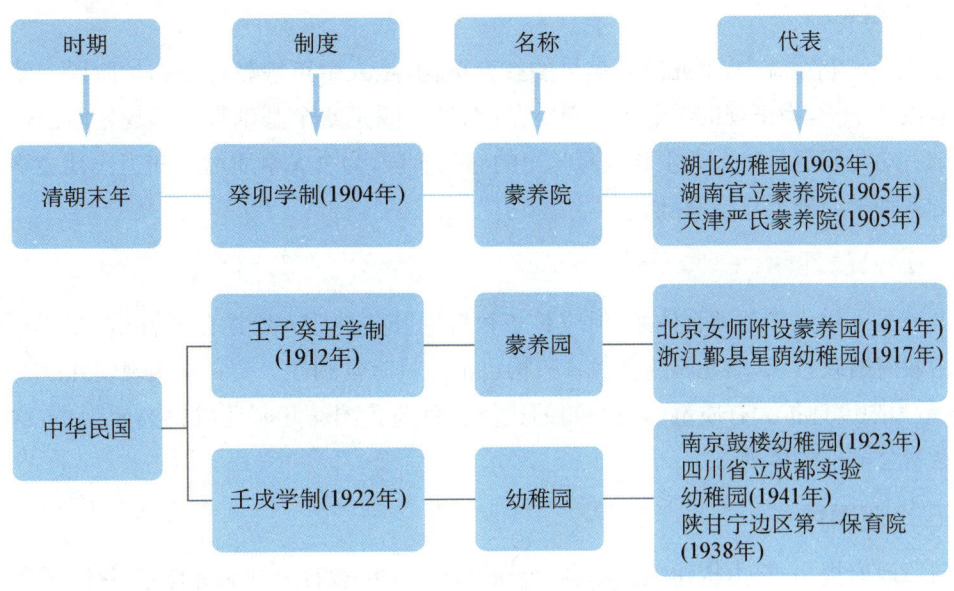

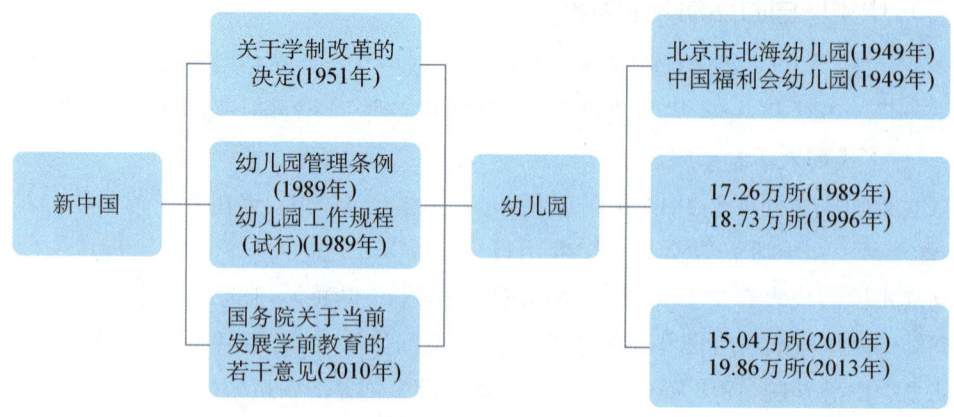

图 1-8　我国幼儿园的发展历程

二、 幼儿园的性质

在整个学制体系中,幼儿园居于何种地位,承担何种任务,这是对幼儿园的基本定性问题。只有明确了这个问题,才可能从政策上明确幼儿园教育的发展方向,也才能明确幼儿园教育的基本内容。

《幼儿园工作规程》(2016 年)对幼儿园性质的描述是:幼儿园是对 3 周岁以上学龄前幼儿实施保育和教育的机构。幼儿园是基础教育的重要组成部分,是学校教育制度的基础阶段。

《国务院关于当前发展学前教育的若干意见》(2010 年)对学前教育的描述是:学前教育是终身学习的开端,是国民教育体系的重要组成部分,是重要的社会公益事业。

依据上述政策法规,我国幼儿园教育应具有如下性质。

（一）基础性

在正规的学制系统中,幼儿园是最早的教育机构,是人生正规教育的起始阶段。幼儿园的下一个阶段是小学,为正规的学业生涯奠定基础;幼儿园是整个基础教育的起始阶段,俗称"基础的基础";幼儿园更是整个人生和终身学习的起始阶段,为个人素质形成和当代社会终身学习所必需的各种学习能力奠定基础。

（二）公益性

幼儿园虽未纳入义务教育体系,但应具备教育的公益性质。所谓公益性质,即幼儿园教育应主要由政府财政投入,幼儿园这种教育机构也不应具有营利性。要真正实现幼儿园教育的公益性,应最大限度地扩大有质量的公办园的比例。目前我国幼儿园还以民办园为主,这影响了幼儿园教育公益性的体现。

（三）普惠性

现阶段政府提出:努力构建覆盖城乡、布局合理的学前教育公共服务体系,保障适龄儿童接受基本的、有质量的学前教育。因此在幼儿园教育资源的配置上,一是要保证基本的保教质量,二是要努力实现资源的均衡化。只有这样,才能体现幼儿园教育的普惠性,才能实现教育起点的公平。

三、幼儿园教育的目标

教育是培养人的工作。那究竟要培养什么样的人呢? 这就牵涉教育的预期结果,任何正规教育都会提出明确的预期结果。

(一) 教育目的与教育目标

《中国大百科全书·教育》对教育目的的定义是:"把受教育者培养成为一定社会需要的人的总要求。教育目的是根据一定社会的政治、经济、生产、文化、科学技术发展的要求和受教育者身心发展的状况确定的。它反映了一定社会对受教育者的要求,是教育工作的出发点和最终目标,也是确定教育内容、选择教育方法、检查和评价教育效果的根据。"

共同讨论

1. 教育目的与教育目标的含义有何不同?
2. 教育目的与教育目标的使用场合有何不同?
3. 我国的教育目的是什么?

可见,教育目的是指一个国家、民族通过教育,把受教育者培养成什么样的人,是国家对培养人才的质量和规格的总体要求。

我国现阶段的教育目的是什么呢?

依据 2015 年修正的《中华人民共和国教育法》规定:"教育必须为社会主义现代化建设服务、为人民服务,必须与生产劳动和社会实践相结合,培养德、智、体、美等方面全面发展的社会主义建设者和接班人。"

教育目的是比较宏观的,是对人才培养的宽泛描述,而教育目标则是对教育目的的具体化,是比较微观的,是对人才培养的具体描述。在教育目的的统领下,各级各类教育确定各自的教育目标,幼儿园教育也是如此。

(二) 我国幼儿园教育目标

幼儿园教育目标是教育目的在幼儿园教育这一阶段的具体化,是国家对幼儿园提出的人才培养的规格和要求,是对全国所有幼儿园人才培养的指导准则。

依据 2016 年《幼儿园工作规程》规定,我国幼儿园教育总目标表述为:"贯彻国家的教育方针,按照保育与教育相结合的原则,遵循幼儿身心发展特点和规律,实施德、智、体、美等方面全面发展的教育,促进幼儿身心和谐发展。"当然,这种表述仍比较笼统,《幼儿园工作规程》还对幼儿园保教目标做了更为具体的规定:

（一）促进幼儿身体正常发育和机能的协调发展，增强体质，促进心理健康，培养良好的生活习惯、卫生习惯和参加体育活动的兴趣。

（二）发展幼儿智力，培养正确运用感官和运用语言交往的基本能力，增进对环境的认识，培养有益的兴趣和求知欲望，培养初步的动手探究能力。

（三）萌发幼儿爱祖国、爱家乡、爱集体、爱劳动、爱科学的情感，培养诚实、自信、友爱、勇敢、勤学、好问、爱护公物、克服困难、讲礼貌、守纪律等良好的品德行为和习惯，以及活泼开朗的性格。

（四）培养幼儿初步感受美和表现美的情趣和能力。

（三）幼儿园教育目标的层次与结构

教育目标实质上是一个目标体系，包含了不同层级的具体目标。在某种意义上，教育就是对目标不断细化，从最宏观、最抽象的目标到最微观、最具体的目标，进而构成一个完备的目标体系。教育的实施实质上也就是自下而上逐步实现这些目标。

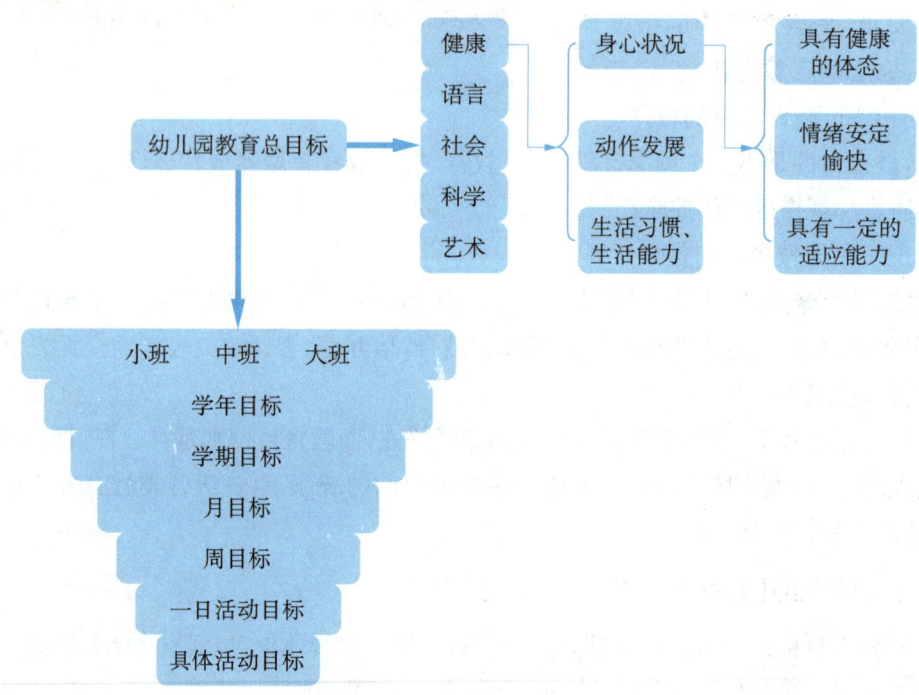

图 1-9　幼儿园教育目标的层次与结构

比如就教育内容而言，《幼儿园工作规程》提出了体育、智育、德育、美育全面发展的总目标；体育可进一步细化为增强体质、培养良好习惯、培养体育兴趣等具体目标；增强体质可进一步细化为"身体机能发展、动作发展、适应能力提高"等。《幼儿园教育指导纲要（试行）》则提出健康、语言、社会、科学、艺术五大领域的总目标。《3—6岁儿童学习与发展指南》将健康领域细化为

"身心状况、动作发展、生活习惯和生活能力"等三个子领域,"身心状况"可进一步细化为"具有健康的体态"、"情绪安定愉快"、"具有一定的适应能力"等三方面目标。

就教育阶段而言,在幼儿园教育总目标下,应细分出各年龄段目标,即小班、中班、大班年龄班目标;小班目标又可细分为学期目标,即小班上学期、下学期目标;小班上学期又可细分为月目标、周目标、一日活动目标、具体活动目标。

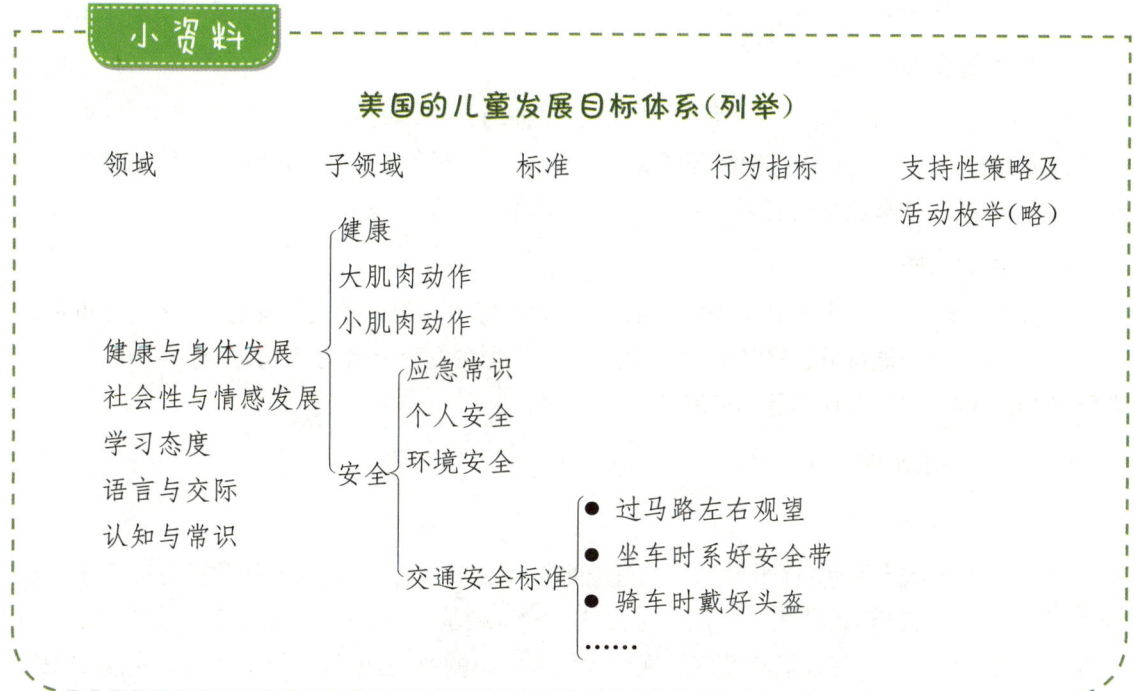

四、幼儿园教育的原则

幼儿园教育的原则是指幼儿园教育实施中理应遵循的基本要求,是基于3—6岁儿童心理特点,为实现幼儿园教育目标而确立的,是指导幼儿园教师从事保教工作的基本准则。

一方面,幼儿园教育具备教育的一般特征,应遵循教育的一般原则,如尊重儿童、全面发展、因材施教、整合资源等;另一方面,幼儿园教育又具备自身的独特特征,应遵循其特有的原则,如保教结合、游戏为主、活动多样、课程整合等。

（一）尊重儿童

1. 平等看待

幼儿年龄尚小,但是一个独立的个体,在法律上具有与成人平等的地位。应将幼儿看作独立的个体,尊重其人格尊严,尊重其情感、兴趣、需要、想法等。并且要更进一步,看到幼儿是一个蓬勃发展的个体,具有无限的发展潜力,要尽力呵护幼儿的成长,提供一切促进其发展的机会和措施。

2. 保障权益

幼儿虽有独立的法律地位，但因年龄、能力水平的限制，与成人相比，毕竟属于弱势群体，需要成人的呵护和保护。幼儿作为成长的个体，享有国际法所赋予的生存权、受抚养权、受教育权、发展权等。因此，幼儿园教师一方面要真正关爱幼儿，充分保障幼儿的发展权；另一方面，要充分保障任何可能侵犯幼儿权益的行为，最大限度保护幼儿的合法权益。

（二）全面发展

1. 整体的发展

幼儿的发展体现在各个方面，幼儿园教育要促进幼儿整体的发展，而不是片面的发展。幼儿园教师要看到幼儿发展的整体性，不能偏废任何一个方面。比如中国传统上有智育至上的倾向，当前又有过度注重艺术技能训练的倾向，这些都不符合整体发展。

2. 全体的发展

就教育对象而言，应顾及到每个幼儿的发展，要平等看待每个幼儿的发展，不能过分重视部分幼儿的发展，也不能过分忽略部分幼儿的发展。不能在教育上着力不均、贴标签、分等级，或者忽略"沉默的大多数"，这都是不可取的。

（三）因材施教

1. 观察了解

教育的理想境界是为每个儿童提供最适合的学习方式，虽然在现代规模化教育的背景下很难实现，但这是教育努力的目标。如何能做到这一点，最基本的前提就是要了解教育对象。这一方面要通过系统的学习来了解教育的规律及教育对象的特点，更重要的是在教育实践中观察了解每个个体。

2. 个性发展

个体并不是平均发展，因材施教就是要承认每个幼儿的差异性，认识到每个人的强项和不足，使每个孩子能按照自己的方式富有个性地发展，在自己原有水平上得到更好的发展。维果斯基的"最近发展区"理论及全美幼教协会（NAYEC）提出的"发展适宜性方案（DAP）"都是因材施教原则的体现。

小资料

最近发展区

苏联心理学家维果斯基提出了"最近发展区"的概念，这是教育学上最重要的概念之一。他认为个体存在着两种发展水平，一种是现有水平，还有一种是可能达到的水平。在个体现有发展水平和可能达到的水平之间的距离，则被称为"最近发展区"。教育的作用就是为了促进"最近发展区"的发展，即促进个体潜力的充分发展。

"最近发展区"为教育提供了如下启示：每个个体的现有水平是不一样的，即便是同样年龄的幼儿，其现有水平也有可能不同（即相同的生理年龄可能有不同的心理年龄），教育首先要考察个体的现有水平；每个个体可能达到的水平是不一样的，即便是现有水平相同，其可能达到的水平也有可能不同（即个体的发展潜力不同），教育还要考察个体的可能水平；教育要促进"最近发展区"的发展，即教育要高于现有水平，走在发展的前面，否则教育是没有价值的。

（四）整合资源

幼儿园教育是专业的机构教育，对幼儿的成长发挥着重大的作用，但并不是唯一的作用。幼儿的成长环境不仅局限于幼儿园，还包括家庭和社区（社会）。家庭在幼儿成长中的作用不容忽视，尤其是在入园之前，幼儿的一切发展动因都来自于家庭，也包括所在社区（社会）的影响。

幼儿园教育要更好地发挥作用，还要谋求家庭和社区（社会）的支持与配合。这几个方面的理念、步调要一致，最大限度的合作才能发挥最大的合力，幼儿园在这些资源的整合上要发挥最主要的作用。比如，良好生活习惯的养成、学习品质的培养、个性品质的健全不能不依靠家庭的配合，社区（社会）公共设施的健全和自然、人文环境等也不会不影响到幼儿的成长。

（五）保教结合

保育和教育是幼儿园的两项任务。保育是指保护幼儿身体的生长发育，是对幼儿身体的照料；教育是指促进幼儿各方面的全面发展，是促进幼儿的学习与发展。在幼儿阶段，这两方面是并重的。因其年龄小，能力弱，而需要保育；因其有强烈的兴趣和求知欲，富有发展潜力，而需要教育。过分偏废任何一个方面都不可取。

（六）游戏为主

幼儿园教育应"以游戏为基本活动"，这已成为幼教界的常识。也就是大家通常所说的幼儿园"以玩为主"，而不是"以学为主"。实际上，游戏确实就是玩，但在玩的过程中蕴含着丰富的学习机会。所以，游戏不仅是一种学习，而且是幼儿最重要、最擅长、最有效的学习方式。

"以游戏为基本活动"意味着幼儿园教育要更多地体现出游戏精神，即幼儿应以快乐的心情度过在幼儿园的每一天，教师应营造轻松有趣的幼儿成长环境，应给幼儿更多的自由、自发、自主活动的机会，最大限度地满足幼儿的兴趣和需要。

（七）活动多样

幼儿园教育强调活动性，而不是"静坐听讲"式的教学，应以丰富的形式满足孩子获取直接经验的需要。

1. 直接感知

幼儿的抽象逻辑思维没有充分发展起来，年龄越小，越需要通过各种感官感知周围环境的刺激，获取丰富的经验。比如，对春天的认识，最好的方式是让幼儿到大自然中直接感知春天的

图 1-10　在大自然中观察与感受

景象，而不是在活动室里学习。

2. 实际操作

幼儿知识的建构、经验的获得是个体自身主动与周围环境相互作用的结果，这需要通过动作将主客体之间联系起来。所以，"做中学"、"动手操作"是幼儿重要的学习方式，"比较长短"、"物体分类"、"认识磁铁"等活动，都需要幼儿通过实际操作材料来学习，而不是靠教师讲授。

3. 亲身体验

幼儿的知识经验有限，过多的说教对幼儿往往效果并不佳，通过恰当的方式使其获得切身的体验才能印象深刻。比如关于关爱残疾人，让幼儿蒙眼生活一小段时间，他就能体验到盲人生活的不便，进而增加对他们的同情心和关爱感。有些幼儿园开展"护蛋行动"，隐喻着父母对孩子精心的呵护，使孩子体会到父母的养育之恩，进而产生感恩的情感。

（八）课程整合

幼儿园课程要进行总体设计，不能像中小学那样只考虑教学活动的设计。不仅要把游戏、生活活动纳入课程设计的范畴，更要考虑到各类型活动的相互联系、相互促进。要考虑到一日活动整体流程的科学安排，各类型活动的比例安排，还要考虑各类型活动的相互关联。

幼儿园课程要从幼儿的年龄特点和生活经验出发，因此，以知识（学科体系）为线索来组织课程并不适合幼儿。要与幼儿的生活经验相结合，以幼儿容易理解的方式来组织课程，因此，以主题（生活经验）为线索来组织课程更适合。这就需要将各领域知识、幼儿园一日活动各环节等整合到主题下。幼儿园课程具有整合性和综合性，而不是分科性。

共同讨论

角色游戏——分食物①

1. 沙池里，妮妮用铲子快速地将沙池表面上的干沙拨开，从底下挖出湿沙，一铲一铲装进一个盆子里，装满后又用铲子将盆里的沙拍紧，再装，再拍紧，直到满满的、紧紧的。然后快速地将盆倒扣下去，小心翼翼地将盆拿起来。"一个蛋糕做好了。"她自言自语道。又用铲刀从中间切开，一分为二，将半个铲到一个纸盘里，另外半个铲到另一个纸盘里，一手拿一个盘，走到两位老师面前，说："请吃蛋糕吧。"马上，她又"做"了一个蛋糕，这次她用铲子从中间横一刀，竖一刀，分成了四块，放到四个盘子里，嘴里叫喊"卖蛋糕啦"。

---

① 资料来源：《3—6 岁儿童学习与发展指南》。

2. 活动室一角的小餐厅里，妮妮将六颗"汤圆"（木珠子）放在两只小碗里，每只碗里放了3颗，准备给两个小娃娃吃。强强又抱来一个娃娃，说："我的宝宝饿了。"妮妮便从一只小碗里拿出一颗"汤圆"放到另一只小碗里，这时三只小碗里分别是3颗、2颗和1颗，她看了看，又从装3颗的碗里拿出1颗放到只有1颗的碗里，这时每只碗里都是2颗"汤圆"了。她对强强说："三个宝宝吃汤圆。"

通过以上两个案例请分析：幼儿的游戏是否也是学习？幼儿游戏与幼儿发展有何关系？

第四节　全面发展的幼儿园教育

根据我国幼儿园教育的目标，应培养德、智、体、美等方面全面发展，身心和谐发展的个体。与此相对应，幼儿园教育的内容也应该是全面的。那么，幼儿园教育究竟应包含哪些具体的内容呢？以下参照我国《幼儿园教育指导纲要（试行）》（以下简称《纲要》）和《3—6岁儿童学习与发展指南》（以下简称《指南》）中所提出的"五大领域"对全面发展的幼儿园教育做出分析。

一、健康领域

健康是指人在身体、心理和社会适应方面的良好状态。幼儿阶段是儿童身体发育和机能发展极为迅速的时期，也是形成安全感和乐观态度的重要阶段。发育良好的身体、愉快的情绪、强健的体质、协调的动作、良好的生活习惯和基本生活能力是幼儿身心健康的重要标志，也是其他领域学习与发展的基础。

幼儿身心发育尚未成熟，需要成人的精心呵护和照顾，但不宜过度保护和包办代替，以免剥夺幼儿自主学习的机会，养成其过于依赖的不良习惯，影响其主动性、独立性的发展。

表1-1　幼儿园健康领域教育目标、内容及建议

来源	核心目标	教育建议
《纲要》	1. 身体健康，在集体生活中情绪安定、愉快； 2. 生活、卫生习惯良好，有基本的生活自理能力； 3. 知道必要的安全保健常识，学习保护自己； 4. 喜欢参加体育活动，动作协调、灵活	1. 健康第一，身体、心理都健康； 2. 保护照顾与自理自立并重； 3. 尊重生长发育规律，严禁有损健康行为； 4. 注重体育兴趣培养，体育活动生动有趣、形式多样

续表

来源	核心目标		教育建议
《指南》	身心状况	目标1：具有健康的体态	营养丰富、健康的饮食；充足的睡眠；正确的姿势；规定的健康检查
		目标2：情绪安定愉快	温暖、轻松的心理环境；帮助幼儿学会恰当表达和调控情绪
		目标3：具有一定的适应能力	保证幼儿户外活动时间；通过游戏锻炼幼儿的平衡能力；锻炼幼儿对环境变化的适应
	动作发展	目标1：具有一定的平衡能力，动作协调、灵敏	利用多种活动发展幼儿身体平衡和协调能力；发展幼儿动作的协调性和灵活性；不过于要求数量，不能机械训练；渗透安全教育及自我保护能力培养
		目标2：具有一定的力量和耐力	开展适合幼儿的走、跑、跳、攀、爬等各种身体活动，鼓励幼儿坚持，不怕累；鼓励幼儿多走路、少坐车；鼓励幼儿自己上下楼梯、自己背包
		目标3：手的动作灵活协调	创造条件和机会，促进幼儿手的动作灵活协调；引导幼儿注意活动安全
	生活习惯与生活能力	目标1：具有良好的生活与卫生习惯	引导幼儿有规律地生活，养成良好的作息习惯、饮食习惯、个人卫生习惯、锻炼习惯
		目标2：具有基本的生活自理能力	鼓励幼儿做力所能及的事情，不包办代替；幼儿学习和掌握生活自理的基本方法；提供有利于幼儿生活自理的条件
		目标3：具备基本的安全知识和自我保护能力	创设安全的生活环境，提供必要的保护措施；结合生活实际进行安全教育；教会幼儿简单的自救和求救的方法

二、语言领域

语言是交流和思维的工具。幼儿期是语言发展，特别是口语发展的重要时期。幼儿语言的发展贯穿于各个领域，也对其他领域的学习与发展有着重要的影响：幼儿在运用语言进行交流的同时，也在发展着人际交往能力、理解他人和判断交往情境的能力、组织自己思想的能力。通过语言获取信息，使幼儿的学习逐步超越个体的直接感知。

幼儿的语言学习需要相应的社会经验支持，应通过多种活动扩展幼儿的生活经验，丰富其语言的内容，增强其理解和表达能力。应在生活情境和阅读活动中引导幼儿自然而然地产生对文字的兴趣，用机械记忆和强化训练的方式让幼儿过早识字不符合其学习特点和接受能力。

表1-2　幼儿园语言领域教育目标、内容及建议

来源	核心目标	教育建议
《纲要》	1. 乐意与人交谈，讲话礼貌； 2. 注意倾听对方讲话，能理解日常用语；	1. 重在运用，充分表达，积极应答； 2. 渗透于各领域；

来源	核心目标		教育建议
	3. 能清楚地说出自己想说的事; 4. 喜欢听故事、看图书; 5. 能听懂、会说普通话		3. 个别化学习; 4. 关注语言障碍幼儿,家园密切配合
《指南》	倾听 与表达	目标1:认真听并能听懂常用语言	多提供倾听和交谈的机会;引导幼儿学会认真倾听;结合情境使用丰富的语言,以便于理解
		目标2:愿意讲话并能清楚地表达	创造说话的机会,体验语言交流的乐趣;引导幼儿清楚地表达
		目标3:具有文明的语言习惯	成人语言文明,做出表率;养成良好的语言行为习惯
	阅读与 书写准备	目标1:喜欢听故事、看图书	良好的阅读环境和条件;激发阅读兴趣,培养阅读习惯;体会标识、文字符号的用途
		目标2:具有初步的阅读理解能力	亲子共读,分享阅读;在阅读中发展想象和创造能力;感受文学作品的美
		目标3:具有书面表达的愿望和初步技能	体验文字符号的功能,培养书写兴趣;在绘画和游戏中做必要的书写准备

三、社会领域

幼儿社会领域的学习与发展过程是其社会性不断完善并奠定健全人格基础的过程。人际交往和社会适应是幼儿社会学习的主要内容,也是其社会性发展的基本途径。幼儿在与成人和同伴交往的过程中,不仅学习如何与人友好相处,也在学习如何看待自己、对待他人,不断发展适应社会生活的能力。良好的社会性发展对幼儿身心健康和其他各方面的发展都具有重要影响。

幼儿的社会性主要是在日常生活和游戏中通过观察和模仿潜移默化地发展起来的。成人应注重自己言行的榜样作用,避免简单、生硬地说教。

表1-3　幼儿园社会领域教育目标、内容及建议

来源	核心目标	教育建议
《纲要》	1. 能主动地参与各项活动,有自信心; 2. 乐意与人交往,学习互助、合作和分享,有同情心; 3. 理解并遵守日常生活中基本的社会行为规则; 4. 能努力做好力所能及的事,不怕困难,有初步的责任感; 5. 爱父母长辈、老师和同伴,爱集体、爱家乡、爱祖国	1. 潜移默化,渗透于多种活动和一日生活的各环节; 2. 提供人际间相互交往和共同活动的机会及条件,并加以指导; 3. 漫长的积累过程,需要幼儿园、家庭和社会密切合作,协调一致

来源	核心目标		教育建议
《指南》	人际交往	目标1：愿意与人交往	建立亲密的亲子关系和师生关系；创造交往的机会，体会交往的乐趣
		目标2：能与同伴友好相处	结合具体情境，学习交往的基本规则和技能；换位思考，学习理解别人；多发现同伴的优点、长处
		目标3：具有自尊、自信、自主的表现	关注幼儿的感受；鼓励幼儿自主决定，独立做事
		目标4：关心、尊重他人	成人以身作则，对待自己的父母、长辈和其他人；尊重、关心长辈和身边的人，尊重他人的劳动及成果；用平等、接纳和尊重的态度对待差异
	社会适应	目标1：喜欢并适应群体生活	经常和幼儿一起参加一些群体性的活动；幼儿园组织活动可以经常打破班级的界限；大班幼儿入学准备
		目标2：遵守基本的行为规范	成人要树立良好的榜样；结合社会生活实际，了解规则，体会规则的重要性，自觉遵守规则；诚实守信
		目标3：具有初步的归属感	亲切地对待幼儿，关心幼儿；让幼儿参加集体活动，萌发集体意识；运用喜闻乐见和能够理解的方式激发幼儿爱家乡、爱祖国的情感

四、科学领域

幼儿的科学学习是在探究具体事物和解决实际问题中，尝试发现事物间的异同和联系的过程。幼儿在对自然事物的探究和运用数学解决实际生活问题的过程中，不仅能获得丰富的感性经验，充分发展形象思维，而且能初步尝试归类、排序、判断、推理，逐步发展逻辑思维能力，为其他领域的深入学习奠定基础。

幼儿的思维特点是以具体形象思维为主的，应注重引导幼儿通过直接感知、亲身体验和实际操作进行科学学习，不应为追求知识和技能的掌握，对幼儿进行灌输和强化训练。

表1-4　幼儿园科学领域教育目标、内容及建议

来源	核心目标	教育建议
《纲要》	1. 对周围的事物、现象感兴趣，有好奇心和求知欲； 2. 能运用各种感官，动手动脑，探究问题； 3. 能用适当的方式表达、交流探索的过程和结果； 4. 能从生活和游戏中感受事物的数量关系并体验到数学的重要和有趣； 5. 爱护动植物，关心周围环境，亲近大自然，珍惜自然资源，有初步的环保意识	1. 启蒙教育，重在激发认识兴趣和探究欲望； 2. 实际参加探究活动，感受科学探究的过程和方法，体验发现的乐趣； 3. 密切联系幼儿的实际生活，利用身边的事物与现象作为科学探索的对象

续表

来源	核心目标		教育建议
《指南》	科学探究	目标1：亲近自然，喜欢探究	接触大自然，激发其好奇心与探究欲望；接纳、支持和鼓励幼儿的探索行为
		目标2：具有初步的探究能力	观察周围事物，学习观察方法，培养观察与分类能力；在探究过程中积极动手动脑寻找答案或解决问题；做简单的计划和记录，并与他人交流分享；回顾探究过程，分析原因，确定后续行动
		目标3：在探究中认识周围事物和现象	积累有益的直接经验和感性认识；在探究中思考，尝试简单的推理和分析，发现事物之间明显的关联；关注和了解自然、科技产品与人们生活的密切关系，懂得热爱、尊重、保护自然
	数学认知	目标1：初步感知生活中数学的有用和有趣	注意事物的形状特征，用表示形状的词来描述事物；感知和体会生活中数的信息和意义；发现按照一定规律排列的事物，体会并创造出排列规律；发现、尝试解决日常生活中的数学问题，体会数学的用处
		目标2：感知和理解数、量及数量关系	感知和理解事物量的特征；通过对应或数数的方式比较物体的多少；理解数的概念；理解数与数之间的关系，并用"加"或"减"的办法来解决问题
		目标3：感知形状与空间关系	在物体与几何形体之间建立联系；丰富空间方位识别的经验，运用空间方位经验解决问题

五、艺术领域

艺术是人类感受美、表现美和创造美的重要形式，也是表达自己对周围世界的认识和情绪态度的独特方式。

幼儿对事物的感受和理解不同于成人，他们表达自己认识和情感的方式也有别于成人。幼儿独特的笔触、动作和语言往往蕴含着丰富的想象和情感，成人应对幼儿的艺术表现给予充分的理解和尊重，不能用自己的审美标准去评判幼儿，更不能为追求结果的"完美"而对幼儿进行千篇一律的训练，以免扼杀其想象与创造的萌芽。

表1-5 幼儿园艺术领域教育目标、内容及建议

来源	核心目标	教育建议
《纲要》	1. 能初步感受并喜爱环境、生活和艺术中的美； 2. 喜欢参加艺术活动，并能大胆地表现自己的情感和体验； 3. 能用自己喜欢的方式进行艺术表现活动	1. 情感教育功能，形成健全人格； 2. 支持富有个性和创造性的表达，不过分强调技能、技巧和标准化要求； 3. 激发感受美、表现美的情趣，丰富审美经验，体验自由表达和创造的快乐

续表

来源	核心目标		教育建议
《指南》	感受与欣赏	目标1：喜欢自然界与生活中美的事物	和幼儿一起感受、发现及欣赏自然环境和人文景观中美的事物；一起发现美的事物的特征，感受和欣赏美
		目标2：喜欢欣赏多种多样的艺术形式和作品	接触多种艺术形式和作品；尊重幼儿的兴趣和独特感受，理解欣赏时的行为
	表现与创造	目标1：喜欢进行艺术活动并大胆表现	支持幼儿自发的艺术表现和创造；让幼儿敢于并乐于表达、表现
		目标2：具有初步的艺术表现与创造能力	尊重幼儿自发的表现和创造，并给予适当的指导

单元回顾

　　幼儿教育是伴随着人类社会的产生而产生的；古代幼儿教育一般具有鲜明的阶级性及等级性，以家庭为单位实施；幼儿园是近代社会的产物，有其深刻的社会根源，德国教育家福禄贝尔建立了世界上第一所幼儿园；近现代幼儿园的发展先后经历了福禄贝尔式幼儿园运动、进步主义幼儿园运动、智育中心倾向、重视个性全面发展等不同阶段。

　　夸美纽斯是站在新旧历史交替时期的一位教育巨人，形成了"泛智主义"教育思想体系；福禄贝尔创办的幼儿园具有完备的教育功能，建立了完整的幼儿园课程体系，奠定了近代幼儿园教育的基石；蒙台梭利在"儿童之家"中将特殊儿童的训练方法成功地运用于正常儿童身上，建立了以"教具"操作为基础的幼儿教育方法；陈鹤琴全面奠定了中国幼儿教育的基石，形成了"活教育"理论体系，在南京鼓楼幼稚园开展系统的课程实验。

　　1903年，湖北巡抚端方在武昌创办了我国近代第一所幼儿教育机构——湖北幼稚园；幼儿园教育具有基础性、公益性和普惠性；幼儿园的任务是实行保育与教育相结合的原则，对幼儿实施体、智、德、美诸方面全面发展的教育，促进其身心和谐发展。幼儿园教育的原则有尊重儿童、全面发展、因材施教、整合资源、保教结合、游戏为主、活动多样、课程整合等。

　　全面发展的幼儿园教育可以体现在健康、语言、社会、科学、艺术等各个领域，也可以有其他的体现方式。

单元讨论

在玩耍中学习[1]

德国幼儿园并不主张在幼儿园时代就教孩子学习写字或者算算术,幼教专家认为这样会破坏孩子上学时对学校的新鲜感,并且造成对学习的厌倦。但这并不意味着德国就不进行幼儿教育。记者从柏林市教育局负责人博克尔那里了解到,柏林市有一部幼儿教育大纲,它对幼儿教育的目的、内容和必须掌握的知识有较为详细的规定。幼教工作的实施者是老师,因此首先要对幼儿园老师提出要求:作为幼儿教师应无限热爱儿童,献身幼教事业,不断完善自己,以自己的完美形象作为儿童的榜样。幼儿教育的宗旨是注重幼儿的社会行为能力的发展,如培养孩子的独立思考能力、社会适应能力、互助合作能力;采用适合孩子心智发育的方法提高幼儿的学习能力。教育内容有六个方面:一是身体素质,要求孩子经常在户外活动,保障孩子的身心健康;二是语言交流,孩子要学会正确的语言表达,具备相互交流能力;三是孩子要具备一定的绘画能力,通过绘画发展幼儿的想象力;四是掌握一定的音乐知识,音乐能够影响孩子的心灵,缓解恐慌和紧张情绪;五是具备基本的数学知识,学会数数,认识钟表,了解年、月、日和长、方、圆等概念;六是掌握一定的科学与自然知识,懂得小鸟为什么会飞、电灯为什么能亮等常识。

结合本单元内容,讨论并分析比较中德两国的幼儿园教育。

单元任务

1. 对照目标指引,检测自己对本单元目标的实现情况,并及时回顾与巩固。
2. 适当准备,在组内或与同伴详细阐述某节内容,并接受他人的询问。
3. 选取某一个"推荐资源",或安排一次幼儿园参观,在组内或与同伴讨论分享。

推荐资源

1. 纸质资源:

(1) 陈鹤琴.家庭教育[M].上海:华东师范大学出版社,2006,5.

(2) 朱家雄,张亚军.给幼儿教师的建议[M].上海:华东师范大学出版社,2010,6.

---

[1] 柴野."放养"的德国幼儿教育[J].光明日报,2012 – 5 – 12(5).

2. 视频资源：

（1）文化系列片《大师·陈鹤琴》。

（2）纪录片《玛利亚·蒙台梭利》。

（3）纪录片《幼儿园》，张以庆导演。

1. 观看视频资源《大师·陈鹤琴》,结合教材内容,撰写不少于 500 字的观后感,突出教育家的思想及自己的体会。此处可记录要点或提纲:

_____

_____

_____

_____

_____

_____

_____

_____

_____

_____

_____

_____

_____

_____

_____

_____

_____

_____

_____

_____

_____

_____

_____

_____

_____

_____

_____

2. 结合《纲要》和《指南》，以图表的方式整理全面发展的幼儿园教育知识要点，涵盖各领域目标、内容、各年龄段水平、指导要点、教育建议等。可按小组分工合作（比如分5组，每组负责一个领域），也可单独完成，每人至少整理一个领域。样表供参考。

××领域知识要点

目标	内容	小班水平	中班水平	大班水平
教育建议				
我的体会或举例				

第二单元　幼儿园教育中的儿童

思维导图

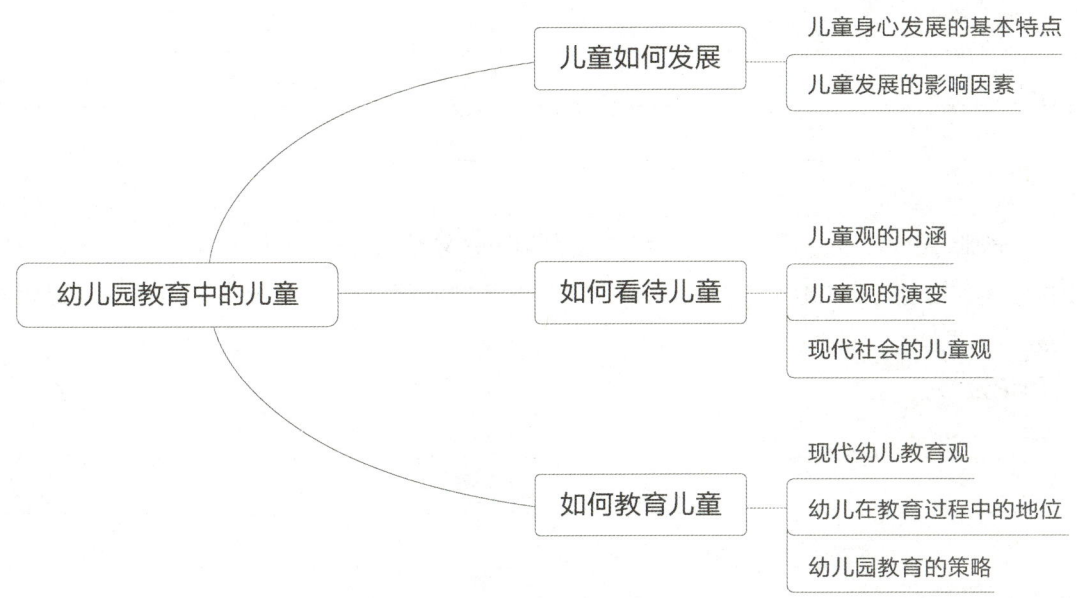

幼儿园教育中的儿童

儿童如何发展
- 儿童身心发展的基本特点
- 儿童发展的影响因素

如何看待儿童
- 儿童观的内涵
- 儿童观的演变
- 现代社会的儿童观

如何教育儿童
- 现代幼儿教育观
- 幼儿在教育过程中的地位
- 幼儿园教育的策略

目标指引

1. 能清晰地描述儿童是如何发展的，理解儿童身心发展的基本特点，能结合实际分析影响儿童发展的基本因素。

2. 能清晰地描述儿童观的历史演变，理解科学儿童观的内涵，树立现代科学儿童观。

3. 了解现代幼儿教育的基本理念，深刻理解幼儿在教育过程中的地位和作用，把握教育促进儿童发展的基本策略。

 学习指导

课前准备: 浏览教材内容,尽可能完成以下任务。

1. 提炼教材要点:

_____

_____

_____

_____

2. 提出需要向教师请教的问题:

_____

_____

_____

_____

3. 同伴讨论:(1)儿童的身心发展特点及影响因素是什么?(2)如何理解现代儿童观的科学内涵?(3)儿童应有的地位和权利是什么?(4)儿童的教育权利如何得到保障?(5)教育如何促进儿童的发展?

讨论记录:

_____

_____

_____

_____

课堂讨论: 积极参与课堂讨论,并记录要点:

_____

_____

_____

_____

课后延伸: 学习并保存以下材料,提炼与本单元相关的要点。

1. 联合国《儿童权利公约》:

_____

_____

_____

2.《中国儿童发展纲要》(2011—2020 年)：

_____

_____

_____

_____

 单元导言

古罗马谚语："孩子的耳朵是长在背上的。"

中国谚语："不打不成才，棍棒底下出孝子。"

夸美纽斯："儿童应当比金银珍宝还珍贵。"

蒙台梭利："儿童的心理是有吸收力的心理。"

以上是不同时代、不同民族对儿童的不同看法，体现了不同的儿童观。究竟应该如何看待儿童？如何看待我们的教育对象呢？

第一节　儿童如何发展

儿童的发展，是指儿童在成长过程中，身体和心理方面有规律地进行量变与质变的过程。其中，身体的发展，是指儿童机体的正常生长和发育；心理的发展，是指儿童的认识、情感、意志和个性的发展。对儿童来说，其身体的发展与心理的发展是密切相联的，儿童年龄越小，其身体发展和心理发展之间的相互影响就越大。

儿童有权享有可达到的最高标准的健康；每个儿童均有权享有足以促进其生理、心理、精神、道德和社会发展的生活水平；儿童有受教育的权利；学校执行纪律的方式应符合儿童的人格尊严；教育应本着谅解、和平和宽容的精神培育儿童。

——《儿童权利公约》

儿童健康发展的标志是儿童各种能力和个性充分、和谐地发展，不能过分地强调某一方面的发展，否则势必会影响其整体的发展。

一、儿童身心发展的基本特点

研究表明，儿童的发展变化从开始到成熟具体表现为四个方面：一是反应活动从混沌未分化向分化、专门化演变；二是反应活动从不随意性、被动性向随意性、主动性演变；三是从认识客观的外部现象向认识事物的内部本质演变；四是对周围事物的态度从不稳定向稳定演变。具体有如下特征。

（一）儿童的身心发展具有顺序性和阶段性

儿童的身心发展具有一定的方向性和先后顺序，既不能逾越，也不会逆向发展。儿童的发展遵循下列顺序：身体的发展从头部向四肢、从中心部位向全身的边缘方向进行；思维的发展从具体形象思维发展到抽象逻辑思维；记忆的发展从机械记忆发展到意义记忆；情感的发展从喜、怒、哀、乐等一般情感发展到理智感、道德感、美感等复杂情感；人的认知能力按照感知运动阶段、前运算阶段、具体运算阶段、形式运算阶段的顺序发展。不同的儿童可能达到某一发展阶段上的时间和年龄不同，但都会经历这四个阶段。

（二）儿童的身心发展具有不平衡性

不平衡性是指个体从出生到成熟体现出多元化的模式。第一，同一方面的发展速度在不同的年龄阶段表现出不平衡，如身高在出生后第一年和青春期发展的速度最快。第二，不同方面的发展时间不平衡，如感知成熟在先，思维成熟在后，情感成熟更后。从总体发展来看，幼儿期出现第一个加速发展期，然后是儿童期的平稳发展，到了青春发育期又出现第二个加速期，然后再是平稳地发展，到了老年期开始下降。

（三）儿童的身心发展具有整体性

一方面，儿童发展的各个方面互相联系、互相制约，"牵一发而动全身"。例如，人的精神力量、意志、情绪状态等对整个机体能起到调节作用，某方面发展的不足或超常通常会带动其他方面的发展。另一方面，不同发展阶段之间是相互关联的，上一阶段影响着下一阶段发展方向的选择。所以，人生的每一阶段对于人的发展来说，不仅具有本阶段的意义，而且具有人生的全过程的意义。

（四）儿童的身心发展具有互补性

互补性主要指儿童机体机能方面存在互补性。如盲人的听觉、触觉、嗅觉都非常敏感。又如，中度智力发育不全(智商低于70)的"白痴学者"，在某方面具有超群的认知功能，他们在日期推算、计算数字、音乐、绘画、背诵、下棋等方面远远超过同龄人，这可能是因为他们的大脑皮层各区域发展不均衡所导致的。心理学研究认为，智力由一般智力和个别智力构成，前者代表智力的整体结构，后者代表智力的各个特殊方面，如计算能力、特殊记忆、音乐才能等。一般智力和个别智力之间，各种个别智力之间，其发展程度并不均衡协调，"白痴学者"就是这种不均衡性的突出表现。

（五）儿童的身心发展具有个别差异性

虽然儿童的发展具有一定的共性，都要经历一些共同的基本阶段，但是仍然存在个体差异。第一，不同个体同一方面发展的速度和水平不同，每个人的发展优势(方向)、发展的速度、高度(达到的水平)往往是千差万别的。例如，有人观察能力强，有人记忆力好，有人善于理性思维，有人长于形象思维；有的人早慧，有的人则开窍晚。第二，不同的个体，性格倾向不同，如有的幼儿好动，有的喜静。

图 2-1 儿童身心发展有差异性

（六）儿童具有巨大的发展潜能及关键期

婴幼儿时期是一个人的生理、心理发育的关键时期，是一个人生长特别旺盛的时期，身心发展潜藏着极大的可能性。

初生的婴儿与成人相比较，是软弱无能和无知无识的，但是他们在这个年龄阶段所具有的巨大学习潜力是其他阶段所无法比拟的。比如，出生后几个小时，新生儿就能进行工具性条件反射的学习；出生后半年内，儿童就可以感知到颜色、大小、远近、节奏、气味、位置等。因此，应当在保护儿童生命安全的前提下，尽可能为他们提供尝试、接触、交往和表现的机会，顺水推舟，使儿童获得最佳的发展。

婴幼儿所蕴藏的巨大潜能还体现在他们的发展有着极大的可塑性，使他们可以适应各种环境。随着年龄的增长、经验的丰富和能力的发展，他们发展的可塑性日益降低，后期的发展日益受到早期发展的制约。人类潜能发展的递减性说明了"最佳期"、"关键期"或"敏感期"存在的重要性。

二、儿童发展的影响因素

儿童在成长的过程中，身体和心理方面经历了一个有规律的量变和质变的过程，这个过程的发展受到了诸多因素的影响。

（一）儿童发展理论

1. 遗传决定论

图 2-2　儿童的成长受诸多因素影响

遗传决定论强调遗传因素在儿童心理发展中的作用，主张心理发展是由先天的、不变的遗传基因所决定的，心理发展的过程就是先天遗传素质自我发展和自我暴露的过程，儿童心理的发展主要是生理成熟的结果，外界环境和教育所起的作用甚微。持这种观点的人认为，人的发展过程只不过是这些内在的遗传因素的自我展开过程，环境的作用仅在于引发、促进或延缓先天素质的自我展开，并不能改变其本质。该理论的创始人是高尔顿，他的典型论调是："一个人的能力是由遗传得来的，它受遗传决定的程度，正如一切有机体的形态及躯体组织受遗传决定一样。"

遗传决定论者片面强调家庭出身，过分夸大先天遗传的作用，而忽视后天环境和教育对儿童身心发展的影响，这正是其观点的致命缺陷。

2. 环境决定论

环境决定论与遗传决定论的观点恰恰相反，认为儿童心理的发展完全是由环境决定的，片面和机械地强调教育和环境对心理发展的决定作用，否认人的主观能动性以及遗传素质和儿童年龄特征的作用。该理论最早的代表人物是华生，他说："给我一打健康的婴儿，如果让我在由我所控制的环境中培养他们，不论他们的前辈的才能、爱好、倾向、能力、职业和种族情况如何，我保证能把其中任何一个人训练成我选定的任何一种专家：医生、律师、艺术家、富商，甚至乞丐和盗贼。"

受环境决定论的影响，一些教育实施者在教育过程中往往会出现拔苗助长的现象，以致对儿童的身心发展造成不利影响。环境决定论的根本错误在于否认心理反应的主观能动性，否认心理发展的内因作用，片面强调和夸大了环境和教育在儿童心理发展中的作用，是一种机械主义的发展观。

3. 相互作用论

现代研究者已开始深入地研究遗传和环境之间的动态关系，最典型的是皮亚杰的儿童发展观。他的相互作用论认为，儿童心理的发展是先天因素和后天学习相互作用、不断发展的过程。两种因素之间的关系并非各占若干比例或简单相加，而是一种相互交织、相互渗透和影响的关系。

小资料

巴拉圭原始部落①

在巴拉圭一个现代人很难走进的地区,生活着一个瓜亚基尔人部落。他们的生活方式极其原始,经常迁徙去寻找他们的主要食物——野生蜜蜂的蜂蜜。该部落躲避其他的人,语言也极不发达。1938 年,法国人种科学家维而拉尔前去考察,在瓜亚基尔人仓促留下的营地里,他找到了一个 2 岁的小姑娘。维而拉尔把她领回法国,并由他的母亲抚养。20 年后,姑娘在自身发展方面已与欧洲妇女没有什么差别了,最后她还成为一个人种学家,并能讲数国语言:法语、西班牙语、葡萄牙语……

与狼孩相比,为何有如此大的差异?

（二）儿童发展影响因素分析

随着时代的发展,人们对儿童发展的影响因素及各自影响的方式有了更加科学和客观的认识。概括起来最基本的因素是遗传、环境和教育、儿童自身的能动性,这都对儿童的发展产生着影响。

1. 生物因素——遗传是儿童发展身心的物质前提

遗传现象是由染色体中基因的组成部分(主要成分为 DNA)及其排列组合特点所形成的,它是储藏、复制、传递信息的主要物质基础。这些基因在人的遗传素质中起重要作用。儿童就是通过遗传获得人的机体的解剖生理结构及特点,如体型、皮肤及五官的个人特点,神经系统,特别是脑结构和机能的特点等。

第一,遗传为儿童身心发展提供物质前提,遗传素质的成熟度制约着儿童身心发展的过程及其阶段,因此,儿童的发展总是要以遗传获得的生理结构为前提条件的。

第二,儿童发展上的差异在一定程度上受到先天遗传素质的影响,遗传在儿童的发展上具有重要的作用。但是,遗传素质并不能单一地决定儿童的发展,它只有与社会环境以及教育相互作用时,才能实现其对儿童发展的影响。

2. 社会因素——环境和教育对儿童身心发展的影响

第一,环境对学前儿童的发展比其他年龄阶段的儿童有着更为重要的作用,良好的生活环境、营养和保育条件可以使儿童机体获得正常的生长发育。

第二,外界适宜的环境刺激是儿童心理发展的源泉,没有外界环境条件的刺激,就不可能有儿童心理的正常发展,儿童心理发展的特征是在与人的交往以及周围环境的相互作用中发展和形成的。

3. 教育在儿童身心发展中具有更为独特的作用

教育就是根据一定的社会要求,用一定的内容和方法,对儿童实施有目的、有计划、有系统

---

① 王海澜. 学前教育学[M]. 上海:上海交通大学出版社,2013:21.

的引导和影响的活动。

第一，教育因素对儿童发展的影响不纯粹是自发的、随意的，而是一种有目的的影响行为，教育可使儿童优良的遗传素质得到充分的显现，并可影响和改造不良的遗传素质。

第二，教育可对环境加以取舍，并可发挥和利用环境中的有利因素，减少或消除不利因素，促进儿童的正常发展。

4. 儿童自身的能动性是发展的根本动力

儿童的发展除了受遗传、环境和教育的影响外，还取决于其自身的能动性。这是决定儿童发展方向与发展水平的又一个不可忽视的因素。

第一，儿童认识外界是儿童内部的主动活动的过程，如果没有儿童自身能动性的体现，其他因素的作用就难以完全得到实现。所以，儿童不是消极被动地接受外部环境的影响，而是积极主动的学习者。

第二，儿童对环境的刺激有较强的选择性，并表现出作为独立的生命体所具有的能动性。所以，同样的环境对于不同的儿童可以产生不同的影响。

由此可见，儿童的发展决不是某一种因素单独影响的结果，而是多种因素综合地、系统地相互作用的结果。其中儿童的主观能动性对儿童自身的发展尤其重要，因此不能孤立地、静止地强调遗传、环境和教育的作用，更不能忽视儿童主观能动性对其发展的重要作用。只有这样才能全面地认识儿童的发展与教育问题。

小资料

孟母三迁

孟子小时候很贪玩，模仿性很强。他家原来住在坟地附近，他常常玩筑坟墓或学别人哭拜的游戏。孟子的母亲认为这样不好，就把家搬到集市附近，孟子又玩模仿别人做生意和杀猪的游戏。孟母认为这个环境也不好，就把家搬到学堂旁边，孟子就跟着学生们学习礼节和知识。孟母认为这才是孩子应该学习的，心里很高兴，就不再搬家了。

"孟母三迁"的故事既说明了社会因素对儿童发展的重要影响，不同的环境会对个体成长产生无形的影响；还说明了个体自身是有能动性的，会主动接受外界环境的刺激，进而影响到个体的行为。因此，环境和教育对个体成长的影响是绝不容忽视的。

第二节　如何看待儿童

教师与幼儿的相互关系如何，直接影响幼儿园教育的质量。但是，教师和幼儿是否能建立良好的关系,关键在于教师是否能正确地看待幼儿,即是否树立了正确的儿童观。

 **共同讨论**

"在万物的次序中,人类有它的地位;在人生的次序中,童年有它的地位;应当把成人当做成人,把孩子看做孩子。"

——卢梭《爱弥儿》

"儿童是成人之父。"

——蒙台梭利《童年的秘密》

如何理解上述对儿童的看法?

一、儿童观的内涵

儿童观是人们关于儿童的认识、看法以及与此有关的一系列观念之总和。通俗地说,就是社会或成人怎么看儿童,把他们看成是什么样的存在。它涉及儿童身心发展的特点、儿童期的意义与价值、儿童的权利和地位、教育与儿童之间的关系等问题。儿童观属于社会意识形态,是社会存在的一种反映,是随着社会与人类文明的进步而不断发展变化的。儿童观对幼儿教育的影响是巨大的,甚至可能是决定性的,没有正确的儿童观就不可能产生优质的幼儿教育。

儿童观作为一种指向儿童的观念,有其内在的结构。

儿童观的第一个维度是自然构成观。儿童是自然的存在,儿童的身体及组织是长期在自然界的制约下进化、发展的产物。作为生物个体,儿童一方面具有独立性、个体性和完整性,有其自身生理发展规律;另一方面又存在具有对外部世界和周围事物的依赖性。

儿童观的第二个维度是社会构成观。儿童是社会的存在,一方面儿童应享有相应的社会地位和权利;另一方面儿童的发展受社会环境的影响,需要有一种有利于儿童成长的社会环境。

儿童观的第三个维度是精神构成观。儿童是精神的存在,他们有丰富的精神世界、丰富的情感、独立的人格。

由此可见,人们关于自然的儿童、社会的儿童、精神的儿童的观念以及与此支配的行为构成了对儿童的整体看法,即儿童观的内涵。

图 2-3　优质的幼儿教育需要有正确的儿童观

小资料

加德纳的多元智能理论

加德纳认为，支撑多元智能理论的是个体身上相对独立存在着的、与特定的认知领域和知识领域相联系的8种智能：语言智能、节奏智能、数理智能、空间智能、动觉智能、自省智能、交流智能和自然观察智能。

1. 言语—语言智能（verbal-linguistic intelligence）

这是指听、说、读和写的能力，表现为个人能够顺利而高效地利用语言描述事件、表达思想，并与人交流的能力。

2. 音乐—节奏智能（musical-rhythmic intelligence）

这是指感受、辨别、记忆、改变和表达音乐的能力，表现为个人对音乐包括节奏、音调、音色和旋律的敏感以及通过作曲、演奏和歌唱等表达音乐的能力。

3. 逻辑—数理智能（logical-mathematical intelligence）

这是指运算和推理的能力，表现为对事物间各种关系（如类比、对比、因果和逻辑等关系）的敏感以及通过数理运算和逻辑推理等进行思维的能力。

4. 视觉—空间智能（visual-spatial intelligence）

这是指感受、辨别、记忆和改变物体的空间关系并借此表达思想和感情的能力，表现为对线条、形状、结构、色彩和空间关系的敏感以及通过平面图形和立体造型将它们表现出来的能力。

5. 身体—动觉智能（bodily-kinesthetic intelligence）

这是指运用四肢和躯干的能力，表现为能够较好地控制自己的身体、对事件能够做出恰当的身体反应以及善于利用身体语言来表达自己的思想和情感的能力。

6. 自知—自省智能（intrapersonal intelligence）

这是指认识、洞察和反省自身的能力，表现为能够正确地意识和评价自身的情绪、动机、欲望、个性、意志，并在正确的自我意识和自我评价的基础上形成自尊、自律和自制的能力。

7. 交往—交流智能（interpersonal intelligence）

这是指与人相处和交往的能力，表现为觉察、体验他人情绪、情感和意图并据此做出适宜反应的能力。

8. 自然观察智能（naturalist intelligence）

这是指个体辨别环境（不仅是自然环境，还包括人造环境）的特征并加以分类和利用的能力。

9. 存在智能（existential intelligence）

人们表现出的对生命、死亡和终极现实提出问题，并思考这些问题的倾向性。

二、儿童观的演变

在人类社会漫长的发展过程中,人们对儿童的认识不尽相同,主要有以下几种类型。

（一）儿童是"小大人"

该观点认为儿童是"缩小"的大人,儿童是小大人,儿童和大人没有什么区别,即使有的话,那也只是身高和体重的不同而已;用成人的标准去要求儿童,儿童被期待像成人一样去行动,充当童工、童农、童商等。该观点过快地审视儿童的生长发育,儿童的特点、儿童期的意义则被完全忽视。

（二）儿童是"白板"

该观点认为儿童刚生下来的时候,其心灵就像一块白板,成人可以将其任意塑造成各种各样的东西;认为儿童的心灵就像是一张白纸,洁白无瑕,成人可以在上面画最新、最美的图画;认为它就像是一个空容器,成人可以任意填塞,把各种知识、经验灌输进去,而不考虑儿童的需要。该观点认为儿童的发展仅仅是消极被动地接受外界刺激的结果,完全忽视了儿童的主观能动性。

（三）儿童是"有罪的"

该观点认为儿童一生下来,就充满罪恶,是有罪的"羔羊",卑贱无知,成人应该对他们严加管束、约制,使儿童能不断地进行赎罪;儿童体内的各种"毒素",是儿童犯罪的根源,容易导致儿童的错误行为,而严酷的纪律则会减轻、甚至消除儿童的这种行为,所以成人可以责骂、鞭打儿童,对儿童施行体罚都是应该的。在这种观点下,儿童承受了各种肉体的、精神的折磨,遭受成人的轻视,任何带有创新乃至尝试意识的行为都会受到指责,人格被严重摧残。

（四）儿童是"花草树木"

文艺复兴运动对人权的倡导,使人们从全新的角度来审视儿童,在儿童观上有了一个大飞跃,开始把儿童看作是一个有独立存在价值的实体,儿童有自己的权利、思想、情感、需要。该观点提出不应用成人的标准去看待儿童,儿童应该像个"儿童",要倍加珍惜童年的生活,尊重儿童具有的纯洁美好、独立平等的自然本性;儿童的生长发展是按自然法则运行的,教育者的作用就是"园丁",活动室就是儿童逐步成熟的"花园";每个儿童的成熟都有内部的时间表,在恰当的时间学习特别的任务,而不能强迫儿童去学习。

（五）儿童是"私有财产"

该观点认为儿童是父母婚姻的结晶,产生于母体,归父母所有,是父母的隶属品;父母可以左右儿童的命运,控制儿童的生活,决定儿童的一切事情;儿童,特别是男童被认为是家庭的希望、传宗接代的工具。这种观点下,儿童被视为家庭和家族的附属品、父母的私有财产,没有独立自主的人格和地位,与其抚养人之间的关系只是一种依附关系。例如,"老子打儿子"被认为是天经地义的,是家庭的私事,别人无权干涉。

（六）儿童是"未来的资源"

该观点认为儿童是国家最宝贵的财富，是国家最大的潜在资源、未来的兵源和劳动力；对儿童进行教育，就是对未来进行最有价值的投资，这种投资利国利民；只有多投资，才能高产出。

（七）儿童是"有能力的主体"

该观点认为人类的童年期长于动物的童年期，这为儿童以后的发展奠定了良好的基础；儿童在体力、智力、情感、社会性、道德等许多方面，都不同于成人，他们是正在发展中的人；不能因为儿童弱小、需要保护，就轻视他们，使他们被动发展；儿童是有能力的、积极主动的权利主体，应有主动发展自己潜能的机会，在出生、成长、发育的过程中，成为自主的行动者，能表达自己的想法和意见，充分行使自己的权利。

上述儿童观既体现了人类社会发展的不同时代的烙印，有些又并存于同一个时代；既有非理性、不科学的一面，也有较为合理、科学的因素。实事求是地进行分析，批判性地加以继承和借鉴，将有利于我们正确地认识儿童。

小资料

蒙台梭利的儿童观

儿童作为精神实体通过真实生活和秩序寻求自身的完美发展。

儿童天生具有"吸收性心智"，在有准备的环境中能自己教育自己。

儿童的心理发展具有敏感期。

儿童的心理发展具有阶段性，在不同发展阶段应该为儿童提供不同的教育。

儿童的发展是在"工作"中实现的，工作不仅能让儿童愉悦身心，还能促进儿童的发展。

三、现代社会的儿童观

（一）联合国《儿童权利公约》的基本原则

《儿童权利公约》是 1989 年 11 月联合国大会通过的保障儿童权利的国际法律文书。公约的 54 项条文为儿童权利保护订立了一套全面的国际法律准则，"这一项国际公约是人类决心'将最宝贵的东西给予儿童'并建立机制加以实施的表示"。

我国是该公约的缔约国之一，履行公约是我国政府和人民对国际社会的庄严承诺。公约的基本精神体现为如下四条原则。

1. 无歧视原则

不论儿童来自何种文化背景，不论其社会出生、民族、语言、宗教、性别如何，不论是正常儿童还是障碍儿童，都应当在不受任何歧视或忽视的情况下，享有他们的一切权利。

2. 儿童利益优先的原则

凡是涉及儿童的任何事情,都必须以儿童利益为重,符合儿童的最大原则。

3. 保障儿童生存、生命和发展的原则

社会必须保障儿童的生存权,保障儿童生命、生活的质量,让他们获得充分的发展。

4. 尊重儿童观点和意见的原则

为儿童创造更多的参加社会活动的机会,为其步入有责任感的成年做准备。

（二）现代科学儿童观

1. 儿童是人,但不是"小大人"

儿童作为人,有全面的个人存在的权利和意义,具有和成人一样的人格和尊严、一样丰富的精神世界。所以,儿童与成人是平等的,具有同等的价值。儿童是世界的未来,具有无限的潜能。儿童有能力在有关他们的发展事务中采取积极主动的态度。男孩和女孩具有同样的生存和发展价值。

2. 儿童是发展中的人

儿童有巨大的发展潜能和被塑造与自我塑造的潜力,儿童需要时间去成熟和发展。所以,成人和父母需要重新界定评价儿童的标准,充分运用多元智能、多元文化、多种方式来评价儿童的发展,并提供与儿童身心发展水平相适应的生活,让童真、童趣、童稚得到自由伸展。

3. 儿童是权利的主体

儿童的权利与生俱来。儿童是权利的主体,而不是客体。儿童与成人彼此平等、具有相同的价值,儿童的一切权利都应该得到承认和尊重。法律赋予了儿童基本的人权。因此,儿童应该有参与家庭、文化和社会生活的权利。

4. 儿童以自己的方式学习

儿童从出生就开始了他们的学习,并且他们随时都在学习。儿童的学习与成人的喂养、亲抚、谈话、关心有关。儿童学习主要依靠触觉、听觉、嗅觉、味觉等丰富的感知觉进行。游戏对于儿童来说就是他们的生活和学习。

小资料

面向 21 世纪教育的四大支柱

国际 21 世纪教育委员会向联合国教科文组织(UNESCO)提交的报告《教育——财富蕴藏其中》中指出:面向 21 世纪教育的四大支柱,就是要培养学生学会四种本领:学会认知(learning to know)、学会做事(learning to do)、学会合作(learning to live together)、学会生存(learning to be)。

第三节　如何教育儿童

共同讨论

1. 回顾与反思自己的家庭教育，你的父母的教育方式有何特点？印象最深刻的例子有哪些？

2. 回顾与反思自己的幼儿园（小学）教育，你的老师的教育方式有何特点？印象最深刻的例子有哪些？

一、现代幼儿教育观

在终身教育思想、人本主义教育思想以及脑科学等学科发展的影响下，现代幼儿教育旗帜鲜明地提出了以幼儿为本、以幼儿的发展为本的观点。

（一）"以幼儿为本"是实施幼儿教育的出发点

现代的幼儿教育已经不再强调"让幼儿适应教育"，而是主张"让教育适应幼儿"，按照"发展适宜性"的教育原则，将幼儿视为独立的个体。幼儿与成人的生存状态、生命特征和生活方式完全不同，应注重幼儿的兴趣和需要，不再把幼儿的游戏、兴趣、需要等作为达成某种知识目标的"手段"，肯定其独立的价值。

（二）幼儿教育必须为幼儿的终身发展奠定基础

《纲要》指出："幼儿园教育是基础教育的重要组成部分，是我国学校教育和终身教育的奠基阶段。"它要"为幼儿一生的发展打好基础"。幼儿教育不仅应提供机会，而且更应注意质量及幼儿发展的可持续性。它重视开发幼儿的潜能，注重培养幼儿健康的个性，倡导进行为适应未来社会发展变化而需要的自我教育，培养幼儿终身学习的愿望并初步形成探索的能力。这些与传统教育中侧重的基础知识、基本技能的学习有着很大的区别。

小资料

幼儿的学习品质[①]

重视幼儿的学习品质。

幼儿在活动过程中表现出的积极态度和良好行为倾向是终身学习与发展所必需的宝

---

① 资料来源：《3—6岁儿童学习与发展指南》。

贵品质。要充分尊重和保护幼儿的好奇心和学习兴趣,帮助幼儿逐步养成积极主动、认真专注、不怕困难、敢于探究和尝试、乐于想象和创造等良好学习品质。忽视幼儿学习品质培养,单纯追求知识技能学习的做法是短视而有害的。

二、幼儿在教育过程中的地位

（一）幼儿是教育的客体

在教育过程中,幼儿教师根据一定的教育目标,按照一定的教育计划,有组织地对幼儿施加影响,是"教"的活动的主体;而幼儿则是"教"的对象,是教育的客体。

（二）幼儿是自身学习的主体

幼儿教师虽然掌握着教的主动权,但并不能够主宰幼儿的学习。幼儿是具有主观能动性的人,是教育过程中的主动参与者,是客观世界的探索者、发现者,是自身学习的主体,幼儿对教师所教的内容,根据自己的兴趣、需要,接受那些自己所需要的部分,并按自己的方式和特点加以理解和吸收,而对不适合自己兴趣或需要的内容则不予理会,甚至抗拒学习。如果教师把幼儿当做被动的知识灌输对象,是难以教好的。教师只有引导幼儿对事物产生兴趣,主动学习,幼儿才能真正学习到知识。

（三）幼儿是自身权利的主体

幼儿虽然年龄小,但享有独立的社会地位,是行使权利的主体。成人千万不能出于"为了孩子,关心孩子"的目的,把自己的价值观强加给幼儿,完全不考虑幼儿的需要。在教育过程中,教师不能让幼儿绝对地服从,并剥夺幼儿的游戏权、学习权等相关权利。不能体罚或变相体罚幼儿,幼儿教师应时刻树立幼儿主体地位的意识,在实践中切实保障其合法权益。

三、幼儿园教育的策略

（一）选择科学适宜的教育内容

幼儿园教育应该确定"教什么",这是保证幼儿教育规范化的重要方面。幼儿学习的内容不应该是按照知识发展的逻辑顺序系统编排的科学知识体系,而应该是以幼儿身心发展的规律和学习的特征为基础,同时考虑已有知识体系的逻辑发展,重在丰富幼儿生活的知识经验。因此,选择科学、适宜的幼儿园教育内容应该注意两个方面:第一,教育内容的选择要贴近幼儿的生活,选择幼儿感兴趣的事物和问题,以能带给幼儿丰富的体验为佳;第二,以有益于幼儿未来发展的眼光,着眼于幼儿终身受益。

《纲要》指出:"幼儿园教育的内容是全面的、启蒙性的","各领域的内容相互渗透,从不同的角度促进幼儿情感、态度、能力、知识、技能等方面的发展"。所以,相对于具体的知识,我们更应该保护和促进幼儿积极探索世界的天性、满足他们的兴趣和能力的倾向性需要，培养让幼儿终身受益的品质，比如，主动获取知识的过程体验，独立性、专注性、好奇心等积极的情感态度，自我发展和学习的能力。

小资料

课程内容的选择标准①

课程内容应当使儿童在各方面，包括社会、情感、认知和身体等方面得到发展，使儿童成为合格的社会成员。

课程内容对于儿童应当是有意义的、内容广泛的，应当是与儿童已有的知识经验相适应，易于他们理解和接受的。

课程内容应该是大多数儿童可以学会的，切合实际的。

课程应当考虑到每个儿童的需要和兴趣。

课程应当考虑并尊重个体的、文化的和语言上的多样化，并与儿童家庭建立积极的关系。

让儿童学习的内容应当是目前能够有效学习的内容，而不是那些无意义的，或者说更适宜于以后学习的内容，否则就是在浪费儿童的时间和精力。

课程内容应当具有智力上的整体性，同时尊重学科的基础体系。让儿童掌握的知识虽然是浅显的，但必须是科学的、准确的。

（二）实施发展性教育

幼儿的学习是一种螺旋式、反复实践和认识的过程，所以，选择"如何教"，要适应幼儿认知发展的特点，从幼儿的实际出发，灵活运用。《纲要》指出："教师应成为幼儿学习活动的支持者、合作者、引导者。"幼儿的主动活动是建立在教师对幼儿的仔细观察、研究分析、理解的基础上，建立在教师给每个幼儿以最大的鼓励和帮助上的。教师要通过多种途径和方法，深入研究幼儿的发展水平和发展潜力，分析幼儿的认知特点与发展需要，并对其做出正确的评价，找到教育幼儿的最佳切入点，鼓励和支持幼儿学习。教师不能游离于幼儿主动学习的过程之外，幼儿内部的学习动机必须由教师来激活，才能成为促进幼儿主动发展的动力。千万不能用间接的或急功近利的方式让儿童掌握大量的知识技能，应运用多种方法激发幼儿的学习兴趣，提供适宜的环境刺激和多种活动材料，使幼儿有自由、独立选择活动的机会，包括尝试错误的学习。要认真观察幼儿的行为表现，对来自于幼儿的信息要直接反馈，鼓励幼儿有多种解答方法，并积极鼓励幼儿进行评价活动，从而促进幼儿主动的发展。

---

① 简晓敏，刘焱. 美国适宜于3—8岁儿童的课程内容与评价指南简介[J]. 学前教育研究，1995(2).

表 2-1　传统教育与发展性教育的区别

项目	传统教育	发展性教育
儿童发展方式	简化式	扩展式
掌握文化的过程	适应过程	创新过程
教育目的及结果	掌握知识、技能、养成习惯	获得综合能力
教育内容呈现方式	知识体系	开放式问题体系
儿童学习策略	听、模仿、重复	积极思考，寻找答案
师生关系	"指导—执行"关系	"协同活动"关系
交流内容及方式	单向信息传输、双向交流有限	双向的能力交流
教师指导语	像我这样做	做得比我好
最近发展区	儿童发展区限于成人的局部经验，自我发展潜力小	成人与儿童的发展区叠加在一起，相互促进，共同发展

小资料

理解幼儿的学习方式和特点[①]

　　幼儿的学习是以直接经验为基础，在游戏和日常生活中进行的。要珍视游戏和生活的独特价值，创设丰富的教育环境，合理安排一日生活，最大限度地支持和满足幼儿通过直接感知、实际操作和亲身体验获取经验的需要，严禁"拔苗助长"式的超前教育和强化训练。

（三）把握合适时机，鼓励幼儿建构

　　相对于"教什么"和"如何教"，"何时教"更是幼儿教师应该思考的问题。

　　幼儿的学习是在活动过程中发生，在活动过程中进行，也是在活动过程中得到发展的。因此，幼儿园教学过程是教师和幼儿、幼儿和幼儿之间共同建构知识的过程。幼儿园教师不能把关注点过分集中在具体的知识或技能的教学上，教育应该在不违背幼儿天性的基础上实施。教师必须学会以幼儿的眼光来看待问题，而不是从教师自身的角度看问题。幼儿是通过其自身内部的主动活动过程认识外界的，教师应把握合适的时机，遵循"教育不能够超前，亦不可以滞后，它应当着眼于当前发展的关键期"的原则，创设条件，在关键的时刻，推进发展，如当前有些幼儿园实行的"支架式教学"模式，提供支架的过程是教师和幼儿、幼儿与同伴之间交互作用的社会

---

① 资料来源：《3—6 岁儿童学习与发展指南》.

过程,也是培养幼儿自主学习能力的过程。教师在这种社会性交互作用中扮演的是向导者、支持者的角色,幼儿是自主学习的主体。教师必须不断设置问题情境,提供富有挑战性、能引发幼儿新旧经验之间冲突的任务,引导幼儿意识到问题和冲突,并提供必要的支持,帮助幼儿不断从借助支持到摆脱支持,逐渐达到独立完成任务的水平。由此可见,学习不是教师向幼儿传递知识,而是幼儿自己建构知识的过程。

小资料

案例——"搭建高速公路"[①]

幼儿正在进行建筑游戏"搭建高速公路",但他们并没有考虑到收费站的搭建,于是老师进行引导。老师停下"车"问:"我的车在哪里交费?"孩子回答:"对不起,收费站还没有建好,请过一会儿再来。"老师注意到他们只搭了两条同向通车的车道,于是又问:"回来时我从哪里走?"孩子们一看,不对劲儿:"哎呀,如果对面开来的车也从这里过,不是要撞上了吗? 赶快在旁边搭一条反方向的车道吧。"可是建筑区里已经没有地方了,孩子们你看看我,我看看你,不知如何是好。这时老师再问:"有没有什么资料可以查一查?"一句话提醒了小朋友。他们从一幅公路图上受到启发:"我们可以像搭立交桥那样,搭一个立体双层公路收费站。"

单元回顾

儿童的身心发展具有顺序性、阶段性、不平衡性、整体性、互补性、个别差异性、巨大的发展潜能等特征。儿童发展的影响因素包括遗传、环境以及儿童自身的主观能动性。

儿童观有一个历史演变的过程,现代科学的儿童观包括:儿童是人,但不是"小大人";儿童是发展中的人;儿童是权利的主体;儿童以自己的方式学习。

现代幼儿教育提出了以幼儿为本、以幼儿的发展为本的观点,幼儿是自身学习和权利的主体。幼儿园教育应选择科学适宜的教育内容,实施发展性教育,鼓励幼儿建构式学习。

---

① 冯晓霞,王海珊. 帮幼儿成为学习的主人[J]. 学前教育,1999(6).

儿童是天生的科学家?

父亲:鸡、鸭、牛、羊是动物吗?

儿子:是的,因为它们都会叫。

父亲:蛇不会叫,它也是动物啊。

儿子:蛇会爬,会爬的就是动物。

父亲:鱼不会爬,会游;鸟不会爬,会飞。它们也是动物呀。

儿子:它们都能动。能动的就是动物。

父亲:汽车、火车、自行车都会动,它们是动物吗?

儿子:不是。它们自己不会动,要人去开。自己动的才是动物。

在这段亲子对话中,我们发现,虽然孩子的回答既片面又表面,但他们并不是空着脑袋等待我们去填充的,他们在先前的学习和日常生活中已经形成了对各种事物或现象的观点和看法。据此,有人认为儿童是天生的科学家。你如何看待这个观点?

单元任务

1. 对照目标指引,检测自己对本单元目标的实现情况,并及时回顾与巩固。

2. 搜集各种资料中有关儿童发展的案例(书籍、文章、影像、实例),与同伴或在小组内交流讨论,并形成小论文《我眼中的儿童》。

3. 利用下园机会,分组拍摄儿童行为观察记录,并讨论分析,形成一个完整的案例素材。

推荐资源

1. 纸质资源：

(1) ［意］蒙台梭利. 童年的秘密[M]. 单中惠，译. 北京：中国长安出版社，2010,5.

(2) 孙瑞雪. 捕捉儿童敏感期[M]. 北京：中国妇女出版社，2013,9.

(3) 张亚军. 幼儿成长及发展个案研究[M]. 上海：华东师范大学出版社，2013,6.

(4) ［美］蔡美儿. 我在美国做妈妈[M]. 张新华，译. 北京：中信出版社，2011,1.

(5) ［英］A. S. 尼尔. 夏山学校[M]. 王克难. 译. 北京：新星出版社，2015,6.

2. 视频资源：

(1) 系列片《解读孩子的敏感期》，中央电视台制作。

(2) 纪录片《小人国》，张同道导演。

1. 分析下列观点:"树大自然直"、"拔苗不能助长,神童非为人造"。并请将思考的要点整理记录:

_____

_____

_____

_____

_____

_____

_____

_____

_____

_____

_____

_____

_____

_____

_____

_____

_____

_____

_____

_____

_____

_____

_____

_____

_____

2. 尝试和一个幼儿交谈 10 分钟,记录你的发现,同时撰写不少于 300 字的分析。

第三单元

幼儿园教育中的教师

思维导图

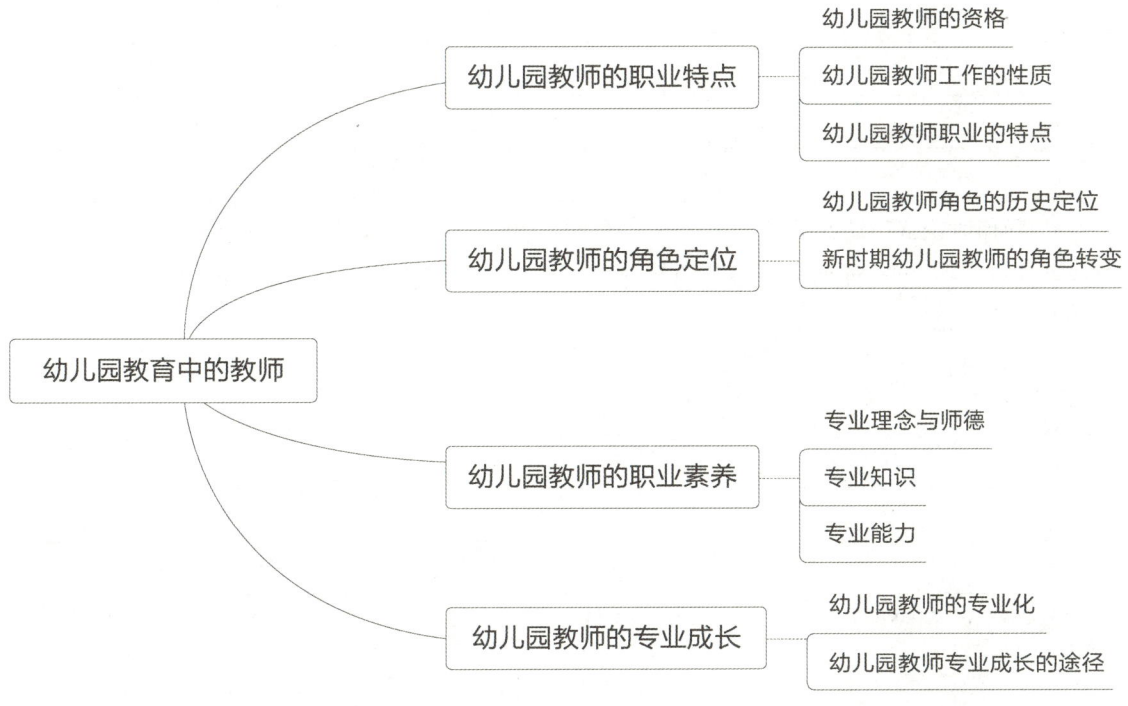

幼儿园教育中的教师
- 幼儿园教师的职业特点
  - 幼儿园教师的资格
  - 幼儿园教师工作的性质
  - 幼儿园教师职业的特点
- 幼儿园教师的角色定位
  - 幼儿园教师角色的历史定位
  - 新时期幼儿园教师的角色转变
- 幼儿园教师的职业素养
  - 专业理念与师德
  - 专业知识
  - 专业能力
- 幼儿园教师的专业成长
  - 幼儿园教师的专业化
  - 幼儿园教师专业成长的途径

目标指引

1. 了解取得幼儿园教师职业资格的基本条件及程序,理解幼儿园教师工作的性质及特点。

2. 了解幼儿园教师的角色定位,理解教育改革背景下幼儿园教师在教育过程中的角色转变。

3. 理解幼儿园教师的职业道德及专业素养构成,能对照自身进行自我评估和自我提升。

4. 了解幼儿园教师专业成长的阶段性特征,理解幼儿园教师专业成长的路径,对自己的专业成长有合理规划。

学习指导

课前准备：浏览教材内容，尽可能完成以下任务。

1. 提炼教材要点：

_____

_____

_____

2. 提出需要向教师请教的问题：

_____

_____

_____

3. 同伴讨论：(1)幼儿园教师是专业人员吗？为什么？(2)幼儿园教师需要具备的专业能力及素养有哪些？(3)如何理解幼儿园教师的核心角色是教育者？(4)为什么幼儿园教师最重要的专业成长路径是实践性反思？

讨论记录：

_____

_____

_____

_____

课堂讨论：积极参与课堂讨论，并记录要点：

_____

_____

_____

课后延伸：学习并保存以下材料，提炼与本单元相关的要点。

1.《中华人民共和国教师法》：

_____

_____

_____

_____

2.《幼儿园工作规程》(2016 版):

_____

_____

_____

_____

3.《幼儿园教育指导纲要(试行)》:

_____

_____

_____

_____

4.《幼儿园教师专业标准(试行)》:

_____

_____

_____

_____

_____

单元导言

亲爱的同学们,有人罗列了有关幼儿园教师的职业素养:

关爱幼儿、能歌善舞、知识渊博、善于沟通、踏实肯干、保教结合、专业扎实、相貌出众、人际融洽、科班出身……

你能按重要程度为它们排个序吗? 相互交流一下,谈谈哪些是最重要的素养。

第一节　幼儿园教师的职业特点

在外人眼中,幼儿园教师或许就是一群年轻活泼、能歌善舞的"孩子王",但实际上,幼儿园教师是一支专业化的队伍。幼儿园需要的是一支师德高尚、热爱儿童、业务精良、结构合理的教师队伍。

一、 幼儿园教师的资格

幼儿园教师作为专业教育工作者,承担着保育和教育的双重职能,关系到亿万儿童的健康成长和学前教育事业的健康发展。因此,从 1994 年开始,我国各地相继实行了幼儿园教师资格制度,要求幼儿园教师必须取得相应教师资格证书。

 共同讨论

1. 职业不分高低贵贱,但不同职业的专业化程度有区别吗?
2. 幼儿园教师的专业化程度与医生、律师等相比如何?
3. 我们毕业后能直接取得幼儿园教师资格证吗?需要哪些程序?

（一）幼儿园教师资格条件

我国《教师法》第10条规定:"中国公民凡遵守宪法和法律,热爱教育事业,具有良好的思想品德,具备本法规定的学历或者经国家教师资格考试合格,有教育教学能力,经认定合格的,可以取得教师资格。"

（二）幼儿园教师资格认定程序

第一步是本人提出申请。幼儿园教师资格证必须经过本人向教师资格认定机构提出申请。申请认定教师资格,应当提交必备的证明或者材料。

第二步是认定机构受理。根据《〈教师资格条例〉实施办法》,教育行政部门每年春季、秋季各受理一次教师资格认定申请,具体受理时间由省级人民政府教育行政部门统一规定。

第三步是颁发证书。申请人提出的幼儿园教师资格认定申请经认定合格后,由教育行政部门颁发国务院教育行政部门统一印制的教师资格证书。

二、 幼儿园教师工作的性质

（一）教师工作的性质

1966年,联合国教科文组织在《关于教师地位的建议》中提出"应把教育工作视为专门的职业,这种职业要求教师经过严格并持续不断的学习才能获得并保持专门的知识和特别的技术"。因此,教师是教育者,教师职业是促进个体社会化的职业。教师根据一定社会的要求,有目的、有计划地向年轻一代传授人类长期积累的知识经验,规范他们的行为品格,塑造他们的价值观念,引导他们把社会的要求内化为个体的心理素质,实现个体的社会化。所以,教师工作具有以下三个方面的性质。

（1）教师是专业人员,必须受到专业训练,

图3-1 幼儿教师是专业教育者

用专业的知识与技能工作;(2)教师的主要角色是教育者,必须依据教育规律和教育学知识与技能开展工作;(3)教师的使命是培养社会所需要的人才。

（二）幼儿园教师工作的性质

幼儿园教师是我国教师队伍的重要组成部分,从事着培养全面发展合格的社会主义事业的建设者和接班人的基础工作。

幼儿园教师是专门的职业和专业人员,承担着培养合格的社会成员,提高民族素质,延续人类社会发展的重要职责。幼儿园教师既是幼儿健康的保护者,幼儿发展的引导者、支持者、合作者,也是儿童的研究者;幼儿园教师的工作是科学与艺术的结合,是一项需要童心、爱心、责任心的工作。

（三）幼儿园保育员工作的性质

学前期是幼儿各种习惯、独立生活能力和良好个性形成的关键时期,"一日生活皆课程","幼儿园时时、处处是教育",凡是接触幼儿的所有成员,尤其是保教人员对幼儿的健康成长产生重要影响。因而保育员不再是传统意义上的"清洁阿姨",而是教育工作者,是老师的助手或助教,其承担着保育儿童和教育儿童的双重功能。

《幼儿园工作规程》对幼儿园教师和保育员的工作职责进行了明确界定。（见表3-1）

表3-1　幼儿园教师和保育员的工作职责

工作职责	幼儿园教师	幼儿园保育员	备注
执行安全、卫生保健制度	执行、指导保育员执行	在教师指导下执行	保育
管理幼儿的生活	指导并配合保育员管理	在教师指导下管理	保育、教育
设计并组织教育活动	负责	协助	教育、保育
家长工作	负责	协助	教育、保育
幼儿教育研究	负责	协助	教育、保育
清洁、卫生工作	协助	负责	保育
物品保管	协助	负责	保育

为使保教更好地融合,许多发达国家在幼儿园未设保育员岗位,而是让教师轮流负责保育工作。我国虽然早在20世纪90年代就开始强调幼儿园必须贯彻保教结合的原则,但具体到基层幼儿园要么被曲解,要么受限于保育员的素质或者受限于人们的传统观念而使保育员无法履行"教"的职责。

当今中国,随着幼教事业的不断发展和人们对保育工作内涵的认识逐步提升,保育员必须顺应幼教发展形势,既要能"保"又要能"教"。

三、幼儿园教师职业的特点

（一）工作对象的主动性和幼稚性

幼儿园教师工作的对象是幼儿。幼儿虽然年龄小,但绝对不是消极被动的,他们有自己的

图 3-2　教师和孩子打成一片

意识和想法。他们会用自己原有的一些经验想法,包括兴趣和个性特点来筛选外界给他们传递的任何影响。幼儿会主动参与各项活动,主动与同伴交往,主动操作各种物品,通过自身的内部作用主动地去感知、参与和接受外界的教育影响,形成自己的经验和认知结构,发展自己的思想感情,具有强烈的主动性。

幼儿园教师的工作对象(即幼儿)不仅具有主动性,而且还具有幼稚性。幼儿非常幼稚和弱小,身心正处在生长发育中,知识经验还很贫乏,对周围事物的认识充满了天真和幼稚的表现,思维的发展还处在具体形象的阶段,认知能力、语言表达能力尚处于萌芽阶段,需要教师格外呵护,在保证他们健康的基础上,教师需要去观察、了解,并想方设法创造环境,组织活动来促进他们发展,把幼儿幼稚的思维方式转化为幼儿的创造性思维,促进幼儿身心等方面的进一步发展。

（二）工作任务的全面性和细致性

幼儿园教育的根本任务决定了幼儿园教师工作的全面性。教师对幼儿要全面负责,不仅要照顾他们的生活,指导体育锻炼活动,增进幼儿的健康,做好保育工作;而且要教育他们,教给他们简单的知识和技能,发展他们的智力,培养他们良好的道德行为和习惯,实现全面发展的各项任务。为保证幼儿的全面发展,幼儿园教师的各项任务要全面完成,不可偏废。

幼儿园教师的工作不但应是全面的,而且应是非常细致的。幼儿教育无小事,事无巨细,一点一滴,每时每刻,都是在对幼儿进行教育。幼儿园的教育绝对不是通过一个集体教学活动来实现的,它蕴含在幼儿园一日生活的各个环节中。这就要求幼儿园教师在任何一个环节都要充分地挖掘它的教育因素,发挥其教育价值。比如当幼儿吃饭的时候,要考虑幼儿的营养是否均衡,是否挑食,吃得怎么样,如果不爱吃青菜怎么办。这些东西都是非常细致的。因此,幼儿园教师的工作既有全面性,又有细致性,这确实是一个很高的要求。

（三）工作过程的创造性和复杂性

幼儿园教师工作的过程与一般工作的过程相比,具有很高的创造性。因为教师的工作任务不能单纯靠模仿或机械重复去完成,幼儿园教师的工作更是这样。每个幼儿来自于不同的家庭,各个家庭的背景和教养方式不尽相同,幼儿有着不同的兴趣、爱好、能力和性格,因而有着不同的行为和习惯。而且他们还是处在迅速发展变化的阶段,因此幼儿园教师的工作过程和教育情景异常复杂和多变,这决定了幼儿园教师工作过程的创造性和复杂性。

比如,为了鼓励幼儿在幼儿园喝水,有的老师会把幼儿的名字写到"喝水墙"上:"今天你喝水了吗?"给每个幼儿几个小贴画,喝了一杯水,就把小贴画放在自己的名字旁。名字通常是用照片来表示的,看照片旁边的小贴画,老师就知道这一天孩子喝水是否达到要求。如果喝的水不够的话,老师可以适当提醒他。孩子通过互动,也能够及时提醒自己。运用环境来促进幼儿更好地照顾自己,这是教师工作的创造性表现。

幼儿园教师的工作要充分运用教育机智,这是一种对突发性教育情景做出迅速、恰当处理的随机应变的能力。因此,幼儿园教师的工作过程没有固定的程序和模式。这就需要幼儿园教师善于观察和捕捉教育情景的细微变化,灵活机动地采取恰当的措施,解决教育过程中出现的新问题,使教育收到最佳的效果。

（四）工作手段的主体性和示范性

幼儿知识的习得、能力的发展、良好品德、习惯的养成很大程度上是直接通过观察、模仿学习的。因此幼儿园教师的工作手段带有很大的主体性和示范性,这是幼儿园教师工作与其他工作的一个最大的不同点。幼儿会观察教师的一言一行是什么样的,他（她）怎么处理事情,怎么看待某个问题。在这个过程中,幼儿就能知道事情应该是这样做的,与人相处、与人交往应该是这样子的,应该讲文明、懂礼貌,应该能够设身处地为对方着想。因此,教师自身对教育要求应该不断内化,

图 3-3　教师的工作有很大的主体性和示范性

使全面发展的教育要求转化为教师的教育行为,并采用一定的手段去教育幼儿。此外,在教育过程中,教师的语言、体态、表情、动作等也都是教育的手段,构成了教师工作手段的主体性,并作为一种教育情景而对教育对象起到一种正强化效应。

幼儿园教师在工作中用自己的知识、智能、思想感情、道德风貌以及行为去直接影响和感染幼儿,使他们的行为发生预期的变化,这就是教师工作手段的示范性。教师的言行是幼儿直接学习、模仿的榜样。

（五）工作周期的长期性

教育是对人施加影响的工作,俗话说:"十年树木,百年树人。"这说明了人才培养是一个长期的过程。教师工作的效果不是当时就能够看到的,而是要经过很多年才能知道你今天的付出和努力将来会结出一个什么样的果实。所以教师要教给幼儿什么,要用什么样的方法,一定要慎重,一定要考虑将来社会对人的需要是什么,怎样才能够更好地适应未来社会。

个体的成长和进步也是一个长期、连续发展的过程,比如让幼儿讲文明、守规则（看书的时候要遵守秩序、要爱护图书等）,养成良好的日常生活习惯（饭前便后要洗手、帮助长辈整理餐桌等）,都不是立刻就能做到的,而是需要持续不断地反复练习、锻炼才能形成的。因此,要求幼儿园教师具有坚韧不拔、锲而不舍的精神,要有足够的耐心,付出自己全部的心血和精力,这正是幼儿园教师劳动的长期性和艰巨性所在。

第二节　幼儿园教师的角色定位

角色是指个人的某种社会身份规定了的行为模式。教师角色的定位主要是由教师职业的劳动特点决定的，同时受制于社会的政治、文化、经济及人们对教师的目标期待等多种因素。幼儿园教师由于其教育对象的特殊性，决定了其与一般教师不同的角色定位。同时随着社会的发展变化，教师角色特征的内涵越来越丰富，呈现出多元化与动态性的特点，并不断朝着专业化方向发展。

共同讨论

1. 教给学生"一杯水"，教师就要有"一桶水"。
2. 因为幼儿园教育是不分科的综合教育，所以幼儿园教师要样样都会，但事实上样样都不精。
3. 幼儿园教师要像妈妈一样爱孩子，也要像姐姐一样带孩子快乐地游戏。

你如何评析上述观点？你认为幼儿园教师的理想角色是什么？

一、幼儿园教师角色的历史定位

古今中外，在不同的历史发展阶段，人们对幼儿园教师的角色定位是有所不同的。

古罗马教育家昆体良在两千多年前就提出幼儿园教师要具备三个条件：要热爱儿童，要善于观察儿童，要正确应用批评与表扬。蒙台梭利主张以儿童为中心，对教师的要求是：具备观察的素质，了解儿童特点；善于指导儿童；成为学校与家庭、社区的联络者与沟通者。

我国唐代文学家韩愈提出"师者，所以传道，授业，解惑也"，道出了千百年来一般教师的角色功能。但对于从事不同年龄阶段的教师来说，其承担的社会角色各有侧重。我国从 1903 年创办蒙养院以后，有了第一批正式的幼儿园教师，当时称之为"保姆"，由乳媪[①]、节妇[②]训练而成，她们是封建社会"三从四德"的模范和宣传者，最多只有相当于现在小学三年级的文化程度。

解放后，应社会主义建设的需要，妇女走出家门，投身工作，20 世纪 50 到 60 年代，幼儿园的任务主要是解决家长的后顾之忧，以"保"为主，先"保"后"教"是幼儿园工作的主题，所以对教师素质的要求也不高。幼儿园教师的角色被定位于照管者。

从幼儿园教师的历史发展来看，其角色定位经历了从保姆、照料者到专职幼教工作者的转变过程。

---

① 即乳母.
② 旧时指坚守贞节、丈夫死后不改嫁的妇女.

二、 新时期幼儿园教师的角色转变

随着社会的变革,幼儿园教师的角色发生了重大的转变。在现代教育理念的指引下,教师作为一种专门的职业,其角色不再是知识的灌输者、幼儿的管理者。《纲要》明确指出,幼儿园教师在教育过程中应成为幼儿学习、生活的支持者、合作者、引导者。

（一）幼儿园教师的角色要求

在信息时代,由教师"传授"知识的传统教育方式被教师"引导"幼儿通过主动学习,让幼儿自己发现知识所取代,教师也由"知识灌输者"转变为给幼儿提供舞台、指出方向、在关键时刻给予儿童指导和支持的"导师"。幼儿对周围的一切都充满了强烈的好奇心,他们对知识的渴求无比强烈与急迫。如果教师还是一味担当"知识的灌输者"的角色,就会抹杀幼儿认识世界的兴趣与积极性,禁锢幼儿想象力和创造力的发展,剥夺幼儿自己探索世界、认识事物的权利与机会。因此教师要成为幼儿的倾听者、观察者,成为幼儿学习活动的支持者、合作者、引导者。

图 3-4　教师要聆听幼儿的心声

（二）幼儿园教师的角色转变

根据《纲要》的精神,目前对幼儿园教师的要求通过以下四个方面的角色转变来加以体现。

1. 幼儿园教师是幼儿学习活动的支持者、引导者

教师是幼儿学习活动的支持者、引导者,这是新课程改革的背景下教师角色的根本变化,是教师角色转变过程中的一个飞跃与突变。

教师要成为幼儿学习活动的支持者,就是要求教师对幼儿的学习活动要提供物质上和心理上的支持。物质上的支持包括创造丰富的物质环境,为幼儿与物质环境互动提供前提和基础,在幼儿缺乏或需要某些学习资源时及时地提供给他们,等等。心理上的支持首先是指教师对幼儿的关怀、尊重和接纳的态度,对幼儿自发的探究活动、新异的想法和发现的支持、肯定和鼓励;还有对幼儿的问题、困难和需要的敏锐把握,对幼儿想法和感受的倾听与接纳等。

幼儿是有自身特性的学习者,他们的幼稚性和主动性的特点使得他们的学习具有综合性和整体性,这一学习特性要求对幼儿的教育具有广泛性和启蒙性。因此,幼儿园教师不是幼儿学习知识的灌输者,而是幼儿探索知识和问题的启发者,帮助幼儿成为知识的主动获得者,成为"引导型"的教师。

2. 幼儿园教师是幼儿学习活动的合作者

《纲要》中指出："师生是平等的合作伙伴，师生之间的关系是对话关系，师生之间的交往主要是以幼儿感兴趣的话题、项目作内容。幼儿的学习是一种互动的，以某种相互关系为基础的社会建构过程。"

教师要成为幼儿学习活动的合作者，就是说要求教师以"合作伙伴"的身份参与到幼儿的学习活动中去，共同促进幼儿学习活动的不断延伸。这有利于淡化、甚至消除"教师在上、幼儿在下"的师幼关系，变"填鸭式"活动为合作探究的学习。直接或间接地抛给幼儿一些问题，与幼儿一起深入探讨，教师与幼儿之间平等的"抛接"要比教师居高临下的"抛给"更有利于促进幼儿的学习与发展。教师扮演的角色可能更多的是幼儿的"合作者"，即与幼儿一起运用过去已有的知识和经验，通过实际操作，获得新的经验。

3. 幼儿园教师是课程实施过程的反思者和研究者

《纲要》指出："教育活动的组织与实施过程是教师创造性地开展工作的过程。教师要根据本《纲要》，从本地、本园的条件出发，结合本班幼儿的实际情况，制定切实可行的工作计划并灵活地执行。"这就要求教师不仅是课程的实施者、执行者，而应该成为课程实施创造性的研究者。如果幼儿园教师不容置疑地把课程专家设计的方案拿过来就用，不考虑它是否适合本班幼儿，是否有利于促进幼儿在原有知识经验的基础上获得更大的提高，就会使课程实施变成盲目服从。在新课程改革的背景下，教师应从教书匠变为研究型的教师，要以研究的眼光看待课程实施。

4. 幼儿园教师是不断引"水"入渠的终身学习者

现代社会是终身学习的社会，学习已经成为最重要的人身权利。幼儿园教师作为一名专业教育者，必须不断根据儿童发展的需要充实自己的专业知识以及其他知识，成为学习型教师。

第三节　幼儿园教师的职业素养

幼儿园教师是专业人员，担负着全面贯彻幼儿园教育的任务，促进幼儿全面发展，帮助幼儿养成良好的生活态度、学习习惯、行为品质，解决家长后顾之忧的重大使命。因此，依据《幼儿园教师专业标准（试行）》的规定，在专业理念与师德、专业知识和专业能力等方面必须符合幼儿园教师专业素养的基准要求。

一、专业理念与师德

职业道德是从事一定职业的人们在共同活动中逐渐形成的具有行业特点的行为规范。幼儿园教师的职业道德，简称师德，是指幼儿园教师在教育教学活动中应该遵循的道德准则和行为规范。师德在教育过程中有着重要作用。构成幼儿园教师职业道德的主体因素具体包括下列几点。

（一）高度负责，无私奉献

人生百年，立于幼学，幼儿园教师是一个专业化水平很高的职业。幼儿园教师担负着培养幼儿健全人格，为幼儿健康发展奠基的重任，关系到国家的兴旺、民族素质的提高。有了这种认识，幼儿园教师才会产生高度的责任感，增强对幼儿教育事业的情感，对工作倾注满腔的爱和热情，竭尽全力把工作做好。许多优秀幼儿园教师的经历充分证明了这点。

（二）满腔热情，真诚热爱

爱护、尊重幼儿是幼儿园教师职业道德的核心，教师对幼儿的关心和爱护是幼儿身心健康发展的重要条件。教师和幼儿间的良好关系，能帮助他们尽快熟悉幼儿园的环境，熟悉教师和同伴，感到幼儿园像家一样温暖、愉快和安全，从而使幼儿乐意接受教育。

（三）以身作则，严于律己

教师的言行举止是教育幼儿的无形力量，其作用远远超过口头的说教。因此，教师要不断提高自己的品德修养，不仅要穿着整洁，美观大方，举止文明，为人热情友善，处事沉着冷静，而且要求幼儿做到的自己首先要做到，要求幼儿不做的，自己坚决不做，这样才能真正达到教育的效果。

（四）认真钻研，勤于进取

幼儿园教师的学识水平和能力直接关系到幼儿的进步和发展。教师要满足幼儿的好奇心，教给他们正确、科学的知识，如果自己没有广博的知识，就无法回答幼儿各种各样的问题。特别是当今科技迅猛发展，新知识、新理念不断涌现，更需要教师树立终身学习的思想。

（五）尊重虚心，团结协作

对幼儿的保教工作，是由保教工作人员集体合作共同完成的。因此，幼儿园教师作为集体的一员，要正确处理个人与他人、个人与集体的关系。对待同事要相互尊重，团结协作。还要积极与家长联系，尊重、信任家长，与家长同心协力。

小资料

幼儿教师的道德规范

美国著名幼儿教育专家丽莲·凯茨认为："对于学前教师来说，必须重视建立道德规范的原因在于：幼教工作人员的权力、地位相对于服务对象更大。学前教师服务的对象是一群稚嫩的儿童，儿童几乎无力改变或修正教师的行为，除非教师觉察并修正自身的不良行为。"

二、专业知识

专业化的幼儿园教师队伍是幼儿健康成长的根本保障。根据我国有关文件的要求，结合幼儿身心发展特点和全面发展的教育目标，幼儿园教师还应在教育法律素养、科学文化素养、教育理论素养等方面达到必要的要求。

（一）教育法律知识

幼儿园教师应熟悉有关教育的法律法规，明确幼儿园教师应熟悉教师的权利和义务，还应熟悉幼儿权利保护的相关教育法规，能分析评价幼儿教育工作中的实际问题。

（二）科学文化知识

幼儿园教育内容涉及健康、语言、科学、社会、艺术等各个领域，幼儿园教师需要具有广博的科学文化知识和良好的文化素养。这些素养包括：具有一定的自然科学和人文社会科学知识；了解中国教育基本情况；具有相应的艺术欣赏与表现知识；具有一定的现代信息技术知识等。

（三）教育理论知识

幼儿园教师还应具有教育理论知识，主要包括幼儿发展知识和保教知识。幼儿发展知识主要是指掌握不同年龄幼儿身心发展特点、规律和促进幼儿全面发展的策略与方法等。幼儿保教知识主要是指熟悉幼儿园教育的目标、任务、内容、要求和基本原则；掌握幼儿园课程整体设计及各类型活动具体实施等方面。

三、专业能力

由于幼儿处于人生发展的开端，他们的学习和发展有着这个年龄阶段独特的方式和特点。幼儿园教师要担当起陪伴和引领这一生命群体的学习和成长的重任，帮助和支持他们在环境中感知，在行动中操作，在生命中体验，在游戏中发现，实现学习与成长，奠定一生的根基。因此，必须具备多种专业能力的实践智慧及行动本领。

这些能力包括七个方面：环境的创设与利用能力；一日活动的组织与保育能力；游戏活动的支持与引导能力；教育活动的计划与实施能力；指向幼儿的激励与评价能力；积极的人际沟通与合作能力；面对自我的反思与发展能力等。

小资料

一位诺贝尔获奖科学家的发言[1]

1987 年，75 位诺贝尔奖获得者在巴黎聚会。有一位记者问其中一位老人："您认为您在哪所大学学到的东西最重要？"老人平静地说："是幼儿园。""在幼儿园里学到了什么？"

---

[1] ［美］罗伯特·福尔姆. 我们得回到幼儿园[M]. 吴群芳，译. 北京：中国档案出版社，2001，1.

"在幼儿园学到：要乐于同别人分享一切东西，要公平正直、光明正大地与别人竞争，永远不打人，不要拿不属于自己的东西，在你伤害别人时要道歉，吃饭之前要洗手……"

第四节 幼儿园教师的专业成长

共同讨论

1. 幼儿园教师是专业的人员吗？为什么？
2. 幼儿园教师如何成长为专业人员？

一、幼儿园教师的专业化

（一）幼儿园教师专业化的特征

幼儿园教师的专业化是指幼儿园教师在严格的幼儿专业知识、技能的专业训练下，结合自身在幼儿教育工作中不断主动学习和反思的基础上，逐渐成为一名专业幼儿园教师的发展过程。这是幼儿园教师作为一门专门职业所必须要完成的使命，更是一名幼儿园教师成长的必经之路。其基本特征包括以下几点。

1. 专业资格

每个合格的幼儿园教师必须具有中、高等师范院校学前教育专业学习经历，基本的幼儿园实习经验，并获得国家颁发的幼儿园教师资格证书。

2. 专业精神

幼儿园教师的专业精神主要表现在：坚定的教育信念，强烈的教育意识，对教育现象的敏感性，对教师职业的认同感，以及愿意为教育事业付出时间和精力而产生的满足感。

3. 专业素养

专业的幼儿园教师必须具有扎实的理论基础、丰富的教学经验、对儿童发展的深刻领悟、有效的管理能力，以及良好的社会交往与合作能力等。

4. 专业学习

幼儿园教师的专业化还体现在制定合理的事业发展目标，具有积极参与专业研讨的愿望，接受各种专业培训的机会，以及专业进修的成果等。

5. 专业活动

主办或从事各种和幼儿教育有关的活动也是幼儿教育专业化发展的一种表现。比如，进行幼儿园教研活动，参加各种教育教学比赛，组织专家讲座，参与幼教高级论坛，加入各种幼教专业组织，寻求多样化的教育资源等。

小资料

幼儿园教师专业发展的具体表现①

1. 对儿童发展有着深刻的理解和体悟，将心理学、教育学知识运用于实践。

2. 善于观察和评价儿童的行为表现，以此作为课程计划的依据和设计个性化课程的依据。

3. 善于为儿童营造和保持安全、健康的氛围。

4. 计划并履行适宜儿童发展的课程，全面促进儿童的社会性、情感、智力和身体方面的发展。

5. 与儿童建立积极的互动关系，成为儿童发展的支持力量。

6. 与幼儿家庭建立积极、有效的关系。

7. 尊重和理解儿童在家庭、社会、文化背景等方面的差异，支持儿童个体的发展和学习。

8. 对教师专业主义予以认同。

（二）幼儿园教师的专业成长阶段

幼儿园教师的专业成长大致要经历以下四个阶段。

新上岗教师（一般指 **3** 年以内教龄）。这个阶段是一个获取感性经验的阶段，主要学习一些教育教学情境下的具体规范，要在教育教学技能上进行提高。

适应型教师（一般指 **5** 年左右教龄）。这个阶段的教师能将实践经验与所学知识逐步联系起来，但在应付新情境或综合运用教学策略上略显不足。

成熟型教师（一般指 **10** 年左右教龄）。这个阶段的教师教学经验丰富，有较强的适应性，处于自觉的教学理念和风格的形成期。

专家型教师（一般指 **15** 年以上教龄）。这个阶段的教师已形成自己独特的教学风格，成为骨干教师、学科带头人。

---

① 资料来源：全美幼教协会(NAEYC).

二、幼儿园教师专业成长的途径

（一）学会反思，通过反思促发展

自我反思是目前教师专业发展中大力提倡的方法。叶澜教授说："一个教师写一辈子教案，不一定成为名师；如果一个教师写三年反思，有可能成为名师。"美国的著名学者波斯纳有一个教师成长公式：经验＋反思＝成长。可见教育反思在教师专业成长中的作用。通过反思，能积累教育教学经验教训，更新教育观念、改善教学行为、提升教学水平、提高教学质量；通过反思，能使自己的教学精益求精，渐臻完美。

（二）交流互助，营造和谐成长环境

自我反思是教师个体意义上的"自主培训"，而交流互助则是教师群体意义上的"自主培训"。每个幼儿园教师都应该有意识地建立与幼儿、同事、领导、家长之间的和谐环境，以培育个人对工作的信心与满意度，从而产生职业幸福感。在实践中，既有传统的"帮带制"，由幼儿园指派，年长的带年轻的，有经验的带没经验或经验少的。现在，很多幼儿园还鼓励教师打破论资排辈的局限，建立"互助制"的班级组合方式。体现自主、互助、开放、整合、创新，倡导教师自愿承担、自主结合、动态选择、互教互学。教师根据实际情况，自主选择指导教师，也可以自主选择传、帮、带的对象，达到相互借鉴、相互提高的目的，形成真正的"同伴互助"。

（三）行动研究，学习解决实际问题的方法

行动研究是教师针对实际问题自己思考解决问题的办法，是真正的"从实践中来、到实践中去"的研究方法。它不需要精深的研究工具和复杂的研究程序，只需要教师对自己的具体行动进行认真的反思，记录自己的真实体会和想法，进而逐步改进行动。因此，幼儿园教师的教育教学不是传统意义上的教学行动，而是以研究的态度去做、去实践，直面课堂、直面教学、直面孩子，研究教材、研究策略、研究孩子。

小资料

行动研究的过程

1. 发现问题

在某幼儿园工作的费老师，发现幼儿在园普遍不爱提问，于是想通过行动研究了解其原因，并设法解决此问题。

2. 分析并确定问题

针对这一问题，费老师收集了影响幼儿提问的有关文献，了解到影响幼儿提问的多种因素，如幼儿园的学习气氛、教师的教学方法、师生关系、幼儿生活经历、幼儿语言发展水平等等。在此基础上，费老师和其他教师进行了探讨，发现幼儿不爱提问的主要原因是不敢问和不会问。

3. 制定并实施研究计划

在查阅文献和分析问题的基础上，费老师决定通过访谈和课堂观察进一步了解幼儿提问的具体情况。通过研究，费老师发现：教师对幼儿提问的态度不热情、幼儿园的精神氛围不理想、幼儿一日生活单调和封闭等是造成幼儿不提问的主要原因。

4. 设计并实施行动方案

根据调查结果，费老师设计并推行了行动方案，即创设适宜幼儿提问的精神氛围，鼓励幼儿发现问题、提出问题；丰富幼儿的生活，开阔幼儿的视野；帮助幼儿理清思路，引导幼儿用恰当的语言表达疑问。

5. 评价行动方案

在自己的班上采取新措施一段时间后，费老师再次对幼儿的提问情况进行了综合调查，用以评估活动效果。

6. 修正行动方案并再次实施

如果评估证明新方案取得了良好效果，就继续实施这一方案；否则就要分析问题的原因，改进行动方案，重新进行实施和评价。

单元回顾

我国实行教师资格制度，幼儿园教师任职必须取得幼儿园教师资格证书。2015年，我国将全面推行教师资格全国统考，提高教师入职门槛，并打破教师资格终身制，实行定期注册制度。

幼儿园教师职业具有：工作对象的主动性和幼稚性，工作任务的全面性和细致性，工作过程的创造性和复杂性，工作手段的主体性和示范性，工作周期的长期性等特点。

幼儿园教师是幼儿学习活动的支持者、引导者、合作者；幼儿园教师是课程实施过程的反思者和研究者；幼儿园教师是不断引"水"入渠的终身学习者。

幼儿园教师必须具备良好的职业道德和专业素养。职业道德具体表现为：热爱幼儿教育事业；爱护、尊重幼儿；以身作则，严以律己；钻研业务，勤于进取；尊重他人，团结协作等。幼儿园教师还应具备先进的职业理念、教育法律素养、科学文化素养、教育理论素养、职业技能素养和良好的身体、心理素养等。

幼儿园教师专业成长的途径包括：学会反思，通过反思促发展；交流互助，营造和谐成长环境；行动研究，学习解决实际问题的方法等。

我国幼儿园教师的权利和义务

1. 我国幼儿园教师的权利：

(1) 进行保育教育活动，开展保育教育改革和实验的权利。

(2) 从事科学研究、学术交流，参加专业的学术团体，在学术活动中充分发表意见的权利。

(3) 指导幼儿的学习和发展，评定幼儿成长发展的权利。

(4) 按时获取工资报酬，享受国家规定的福利待遇以及寒暑假带薪休假的权利。

(5) 参与幼儿园民主管理的权利。

(6) 参加进修或者其他方式的培训的权利。

2. 我国幼儿园教师的义务：

(1) 遵守宪法、法律和职业道德，为人师表。

(2) 贯彻国家教育方针，遵守规章制度，执行幼儿园保教计划，履行聘约，完成工作任务。

(3) 按国家规定的保教目标，组织带领幼儿开展有目的、有计划的教育活动。

(4) 关心、爱护全体幼儿，尊重幼儿人格，促进幼儿的全面发展。

(5) 制止有害于幼儿的行为或其他侵犯幼儿合法权益的行为，批评和抵制有害于幼儿健康成长的现象。

(6) 不断提高思想政治觉悟和教育教学业务水平。

如何理解幼儿园教师的权利和义务的关系？举例说明幼儿园教师应如何行使权利，又应如何履行义务。

单元任务

1. 对照目标指引，检测自己对本单元目标的实现情况，并及时回顾与巩固。

2. 通过搜集各种资料，深入了解幼儿园教师的工作特点，总结归纳优秀幼儿园教师及理想幼儿园教师的特质。

3. 通过资料搜集，特别是对本地不同成长阶段幼儿园教师的深度了解，理解幼儿园教师专业成长的有效路径。

推荐资源

1. 纸质资源：

（1）应彩云.孩子是天我是云[M].上海：上海社会科学院出版社，2004，1.

（2）陈勇.第56号教室的故事——雷夫老师中国讲演录[M].北京：教育科学出版社，2012，8.

2. 视频资源：

（1）纪录片《爱——中国幼教名师》系列。

（2）电影《放牛班的春天》。

单元作业

1. 利用实习机会随机访谈几位幼儿园教师,分析其从教信念及影响因素,总结她们对幼儿园教师专业化的看法。(不少于300字)

_____

_____

_____

_____

_____

_____

_____

_____

_____

_____

_____

_____

_____

_____

_____

_____

_____

_____

_____

_____

_____

_____

2. 请为自己制定一份在校期间的专业学习计划和毕业后 5 年内的专业发展规划。

幼儿园教育中的环境

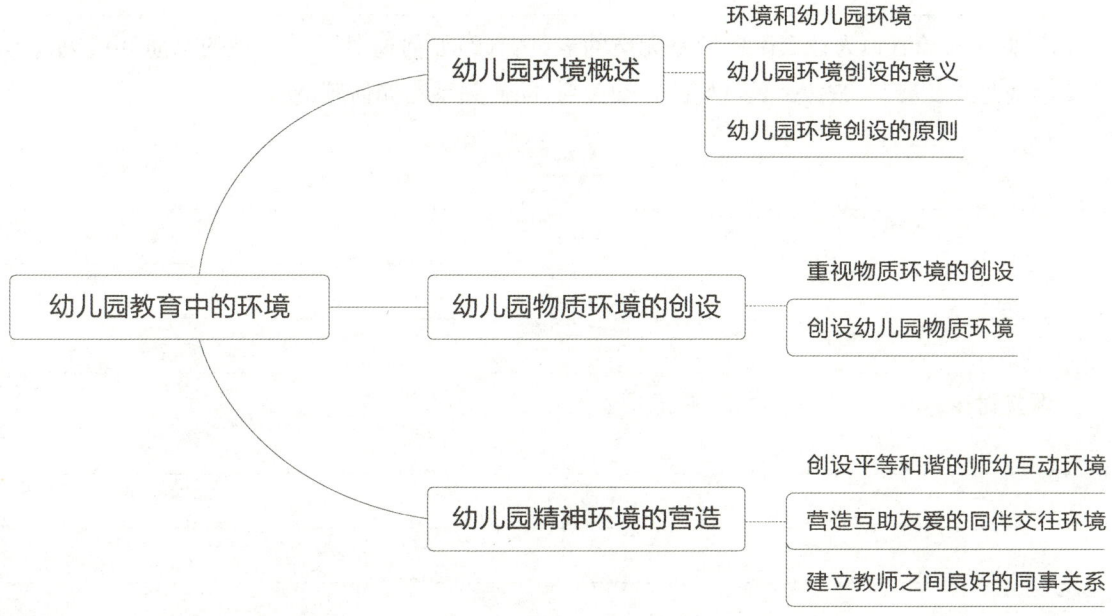

幼儿园教育中的环境
- 幼儿园环境概述
  - 环境和幼儿园环境
  - 幼儿园环境创设的意义
  - 幼儿园环境创设的原则
- 幼儿园物质环境的创设
  - 重视物质环境的创设
  - 创设幼儿园物质环境
- 幼儿园精神环境的营造
  - 创设平等和谐的师幼互动环境
  - 营造互助友爱的同伴交往环境
  - 建立教师之间良好的同事关系

1. 了解幼儿园环境的概念,理解幼儿园环境创设的意义及基本原则。

2. 了解幼儿园物质环境和精神环境的内涵,理解物质和精神环境创设的具体措施和策略。

3. 能主动利用各种机会,对幼儿园环境创设有感性的认识和直接的体验,并能做出分析和评判,提出有建设性的措施。

课前准备:浏览教材内容,尽可能完成以下任务。

1. 提炼教材要点：

_____

_____

_____

2. 提出需要向教师请教的问题：

_____

_____

_____

3. 同伴讨论：(1)为什么说环境是无声的老师？(2)如何通过科学合理的物质环境创设有效促进幼儿的发展？(3)什么是良好的师幼关系、同伴关系？如何营造？

讨论记录：

_____

_____

_____

课堂讨论：积极参与课堂讨论，并记录要点：

_____

_____

_____

课后延伸：

1. 学习并保存以下材料，提炼与本单元相关的要点。

《幼儿园教育指导纲要（试行）》：

_____

_____

_____

2. 查阅或浏览以下材料，提炼与本单元相关的要点。

《儿童的一百种语言》（〔美〕卡洛琳·爱德华兹等）：

_____

《师幼互动行为研究——我在幼儿园看到了什么》(刘晶波)：

 单元导言

　　蒙台梭利说："在教育上,环境所扮演的角色相当重要,因为孩子从环境中吸取所有的东西,并将其融入自己的生命之中。"

　　世界各国幼教工作者学习的典范——意大利瑞吉欧教育的教师们将幼儿学校的环境称作"第三位"教师,因为物质的环境正如其他两位教师一样,不仅会影响到幼儿教育的具体过程,甚至也会产生一些精神影响力。瑞吉欧教师所努力的是为幼儿尽可能地创造机会,给幼儿充分交往和合作的条件,使幼儿之间自由地交流沟通,而物质环境在这个方面的意义是重大的。瑞吉欧环境布置的核心问题就是如何增进环境的教育性和资源综合、合理、有效的利用。

第一节　幼儿园环境概述

　　环境不会说话,却是无声的老师,潜移默化地影响着幼儿的成长。

　　幼儿的成长离不开环境,环境对幼儿具有特别重要的意义。《幼儿园工作规程》中明确提出把"创设与教育相适应的良好环境"作为幼儿园教育的重要原则。《纲要》中也强调:"环境是重要的教育资源,应通过环境的创设和利用,有效地促进幼儿的发展。""幼儿空间、设施、活动材料和常规要求等,应有利于引发、支持幼儿与周围环境之间的相互作用"。因此,应该重视幼儿园教育中环境这个基本要素的作用,创设良好的教育环境,实现环境的教育价值,促进幼儿身心健康发展。

1. 环境是无声的老师。

2. 幼儿园物质环境的创设并不等于高投入和奢华。

3. 幼儿园精神环境的创设并不等于无节制的宠爱。

你如何理解上述观点？谈谈你对幼儿园环境创设的看法。

一、环境和幼儿园环境

（一）环境

环境是一个内涵非常广泛的概念，一般指生物有机体生存空间内各种条件的总和，是直接影响到其生命活动的物质、能量和信息的总和。根据不同的分类标准，可以将环境划分为：无机环境和有机环境；生物环境和非生物环境；自然环境和人工环境；物质环境和精神环境；社会环境与家庭环境、校园环境等。

（二）幼儿园环境

一说到幼儿园环境，人们的头脑中会立刻浮现出这样一些场景：逼真的卡通动物"活跃"在幼儿园的大门口；一幅幅稚趣、美丽的墙饰；一个个生动有趣的活动区域；绿茸茸的草坪被绿树围绕着；还有阳光下五颜六色的滑梯、攀登架……总之，美观整洁，卫生安全，绿草茵茵，童趣盎然。其实，幼儿园环境的内涵远远不止这些。根据终身教育理念和布朗芬布伦纳的生态学观点，幼儿园环境有广义和狭义之分。

图 4-1　逼真的卡通形象

图 4-2　颜色鲜艳的滑梯

1. 广义的幼儿园环境

这是指幼儿园保育和教育赖以进行的一切条件的总和。它既包括人的要素，又包括物的要素；既包括幼儿园内的小环境，又包括与幼儿园保育和教育相关的园外的家庭、社会、自然的大环境。也就是说，幼儿身心发展所必须具备的一切物理环境和心理社会环境的总和就是广义的幼儿园环境。

2. 狭义的幼儿园环境

这主要是指幼儿园的内部环境,亦即在幼儿园中对幼儿身心发展产生影响的一切物质和精神要素的总和。

幼儿园的物质环境是幼儿园内影响幼儿身心发展的物化形态的教育条件。它涵盖幼儿园所有室内外的活动设施设备,包括房舍、庭院、运动游戏场、绿地以及有关的设施设备;幼儿园走廊、门厅、活动室、午睡室、科学发现室等的墙面、窗户的装饰和布置;活动区域的设置等。正因为如此,我们把物质环境称为显性环境。

幼儿园的精神环境包括幼儿园人际环境和文化环境,它是指教育观念和保教水平,是幼儿园生存和发展的内涵和灵魂。它包括幼儿园的园风面貌,办园的指导思想,教职工的世界观、人生观、价值观、教育观、服务作风,幼儿园的人际关系,幼儿园的情感氛围,幼儿园各种文化艺术、娱乐活动等。它是人们身临其中能够体会到的一种氛围,因此,我们把它称为隐性环境。

物质环境只有通过人才能发挥作用,而精神环境是一种重要的潜在课程,对幼儿的身心发展起着潜移默化的深远的影响。

二、幼儿园环境创设的意义

幼儿园环境创设的意义,在于利用环境进行教育,即充分利用环境中各种有价值的信息、要素对幼儿进行生动、直观、形象而又综合的教育。

(一) 环境是幼儿园课程设计与实施的要素

幼儿园教育的本质是"学习者在教育者有意识指导下,与教育情境相互作用而获得的有益经验和身心健全发展的全部教育性活动",教育的三要素包括学习者、教育环境和教育结果。环境生成课程,课程主题来源于幼儿与环境的互动,课程实施首先要创设环境。

(二) 环境是促进幼儿认知发展的重要手段

幼儿的认知是在与周围环境相互作用的过程中不断发展的。幼儿园环境如同教师一般,通过激发幼儿的兴趣,使幼儿处于积极的探究状态,通过呈现学习内容,延伸学习活动,帮助幼儿在各种尝试中使用材料、发现问题和解决问题,从而获得对世界的认识。例如,在开展"我们的动物朋友"的主题活动中,幼儿把自己和家长一起搜集到的有关动物的图片、模型等分门别类整理后,展示在教室的四周,让人

图4-3 地上的小脚印

仿佛置身于动物世界之中，从而激发幼儿自主探索的欲望；喝水区域地板上的小脚印提示幼儿站立的位置和有序排队的方向，这种地面环境的创设是对幼儿行为的预期，环境就能替代教师的指导语，成为行为习惯的提示。

（三）环境是促进幼儿社会性发展的重要因素

幼儿的社会性发展是在一定的环境中实现的。幼儿与幼儿、幼儿与教师、幼儿与物体之间的交流少不了环境的支持与介入。幼儿园环境的诸多方面（如环境布置的内容及其营造的氛围、活动空间的安排及活动材料的投放等），会通过影响幼儿在交往过程中的情绪状态、交往对象的数量等来影响幼儿的社会性发展。同时在进行环境创设时，应充分保证每个幼儿都能拥有团体的归属感，形成人际交流的氛围。例如，将幼儿园的教室内分隔成大小不同的区域以便于幼儿在人数不同的小组中进行合作式学习，使幼儿与同伴之间的沟通、竞争与合作更容易，也便于教师进行观察、倾听和记录；在幼儿园的楼梯下、走廊尽头或是教室的一角设置私密空间，满足幼儿到这个小空间里安静地休息，或与同伴谈心，使其内心得到一种释放或安慰，等等。

幼儿在与教师、同伴、家长共同创设环境的过程中，进行交流、合作，表达自己在遇到困难、疑问时的沮丧、郁闷，以及完成任务后的喜悦等，逐渐了解人际交往的规范和技巧，进而逐步适应社会生活，对幼儿的社会性发展具有潜在、深刻的影响。

小资料

布罗非·古德和内德勒为幼儿园环境设计提出的 11 个目标[①]

1. 能关注幼儿的健康和安全。

2. 能经常保持与成人的联系。

3. 有积极的情绪氛围，促进幼儿自信心的发展。

4. 能满足幼儿的需要。

5. 教师对幼儿的行为有适当的反应。

6. 对幼儿的限制减少到最低限度，以鼓励幼儿的探索行为。

7. 能帮助幼儿确认和预测事情的结果。

8. 能为幼儿提供各种不同的且具有意义的文化经验。

9. 安排丰富的游戏材料和设备，促进幼儿动作技能的发展。

10. 应与幼儿的发展水平相符合。

11. 应由负责计划和制订教育目标的管理者规划和设计环境。

---

① 朱家雄等.幼儿园环境与幼儿行为和发展的研究[M].北京：世界图书出版公司,1996,8.

三、幼儿园环境创设的原则

幼儿园环境创设的原则是指教师创设幼儿园环境时应遵循的基本要求。这些要求是根据幼儿教育的原则、任务和幼儿发展的特点提出来的,具体可包括如下原则。

（一）全面益智

幼儿园是人成长过程中最早接受系统教育的场所,幼儿园的环境影响全面幼儿各种能力的发展。不能只是为追求美观而布置环境,或者是盲目地提供材料,而不考虑环境的教育性。因此,幼儿园教师应该全面理解幼儿园环境创设的内涵,充分认识到既要创设好幼儿园直观性、生动性、形象性的物质环境,又要创设好以幼儿为主体的精神环境,并且将二者有机结合,真正发挥环境的教育价值。如墙饰设计"我们可爱的祖国",通过贴一些祖国的名山大

图4-4　制作"祖国"主题墙饰

川、名胜古迹、伟大发明等图片,帮助幼儿了解祖国幅员辽阔、风光秀丽、物产丰富等,培养幼儿的爱国主义情怀。又如,在科学发现室里摆放天体模型,帮助幼儿进行科学探索,学习观察、辨别宇宙空间的变化规律。

（二）适宜、独特

幼儿正处在身体、智力迅速发展及个性形成的重要时期。幼儿园环境创设应与幼儿身心发展的特点和发展需要相适宜。比如,幼儿天性好奇,有强烈的探索愿望,教师就应为幼儿创设问题情境,使幼儿能学习发现问题、解决问题,提高思维水平和动手能力;幼儿知识经验少,需要积累感性知识,教师就应多为幼儿提供接触实物、实景的条件。教师应充分考虑不同年龄阶段幼儿身心发展的特点,环境创设应适应幼儿的差异。比如,小班幼儿喜欢玩平行游戏,提供的玩具材料数量要多一点;中大班幼儿象征性游戏水平较高,提供的玩具材料可以是一物多用的;幼儿的小肌肉动作发展较差,可提供一些串珠、拼插、剪贴等方面的材料,让幼儿进行练习。幼儿园要结合本地的经济条件、师生技能以及不同材料的特点,充分地组织、利用好这些条件,扬长避短,因地制宜地进行幼儿园的环境设计。

（三）参与互动

环境创设的过程应是幼儿与教师共同参与合作的过程。教师应充分认识到幼儿园环境的教育性不仅蕴含于环境之中,而且蕴含于环境创设的过程中,应帮助幼儿树立参与环境创设的意识。幼儿在参与环境创设的过程中,由单纯的观摩者、倾听者变成了计划者、参与者,充分认识到了自己的能力,意识到了自己是环境的主人,教师也由单纯的知识传授者变成了观察者、倾

图4-5　我们的手

听者、合作者、决策者。师生共同出谋划策，人人都来承担自己的一份责任。因此，要使幼儿能最大限度地投入和参与环境，发挥其主动作用。

（四）环保安全

幼儿园环境创设要保障幼儿的人身安全和身心健康，使幼儿在温馨如家的环境中快乐健康地成长，并得到启发、受到教育。如幼儿园建筑造型不但要体现幼儿特点，使结构布局满足幼儿活动的要求，更重要的是建筑本身建造的质量要高，无安全隐患。同时，幼儿园环境创设还要帮助幼儿在获得生活经验的基础上，去了解自然、环境与人类的关系，了解怎样利用废弃物再创美好环境，使幼儿养成勤俭节约的良好习惯，培养幼儿初步的环保意识和行为。比如，可在幼儿园内多栽种一些树木、花草，既能美化环境，又能净化空气，使幼儿园环境清新怡人。幼儿园的园舍建筑、设施设备、活动场地、玩具教具等有形的物质条件必须符合国家颁布的相关卫生标准和安全标准，对幼儿的身体或心理没有危险和安全隐患，并不会造成幼儿畸形发展。安全的幼儿园环境为幼儿的生命健康、发展提供了最基本的保障。

（五）童趣活泼

在幼儿园环境创设中，不管是建筑物、陈设、家具、运动娱乐器械等设施的造型，还是墙饰、景物的色彩等都要符合幼儿的审美情趣，其造型要有童趣特征。创设幼儿园环境时，要了解幼儿的生理、心理和审美特征，要尊重、理解幼儿的欣赏需求，主动寻求并创设出更加适合幼儿视觉感受的形象造型、色彩以及环境氛围。如活动室内外家具、陈设和装饰品的造型要有情趣，注重艺术性、夸张性，尽量采用幼儿喜爱的动植物和人物形象来进行艺术处理。只有充分把握幼儿的审美情趣和认识能力，精心创造令孩子们百看不厌的理想环境，才能使幼儿在充满童趣的童话世界里快乐生活。

图4-6　有趣的户外活动场地

图4-7　有趣的门和墙面

第二节 幼儿园物质环境的创设

幼儿园物质环境的创设对幼儿的身心健康发展有着深远的影响,既为幼儿的成长提供了物质基础,又增添了幼儿的活动空间,为他们创造了快乐。

共同讨论

1. 城市幼儿园普遍存在户外场地不够宽敞的问题,农村幼儿园又普遍存在硬件投入不足的问题,我们该如何面对和解决?

2. 幼儿园物质环境创设的关键在于资金投入,那是不是经费越多,材料越丰富,物质环境创设的效果就越好呢?

一、重视物质环境的创设

幼儿园物质环境并不是一个简单的物质空间,而是一个重要的教育要素,具有促进幼儿全面发展的教育功能。随着现代社会经济的不断发展,幼儿园的物质环境创设受到充分的重视,很多幼儿园不仅注重外观条件的改善,更重视内部的环境创设,特别是能够依据幼儿的年龄特点和教育目标、内容为幼儿创设具有动态性和多元性的幼儿园物质环境,既美观又充满童趣。此外,现代幼儿园环境创设还与科技发展相适应,闭路电视系统、多媒体教学设备,以及电脑化管理系统等的设置,对提高工作效率与保教质量起到了积极的作用。当然,重视幼儿园物质环境的创设,应避免盲目攀比,不能一味地追求"高档次",或单纯地追求外观的豪华漂亮和形式的新颖别致,而是要符合安全、卫生和健康的基本要求,以实现幼儿教育的价值,充分发挥幼儿园环境的教育整体效应。

二、创设幼儿园物质环境

幼儿园物质环境包含了活动室内及活动室外两部分,因此,幼儿园物质环境的创设也体现在这两方面。

(一) 活动室外物质环境和空间的设计

1. 场地面积

幼儿园应该有专门的户外场地,这个基本要求主要是为了满足幼儿游戏的基本需要。按照规范要求,每个班级应该有不少于 60 平方米的专用游戏场地,共用游戏场地面积 = $180 + 20 \times (N-1)$,N 为班级数。以 7 个班、200 名幼儿规模的幼儿园计算,室外场地面积应该达到 $60 \times 7 + 180 + 20 \times (7-1) = 720$(平方米)。

2. 场地材质

场地的材质有很多种，自然的材质有泥土地、草地等，人工的材质有水泥、石子、塑胶等。不同的材质有不同的优缺点，不能一概而论。但对于开放性游戏场地而言，最好的地面表层是草地，既自然又安全，能满足各种游戏的需要。所以，室外首先应该有一大块草地。硬质的水泥地面也是必需的，这有利于场地经常保持干燥，雨后也干得快，便于游戏的开展。从丰富孩子经验的角度而言，幼儿园最好还应开辟泥土地面、石子（鹅卵石）地面、沙地等不同材质的场地，以满足幼儿多样化的户外游戏需要。

3. 场地设计

幼儿园户外活动场地不仅仅是在户外开阔的空间里随意摆放一些游戏设施的空地，而应该是有结构、有规划的，并针对不同的活动区域合理安放相应材料和器械。按结构功能来划分，户外场地可分为集体运动场、大型组合运动器械区、玩沙玩水区、种植养殖区、自然区、投掷区、攀爬区、美工涂画区、角色游戏与表演游戏区、游戏小屋、车道等区域。当然，并不是要求幼儿园每个区域都有，有些功能区是能共用场地的，但确实要考虑到幼儿多方面的活动游戏需求。

场地要富于变化，这是场地设计的基本原则。比如草地可安排有一定的坡度，这样孩子在奔跑时可以锻炼对平衡的把握。集体运动场应该是平坦的，不能有太大的变化，但可以开辟一小块地盘，比如将生活中的砖地、碎石子地、木条地、鹅卵石地、水泥地等以一小块一小块的形式，集中点缀在一起。

在城市中的幼儿园，户外场地空间往往很紧张，有些幼儿园利用屋顶平台作为户外场地，这

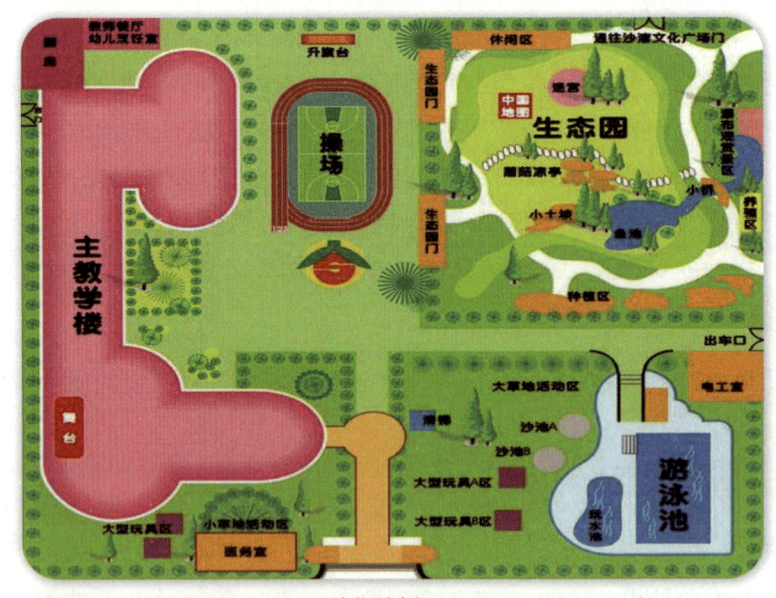

幼儿园大门口

全园占地面积 12000 m²，建筑面积 8447 m²，户外活动面积 7918 m²
绿化占地面积 9818 m²，绿化覆盖率达 80% 以上
建筑占地面积 3912 m²，生态园面积 2518 m²，游泳池面积 1400 m²

图 4-8　广州市某幼儿园平面图

不失为是一个比较好的利用方式。但屋顶游戏场地的边缘一定要考虑安全措施，必须设置高栏杆或防护网，还应考虑遮阴和挡风设施，架设伞亭、廊架等。

4. 大型器械

安置在户外活动场地上的大型游戏活动器械一般分为单一功能的器械和多功能组合器械。单一功能的器械有滑梯、跷跷板、秋千、攀登架等，一般都是引发幼儿进行运动机能性的游戏，以平行游戏为主，对儿童的肌肉和大动作的发展比较有利。目前户外场地器械一般以组合器械为主，将多种功能(攀爬、攀登、钻爬、滑梯、阶梯)的器械组合在一起，不仅可以满足孩子多方面的运动需要，而且可以进行一些具有情节性的想象性游戏，可以多个孩子在一起合作来玩。很明显，多功能组合器械无论是在游戏情节的丰富程度，还是在愉悦功能上都具有较高的价值。

除了固定安置的大型游戏器械以外，还可放置一定数量可移动的多功能游戏器材，比如轮胎、纸箱、木条、树棍等。这些自然或废旧材料可以让幼儿自由组合，任意想象，你会观察到幼儿在游戏中非凡的想象力。

表4-1　两种不同类型场地的比较

序号 \ 类别	传统的户外活动场地	现代的户外活动场地
1	器械的小型单一功能	器械的大型综合性功能
2	器械零星分散在各个角落	器械联结成一体，置于场地中央
3	难以激发儿童的兴趣	容易激发儿童的兴趣
4	独自的或平行的活动较多	小组活动较多
5	练习性活动	游戏性活动
6	大肌肉运动	象征性游戏
7	儿童对场地的利用率低	儿童对场地的利用率高
8	场地的安全性低	场地的安全性高
9	认知和社会性水平低	认知和社会性水平高

（二）活动室内物质环境和空间的设计

1. 室内场地面积

幼儿园活动室不同于小学教室，小学教室主要是满足学习的需要，而幼儿园活动室是孩子生活、游戏、学习的综合活动场所，在材料、设施、设备等方面更加丰富而复杂，这首先就对室内空间的大小提出了要求。根据规范的要求，幼儿园活动室的面积不应少于50平方米。现实中，有不少幼儿园午睡室与活动室是共用的，这样的活动室一般不应小于80平方米。

2. 室内空间利用

一般而言，室内空间的安排不是固定的，而是应该根据活动及游戏的需要适时调整。因此，室内空间应该是开放的。在安静的桌面游戏或不需要过多身体活动的游戏中，幼儿可以在固定的座位或桌面上开展，但各组之间通道要畅通，每个幼儿要有充分的空间，不相互拥挤和干扰。桌椅的摆放未必就是整齐划一的，可以是弧形的或交错的，因为这样的游戏活动范围不大，可以把整个室内的空间充分利用起来。

要学会充分利用空间。最重要的是不应怕频繁变动空间的麻烦，而应把幼儿活动及游戏的自由作为空间安排的首要考虑因素。在空间适宜的情况下，再精心投放材料及合理组织，才能使幼儿在室内也获得游戏的快乐。

室内空间的分隔有诸多的可能，要因时因地而异。

3. 室外空间利用

走廊、门厅、过道、阳台、楼梯拐角，甚至午睡室、盥洗室等凡是可供利用的地方，几乎都能加以巧妙利用，许多幼儿园的游戏区角都是"见缝插针"地设在室外某个专属的领地的，这不仅是对空间的合理利用，更体现了一种进取和开拓的精神。有些幼儿园开辟了专门的游戏活动室供幼儿开展活动。这些都是值得大力提倡的做法。

4. 区域空间

室内游戏最常见的组织方式是以区域活动的方式开展的，根据功能的不同，室内区域可以有角色区、建构区、表演区、科学区、美工区、阅读区、益智区等。当然，室内空间有限，这些区域并不一定同时具备，可以根据孩子的兴趣适时增减调整。比如我们在活动室里布置了娃娃家、商店、医院等不同的区域，似乎是比较丰富的，但从功能上而言，都属于角色区。就角色区而言，在一个专门的区域里可以不断变换场景，以满足幼儿对不同生活场景的假象性游戏。所以，区域设置虽然很难周全，但可通过动态的调整加以弥补。

如下面两幅图中的幼儿园活动室，室内空间宽敞，采用开放式或间隔式的布置，空出大片的中央区域或宽敞的过道，沿墙或角落提供了小片区域空间，既满足了幼儿较大空间游戏的需要，也满足了幼儿较小空间游戏的需要。

(a)

(b)

图 4-9　幼儿园室内空间设计图 1

又如下面图(a)利用了活动室具有阁楼的空间布局，通过合理布置，能让孩子产生新奇的游戏体验。图(b)是对室外走廊空间的利用,弥补了室内空间有限的局限。

(a)   (b)

图 4-10 幼儿园室内空间设计图 2

再如下面图(a)是区域中娃娃家的布置,场景温馨,材料丰富,但缺点是多为成品材料,基本没有废旧材料及自然材料,限制了幼儿游戏中的想象力。图(b)是一所农村乡镇中心园的活动室布局,虽然设施不错,但属于典型的小学教室布局,必然会限制孩子游戏的机会和快乐。

(a)   (b)

图 4-11 幼儿园室内空间设计图 3

5. 活动室墙面环境创设

幼儿园活动室墙面环境创设,是指影响幼儿的发展或者受幼儿的发展影响的任何活动室墙面事件或条件,既包括活动室墙面创设的内容、形式、色彩、材料、高度、安全等影响幼儿发展的静态事件和条件,也包括幼儿的参与、操作等影响幼儿发展的动态的活动室墙面事件或条件。

(1)活动室墙面设计应与活动主题相结合,富有教育性。如小班的墙饰可以"我爱幼儿园"、"大家一起玩"为主题;中班以"自己的事情自己做"、"认识交通工具"为主题;大班以"我的家乡"、"我要上小学了"等为主题来进行布置。

（2）活动室墙面的布置要有艺术性。幼儿美感的获得与提高,是靠美的事物潜移默化与熏陶的结果。教师要按美的规律和美的形式来进行墙面设计,用生动的造型、鲜明的色彩去打动幼儿的心灵,播下美的种子,使墙饰为幼儿所喜爱,创设一个优美、干净、整洁和富有艺术气氛的环境。

（3）活动室墙面的设计要有动态性。墙面布置不能一成不变,应能随着教育目标的需要而随时变化。同一主题可以变化画面的构图,从不同的角度、侧面来反映。不同的主题要更换画的主要形象,用不同的方法表现主题。这种动态的墙饰能引发孩子的兴趣,培养孩子的观察力和记忆力。如随着季节的变化,到了春天,主题墙上皑皑白雪消失了,取代它的是春天的绿叶;新年到了,主题墙上可以增加关于新年的内容。

（4）组织幼儿积极参与墙面环境的创设。在活动室墙面环境创设过程中,可从主题的确立、材料的准备、画面的布局、墙面的制作等多方面培养幼儿的合作意识、动手能力和良好习惯,使他们获得成功的体验。如插座旁的温馨提示"标志图",提醒幼儿插座有电,注意安全;区域口的"规则图",提醒幼儿进区时的注意事项;盥洗室的水龙头上方张贴的洗手"五步曲",让幼儿对洗手的步骤一目了然。环境是可以"说话"的,我们要尽量减少无用的空间,让每个角落的环境创设不是单单为了美而去布置,而是让环境也成为幼儿的老师,使孩子真正地与环境产生互动。

第三节　幼儿园精神环境的营造

精神环境一般指由人际关系、文化观念等无形因素交织在一起形成的气氛或氛围。幼儿园作为群体式的保育和教育机构,其精神环境包括了幼儿的学习、活动及生活的气氛、幼儿园的人际关系及风气等,这些都对幼儿的身心发展起着潜移默化的影响和作用。

我们要为幼儿创设最佳的精神环境,对幼儿给予更多的支持和肯定,以一颗宽容的心去接纳他们,用爱心去关注和信任每一个幼儿,给予他们更多的自由,以形成一种健康和谐的人际关系。

 **共同讨论**

1. 回忆自己的幼儿园生活,我们有怎样的幼儿园氛围?
2. 回忆自己的童年生活,我们有怎样的童年氛围?
3. 我们的童年生活氛围对我们的成长产生了怎样的影响?你认为理想的氛围应该是怎样的?

一、 创设平等和谐的师幼互动环境

幼儿园的各项教育活动都是教师与幼儿互动的过程,因此,师幼互动是形成师幼关系的前提和基础。教师与幼儿之间既可以通过言语的方式互动,也可以通过诸如动作、眼神、表情等体态语来进行互动。

（一） 言语是师幼之间主要的互动载体

教师应善于运用积极的语言引导幼儿,启发并引发幼儿参与讨论,使幼儿学会思考和判断,促进形成自我评价能力;教师还应积极参与幼儿的讨论、交流,建立起一种民主、平等的伙伴式师生关系,通过交流向幼儿传递温暖、支持和教育的信息,使幼儿获得心理安全和心理自由。

（二） 民主、亲和的态度是师幼互动的基础

教师要善于理解幼儿的各种兴趣、情感的需要,不对幼儿有偏见,公平地对待每位幼儿,对幼儿表现出支持、重视、接受的情感态度和行为,要善于疏通而不是压制,允许幼儿表达自己的想法和建议,而不是以教师的权威将要求强加于幼儿。教师要不吝惜自己的赞美、笑容、抚慰,让幼儿感觉到老师是喜欢自己、信任自己的,这样幼儿就会有安全、被接受的感觉,就会快乐、幸福,充分表现自己,幼儿的好奇心、求知欲就会被激发,大胆、活泼的性格就会慢慢地培养起来。

（三） 非言语的互动方式是师幼互动的润滑剂

教师要学会运用适宜的非言语互动方式与幼儿交往,如:微笑、点头、注视、肯定性手势、抚摸、轻拍脑袋等。这些"无声胜有声"的方式,表达了教师对幼儿的关心、接纳、爱抚、鼓励等。教师与幼儿亲密的身体接触可以强化语言的作用。当与幼儿谈话时,轻摸他们的肩或背,更容易吸引和维护幼儿的注意。教师在与幼儿交谈时,要以适合的身体位置与幼儿交谈,用平等的心态蹲下来和幼儿交流,建立一种平等、民主的伙伴式的师生关系,这些都有利于亲密师生关系的建立和交流的最佳效果的实现。

二、 营造互助友爱的同伴交往环境

同伴交往是指同伴之间通过接触而相互影响的过程,幼儿之间的同伴关系对幼儿的成长和终身发展都有着重要的作用。虽然幼儿与幼儿之间的交往态度在很大程度上由幼儿群体的自身特征决定,但教师完全可以通过引导为幼儿创设一个积极的交往环境,有效影响幼儿的交往行为和态度。

（一） 引导幼儿学会关心同伴

幼儿的观察能力比较差,存在以自我为中心的倾向,对情绪、需要等不善觉察,缺乏对他人的了解,教师有效的引导会产生积极的影响。当发现有幼儿情绪低落时,要提醒其他幼儿去询问、关心,了解他的心思,说出来与同伴们共同讨论、分析,教师在旁边,不时"穿针引线",在真实具体的过程中引导幼儿学会关心别人。幼儿学会了正确关心他人的行为方式,有益于营造同伴间相互关心、友爱的气氛,这是幼儿园良好精神环境创设的一个重要内容。

图 4-12　在游戏中培养幼儿交往能力

图 4-13　师生同乐

（二）引导幼儿学会相互交流思想和感情

教师通过引导幼儿与同伴交流自己的思想和感情，有利于同伴了解别人的各种需要，进而产生帮助、合作等行为，也能使得到帮助的幼儿学会正确的反馈方法。教师在平时应让幼儿相互说说对某件事情的感受，学会观察他人喜怒哀乐的表情，了解他人的情趣、情感状态等。

（三）帮助幼儿学会交往技巧

幼儿之间，因为年龄小，经常会发生矛盾，微不足道的事，也会让他们之间争吵起来。如游戏时，一幼儿不小心踩了同伴，他们可能会一来一往打起来，此时教师要有一双慧眼，及时施加引导，时间长了幼儿就能学会自己解决矛盾，掌握与同伴交往的技巧。教师还要鼓励缺乏交往技能或过分害羞的幼儿积极参与到班级活动中来，并通过鼓励其他幼儿与其交往，使其得到更多交往成功的愉快感，以增强其自信心和积极、愉快的情感。

三、建立教师之间良好的同事关系

首先，教师间的人际交往是幼儿交往和社会性学习的重要榜样。教师培养幼儿相互关心、帮助、抚慰、进行合作等行为和品质，如果教师自己都做到了，那么孩子就更容易产生这种行为并长期稳定下来；反之，教师间如果漠不关心、人情冷漠，那么教师再怎么对幼儿强调，其效果也势必会大打折扣。

其次，教师间的交往涉及班级、幼儿园是否具有良好的心理氛围，直接影响幼儿园工作的开展，以及教风、园风的形成。所以，考虑一个班级的老师搭配时，应注意到他们的脾气、性格，两人脾气、性格相投就容易形成和谐的班级气氛。除了人际环境外，幼儿园的日常规则、行为标准也是幼儿园精神环境创设的重要部分。比如，要求幼儿教师说话时注意听，培养幼儿使用玩具时分享、谦让，接受别人的帮助后表示谢意等，久而久之，幼儿就能够将社会交往中的一些规则内化为自己的思想认识，从而在日常活动中自然而然地表现出交往技能。

幼儿的发展并非单纯受幼儿园环境的影响，同时还受到来自各种大小环境的影响，各种环境之间也不是独立、静止存在的,而是相互作用、相互影响的。所以,幼儿教师一定要深入了解影响到幼儿健康成长的一切环境因素,只有这样才能有针对性地对幼儿进行适当的感染与影响,促进其朝着健康、正确的方向发展。"随风潜入夜,润物细无声",正是这种无声的、其乐融融的精神环境,会让幼儿充分感受到幸福快乐。

小资料

学前教育机构良好精神环境评价标准

1. 是否积极关注和热爱每一个幼儿,经常通过微笑、抚摸、拥抱、谈话等多种方式与幼儿交往。使幼儿每天有与老师"一对一"交往的机会。

2. 是否经常表扬、奖励和欣赏幼儿独特而正确的言行。

3. 是否能理解幼儿的失败,鼓励他们不怕挫折,勇敢尝试。

4. 是否能接纳、承认和肯定幼儿一定程度的偏颇言行。

5. 是否少用批评、体罚、人格羞辱等消极手段,以及是否少用"不"字同幼儿讲话。

6. 是否给幼儿足够的信任,放手让他们自己决定和执行一些事情。

7. 是否给幼儿足够的自由活动时间与空间,以及提供丰富的可以自由选择的活动。

8. 是否充分尊重幼儿的个性、性别和其他差异,平等对待不同文化层次和社会地位家庭的儿童,为他们提供平等的机会。

9. 能否使幼儿处于舒适、轻松和快乐的状态,并能使幼儿自由自在、活泼开朗地积极参与各种活动。

10. 是否形成幼儿自由、民主、平等和相互尊重、相互欣赏的意识和氛围。

单元回顾

幼儿园环境是幼儿园中对幼儿身心发展产生影响的一切物质和精神要素的总和。幼儿园环境创设要遵循全面益智、适宜独特、参与互动、环保安全、童趣活泼等原则。

幼儿园物质环境创设中,在活动室外物质环境和空间的设计上要考虑场地面积、场地材质、场地设计、大型器械等因素;在活动室内物质环境和空间的设计上要考虑场地面积、空间利用、区域空间、墙面环境等因素。

在幼儿园精神环境的营造上,要创设良好的师幼互动式环境,积极引导幼儿建立良好的同伴交往环境,建立教师间良好的交往关系。

单元讨论

饮水变奏曲

"老师，他拿了我的杯子！""老师，你看看，嘟嘟的杯子是哪个呀？""呜呜呜，是小狗……""不对，我的才是小狗！"

"张老师，帮我看下记录本，嘟嘟的小动物是哪个？"

"呜呜呜，麦麦推我！"

"哇哇，他不让我倒水。"

"老师，他把水打翻了。"

……

这样的声音此起彼伏，幼儿园教师成了消防队员，到处"灭火"。

吵吵闹闹的一天终于过去了，下班后教师及时进行了反思，为什么每次喝水的时候总是会发生这么多"突发事件"呢？为什么已经提醒过幼儿喝水要排队，排队的时候可以站在地面的小脚印上，但是真到了喝水的时候全都无视地上的小脚印呢？

针对如上问题，谈谈应如何通过环境创设达到教育的效果。

单元任务

1. 对照目标指引，检测自己对本单元目标的实现情况，并及时回顾与巩固。

2. 搜集各种资料，形成幼儿园环境创设的案例（物质环境创设的图片、照片，精神环境创设个案等），并进行交流。

3. 自己创造机会或利用下园实习的机会，实地参与，了解并体验幼儿园物质环境创设与班级良好氛围的营造。

推荐资源

1. 纸质资源：

(1) 陈慧军,张晓芹.幼儿园环境设计与经典案例[M].上海:华东师范大学出版社,2013,6.

(2) 董旭花.小区域大学问——幼儿园区域环境创设与活动指导[M].北京:中国轻工业出版社,2013,3.

2. 期刊资源：

《早期教育（美术版）》。

1. 阅读意大利瑞吉欧幼儿教育方面的文章,总结其教育体系在幼儿园环境创设上的特色。(不少于 300 字)

_____

_____

_____

_____

_____

_____

_____

_____

_____

_____

_____

_____

_____

_____

_____

_____

_____

_____

_____

_____

_____

_____

_____

_____

2. 幼儿园活动室的空间布局在一定程度上体现着教育理念,预示着保教质量。请利用实习或其他机会观察幼儿园某班级空间布局,绘制平面图并分析。

平面图:

分析:

_____

_____

_____

_____

_____

_____

_____

_____

_____

_____

_____

_____

_____

课程篇

KE CHENG PIAN

幼儿园课程一般是由专家领衔团队开发，由一线教师实施的。目前国内幼儿园课程开发硕果累累，呈现百花齐放的局面。

第五单元　幼儿园课程的实施

 **思维导图**

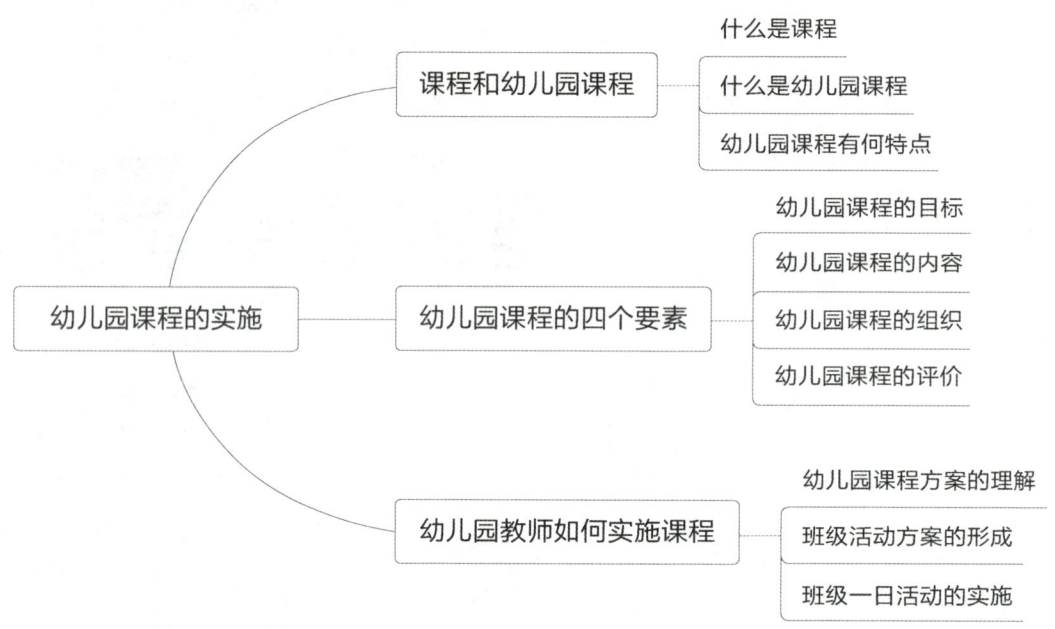

 **目标指引**

　　1. 能在理解课程概念的基础上把握幼儿园课程的内涵及实质，以一线教师的视角合理看待幼儿园课程，在与中小学课程对比的基础上把握幼儿园课程的特征。

　　2. 能理解幼儿园课程的四个要素及其在幼儿园课程编制中的作用。

　　3. 能站在幼儿园一线教师的立场理解、编制并实施幼儿园课程，能搜集或实地考察幼儿园课程方案的文本或实施，能初步模拟幼儿园课程方案的编制，并把握幼儿园课程实施的保教要点。

　　4. 能主动通过实习或社会实践等方式在幼儿园中获得实施课程的实践机会，并主动向一线教师请教。

学习指导

课前准备:浏览教材内容,尽可能完成以下任务。

1. 提炼教材要点:

_____

_____

_____

2. 提出需要向教师请教的问题:

_____

_____

_____

3. 同伴讨论:(1)幼儿园课程由谁设计、谁实施?(2)幼儿园教师在课程中起什么作用?(3)专家课程、幼儿园课程和教师课程之间有何关系?

讨论记录:

_____

_____

_____

课堂讨论:积极参与课堂讨论,并记录要点:

_____

_____

_____

课后延伸:学习并保存以下材料,提炼与本单元相关的要点。

1.《合肥市蜀山区幼儿园一日活动常规要点》:

_____

_____

_____

_____

2.《广东省幼儿园一日活动指引(试行)》：

_____

_____

_____

_____

 单元导言

"……我说课程是谁设计的、谁编制的？毫不犹豫，课程专家，不是老师。课程是由谁实施的？老师。这个道理非常简单，简单到什么程度，就像我问这幢房子由谁设计的？那肯定说工程师。这个房子是谁来施工的？工人。就应该区分得这么简单。假如让工人设计这套房子，可以，但是这套房子必须非常简单，我做过建筑工人，我也会设计一个小房子，但是如果让我设计大的房子那一定倒塌。同样的道理，如果人人都去设计课程，都去编制课程的话，就好比1958年的时候大炼钢铁，把家里的铁门给锯了，放到高炉里炼啊炼，结果炼出来的都是废铁。"

以上是学前教育领域著名学者朱家雄先生的报告摘录，通过这段话，你认为幼儿园教师与幼儿园课程有何关系？扮演何种角色？起何种作用？

第一节　课程和幼儿园课程

幼儿园的一日活动皆为课程，从入园接待开始，至晨间活动、游戏教学、餐饮、睡眠、盥洗如厕，一直到整理离园，都是幼儿园课程的有机组成部分。幼儿园教师是幼儿园课程的实施者。

对我们来说，课程是一个再熟悉不过的词了。因为从小读书到现在，我们在学校里频繁使用这个词，那"课程"这个概念应如何从专业的角度去理解呢？

 共同讨论

老师："同学们，提到'课程'这个词，你头脑中出现的第一印象是什么？"

同学甲："我首先想到了课程表，那上面有一门一门的课。"

同学乙："我想到了我们正在上课，上课也就是课程。"

同学丙："我还想到了我们用的教材,教材就是我们的课程。"

……

你是不是也有以上的想法? 你还有其他的想法吗? 在课堂上与大家交流一下。

一、什么是课程

课程是教育学中最重要、最复杂的概念之一。

说它重要,是因为课程几乎就是教育的同义词,它与教育的关系就像一枚硬币的正反两面一样,相辅相成,缺一不可。课程是教育实施的载体,在正规的教育机构中,教育的主要表现就是课程。幼儿园教育是如何实现的呢? 当然是通过系统的课程实现的。没有课程,当然也就无所谓教育了。

课程还是联系教育理论与教育实践的桥梁和纽带,这种由理论到实践的转化也是由课程来实现的。在教育的发展中,会形成各种观点和看法,并进而形成系统的教育理论。教育理论停留在口头或纸面上当然是没有用的,必须落实到受教育者身上并对其产生积极影响,这才算教育实践。这就需要依据教育理论,首先形成系统的教育方案才可能落实,这个系统的教育方案就是课程。

前文列举的学生对课程的第一印象,实际上是我们对课程比较直接的、零散的看法,这些看法当然是符合课程概念的内涵的,但不够系统和完善。这就需要从专业的角度梳理一下,希望能够比较全面、系统地理解课程。

近代以来,教育学上有关课程的定义很多。有学者统计,不下于百种,经梳理,可归为如下几类。

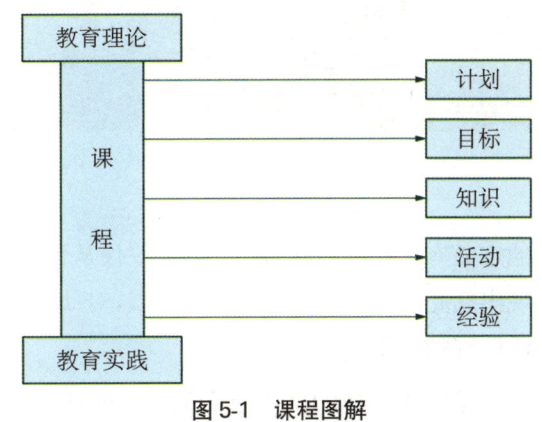

图 5-1 课程图解

(1)计划类:把课程理解为教学计划;(2)目标类:把课程理解为预期的学习结果;(3)知识类:把课程理解为一套较为完整的知识体系;(4)活动类:把课程理解为在教育实践中正在进行的活动;(5)经验类:把课程理解为学生实际所获得的体验和结果。

如何看待课程纷繁复杂的定义? 这一方面反映了课程概念的复杂,另一方面也反映了随着教育研究的深入,对课程概念的理解经历了一个演变的过程。从课程的不同定义来看,能够反映出教育工作者对课程理解的变化。

1. 从教程到学程

课程最初的定义比较关注教师的"教",强调课程方案的设计及知识体系的整理,从学生的立场考虑较少,对学习过程及实际效果关注较少。随着对课程概念的深入认识,课程开始更多考虑学生及学习过程。

2. 从纸面到实践

课程最初的定义一般都停留在计划或纸面上，虽然强调设计的周密及完整，但没有关注到课程实施的环节，总归是纸上谈兵。随着对课程概念的深入认识，课程开始更多考虑实施的层面。

3. 从起点到终点

从课程的设计到实施，进而对学生产生影响，构成了一个完整的课程链，这是一个动态的课程链。课程的诸多类定义反映了对课程链不同链条（环节）的关注。如果把计划类课程定义视为起点，经验类课程定义即是终点。

二、什么是幼儿园课程

共同讨论

1. 课程的定义为什么那么多？
2. 幼儿园课程与中小学课程有什么不一样？
3. 幼儿园晨检、来园、离园、午餐、午睡、盥洗等是否属于幼儿园课程，为什么？

（一）幼儿园课程与课程

幼儿园课程作为课程的一个子概念，是指针对3—6岁儿童在幼儿园发生的课程。因此，从课程的定义中可以相应推衍出幼儿园课程的定义。当然，幼儿园课程还有其属于自身的独特特征。由于学前教育是教育的最初始阶段，其实施的对象年龄最小，与学校教育阶段有着明显的差别。因此，对幼儿园课程的定义有其自身的倾向性。如果仅仅从课程的一般定义出发，界定幼儿园课程的定义，难以体现出幼儿园教育的自身特点。所以，对幼儿园课程的定义，重在揭示幼儿园课程区别于其他阶段课程的本质内涵。

（二）对幼儿园课程理解的变化

如何认识和理解幼儿园课程，是幼儿园教育中的一个关键问题，中国幼教界对此进行了不懈的探索。

陈鹤琴曾负责拟订1932年的《幼稚园课程标准》，他尽管没有给幼儿园课程下一个明确的定义，但他一再强调，应该把幼儿能够学而且应该学的东西有选择地组织成系统，应该以幼儿的两个环境（自然环境和社会环境）为中心组织幼儿园课程。这实际上也是对幼儿园课程的一种解释。

新中国成立以后，在幼儿园教育上照抄照搬苏联的经验，苏联的幼教理论成为当时开展幼儿园工作的参照。苏联强调教育在儿童发展中的主导作用，把课程主要理解为学科知识的传授，把"教学"和"作业"引入幼儿园课程体系。因此，当时对幼儿园课程的理解主要是表现为各门学科的系统知识。

改革开放以后,西方先进的教育理论不断涌入,幼儿园课程改革真正进入新的阶段。对幼儿园课程含义的理解,代表性的定义有:"幼儿园课程是反映幼儿园某一科目的教育、教学客观规律的总体结构,或是反映幼儿园整体教育客观规律的总体结构。""幼儿园课程是指幼儿园教育活动的总和。"

（三）幼儿园课程的定义

课程是复杂的,幼儿园课程也不例外。对幼儿园课程定义的研究更多的是教育理论工作者的任务,对幼儿园一线教师而言,应该持何种定义最为合适?

幼儿园作为一个专业的教育机构,其所有活动都不可避免地体现出教育的意图,是为幼儿的全面发展服务的。所以,幼儿园教育体现在幼儿园的一日活动中,即幼儿园课程是通过幼儿园的一日活动实现的。所以,对幼儿园课程最简明,也最符合一线实际的定义是:**幼儿园课程是幼儿园中以幼儿为对象的所有活动的总和。**

幼儿园一日活动是指幼儿从入园到离园的一天时间里,在幼儿园室内外各个空间里所发生的全部经历。幼儿园一日活动以游戏为基本活动,寓教育于各项活动之中。一般根据幼儿活动的属性,把幼儿园一日活动划分为三种类型:游戏活动、生活活动、教学活动,一些比较特殊的专门活动(仪式、外出活动等)也可归为其他活动。

三、幼儿园课程有何特点

幼儿园课程一方面具备课程的普遍特征,另一方面,幼儿园课程具有与其他阶段课程不一样的特征。

（一）幼儿园课程的特点

1. 启蒙性

启蒙性是指幼儿园课程所涉及的内容及知识是粗浅的,但带有最初的启发性质。幼儿天生好问好奇,充满探究的精神,这些自发的探索欲望和对周围世界的兴趣应在幼儿园课程中得到进一步的激发和鼓励。因此,幼儿园课程自然就担负着启蒙——"启于始发,蒙以养正"的基本任务。

2. 生活化

生活化是指幼儿园课程应紧密联系幼儿的日常生活经验,在真实的生活场景中实施课程。幼儿认识世界以直接经验为主,较难接受系统化的知识,而最直接的经验就来源于幼儿的生活。因此,幼儿园课程必须以幼儿可接受的方式开展,利用日常生活化的场景开展。

3. 游戏化

游戏化是指幼儿园课程更多的是以游戏的方式开展,游戏是幼儿园课程的基本组织形式,是幼儿学习的基本途径。由于游戏所具有的自由、自发、自主的特性最能符合幼儿的认知水平,因此,孩子最喜欢游戏。幼儿园课程以游戏的方式开展,能最大限度发挥课程实施的效果。

4. 活动化

活动化是指幼儿园课程应更多考虑幼儿的直接经验，通过幼儿具体的活动来实施，而非抽象的学习。幼儿以直觉行动思维和具体形象思维为主，抽象逻辑思维还未充分发展起来。因此，幼儿园课程的实施必须考虑充分发挥幼儿的自主性，使幼儿在操作材料和人际交往等实际活动中学习，否则，课程实施的效果就会受到影响。

5. 潜在性

潜在性是指幼儿园课程中除了实际可见的因素外，还存在着一些潜移默化的影响因素，甚至这些因素在幼儿园课程中占据着重要作用。比如，教师的言传身教对幼儿产生潜移默化的影响；幼儿园课程的非预设性、偶发性因素较多，教师应有必要的教育机智。

（二）幼儿园课程的本质

1. 幼儿园课程是幼儿的课程

幼儿园课程首先需处理好幼儿与课程的关系。幼儿是幼儿园教育的主体，幼儿园课程最终的实施对象是幼儿。幼儿园课程本质上是幼儿的，其次才是教师的或其他的。因此，幼儿园课程应首先立足于幼儿，促进幼儿的发展。

2. 幼儿园课程是幼儿的活动

幼儿园课程可以理解为学科、知识、领域等一系列的概念，但归根结底，幼儿园课程应体现在幼儿的活动上。活动是幼儿园课程在实践中的落脚点，没有活动，就无所谓课程的实施和价值的实现。因此，对幼儿园课程最本质的考察是对幼儿活动的考察，其他都是从属的。

3. 幼儿园课程是幼儿的自主活动

幼儿园课程本质上是幼儿园的活动，这种活动应体现出幼儿在活动中的自主性。因为只有自主性的活动才是积极有效的，才能真正实现幼儿的发展。所以，幼儿园的活动不是教师单方面安排的，而是应发挥幼儿的自主性，有效促进幼儿发展是幼儿园课程的本质追求。

第二节　幼儿园课程的四个要素

课程目标、课程内容、课程组织、课程评价被看做课程不可或缺的四个要素，幼儿园课程也是如此。

泰勒原理

拉尔夫·泰勒(Ralph Tyler)是美国著名的课程论专家,被称为"现代课程论之父",他提出了著名的"泰勒原理"。在泰勒的《课程与教学的基本原理》一书中,他开宗明义地指出,开发任何课程和教学计划都必须回答四个基本问题:

第一,学校应该试图达到什么教育目标?

第二,提供什么教育经验最有可能达到这些目标?

第三,怎样有效组织这些教育经验?

第四,我们如何确定这些目标正在得以实现?

这四个基本问题——确定教育目标、选择教育经验(学习经验)、组织教育经验、评价教育经验——构成了著名的"泰勒原理"。

一、幼儿园课程的目标

(一) 什么是幼儿园课程目标

课程目标就是课程最终要达到的标准,是人们对教育活动效果的预期。课程目标是课程的"指南针"和"方向盘"。课程目标决定着课程设计工作的方向与性质、课程内容的选择与组织,它是实施课程的依据,也是评价课程的标准。在课程中,目标处于核心位置,它既是课程设计的起点,也是课程的终点。因此,研究幼儿园课程关键的一步就是制定幼儿园课程的目标。

根据《幼儿园工作规程》,我国幼儿园教育总目标表述为"对幼儿实施体、智、德、美诸方面全面发展的教育,促进其身心和谐发展",幼儿园课程总目标应据此而设置。

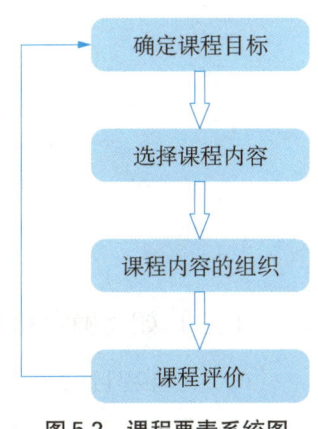

图 5-2 课程要素系统图

(二) 幼儿园课程目标的类型

课程目标是一个笼统的概念,可以包括不同的层次和种类,幼儿园课程目标也是如此。

按时间划分,有远期的、中期的、近期的幼儿园课程目标。幼儿园的远期、中期、近期目标是逐级分解、方向一致的。幼儿园远期目标概括抽象,近期目标具体明确。幼儿园课程的远期目标一般指幼儿园课程的总目标、学年目标;中期目标指学期目标;近期目标指月、周目标等。具体到幼儿园一日活动,每个活动都有其明确的目标,这是最具体、最底层的目标。(见图 5-3)

按幼儿园教育内容的不同领域划分,有健康、语言、社会、科学、艺术等不同领域的目标(见图 5-4)。每个领域的目标又有不同的层次,从抽象到具体,从笼统到可操作。《纲要》《指南》中对此有明确的表述。

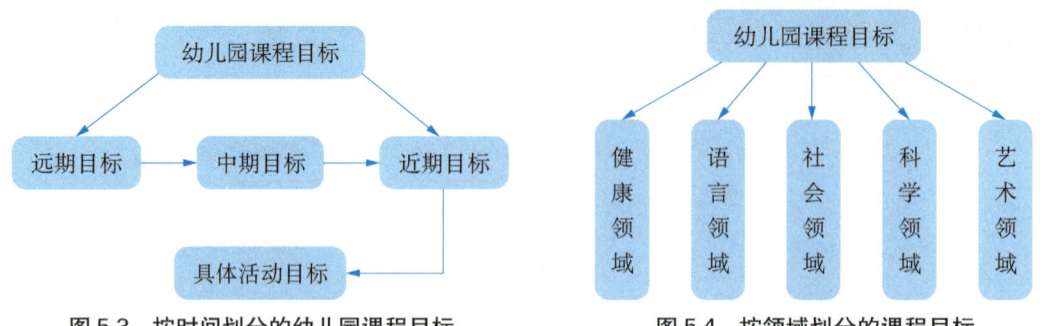

图5-3　按时间划分的幼儿园课程目标　　　　图5-4　按领域划分的课程目标

以布卢姆为首的美国心理学家把人的身心发展整体结构作为框架,在这个框架中将教育目标分为认知、情感和动作技能三大领域,每个领域由低级到高级又可分为若干层次。具体可见下图。这为建立课程目标体系提供了一个比较规范化、清晰化的形式标准,被广泛地接纳和采用。

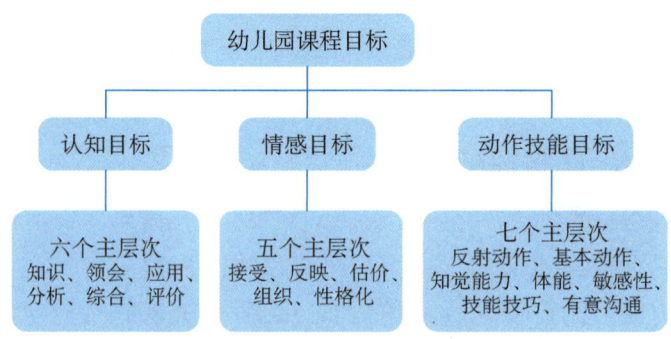

图5-5　按心理结构划分的课程目标

（三）如何确定幼儿园课程目标

幼儿园课程目标一般是逐层确定的,由上至下、由远及近、由抽象到具体。幼儿园课程的总目标是根据国家教育目的和方针,在相关幼教法规和文件中予以明确规定的,是制定一切下位目标的依据。幼儿园课程的远期、中期目标一般也可以在相关的法规和文件中找到明确的依据,可由编制幼儿园课程的专家、学者科学地表述。

幼儿园教师主要参与幼儿园近期课程目标的制定,在本地区、本幼儿园课程方案的框架内,合理确定不同类型的幼儿园课程目标。幼儿园的月、周目标一般也是在园方主导下,由一线教师集体审议形成,而具体的某个活动目标主要由幼儿园教师确定。

具体活动的目标一般称为行为性目标,是以幼儿具体的、可被观察的行为来陈述的课程目标,它要指明课程实施后幼儿身上所发生的行为的变化。行为性目标一般提倡从幼儿的角度表述,指明幼儿通过学习获得的发展和变化,比如,认真倾听对方讲话,能理解别人的意思;尝试运用口语、绘画等多种方式表达自己的发现等。

当然,具体活动的目标也可能表述得很笼统,这是因为幼儿园课程同时也强调生成性,这样的目标又被称为生成性目标。生成性目标是随着课程的进展而自然生成的目标,并没有预设或无法预设。比如幼儿园游戏活动具有明显的生成性特点,但教师也会渗透一些教育的意图。如果要表述某一角色游戏的目标,只能是笼统的,如能积极交往、友好合作等。

二、幼儿园课程的内容

(一)什么是幼儿园课程内容

 **共同讨论**

1. 幼儿园到底教什么?课程内容就是指教孩子认字、算算术、唱歌、画画、跳舞、听故事吗?

2. 同样是针对中班幼儿的课程内容,都应该一样吗?在同一时间,有的孩子想画画,有的孩子想玩娃娃家,有的孩子想去户外活动,应该满足幼儿各自不同的需要吗?

课程内容是实现幼儿园课程目标的载体。内容是为目标服务的,目标是选择内容的依据。在目标体系建立之后,就要依据目标选择内容。课程内容要解决的就是"教什么"和"学什么"的问题。随着时代的发展,知识和信息的总量呈现爆炸式的增长,因此课程内容的选择显得更为重要。

传统上一般认为课程的内容主要就是知识和技能,但当前对于幼儿园课程内容的理解已不再单纯是学科的知识与技能,它还包括幼儿在学习过程中所形成的态度、情感、经验、价值观以及相应的行为方式等。这些内容必须负载在幼儿园各种类型的活动中,具体可包括以下方面。

- 身体活动:生活、体育、保健、游戏。
- 认知活动:数学、科学。
- 语言活动:故事、儿歌、讲述、语言游戏、戏剧表演。
- 社会性活动:认知、情感、行为、个性。
- 艺术活动:音乐、美术。

(二)幼儿园课程内容的内涵

幼儿园课程内容到底是什么?应如何呈现?对这些问题有以下不同的理解,体现了幼儿园课程的不同价值追求。

1. 课程内容即教材

这是将课程内容看作是向儿童传递的知识,而知识的传递是以教材为依据的。通常以知识为中心的课程观会持有这样的观念,课程编制者会将课程内容的重点放在教材上,较多地考虑知识本身的系统性和逻辑性,使教材成为教与学过程中的基本材料。

2. 课程内容即教学活动

这种观点把课程内容看成是学习活动的取向,其关注重心放在儿童学习活动中应该做些什么,强调课程与社会生活的联系,强调儿童在学习中的主动性。这种观点认为,我们不应该只重视教材所体现出来的某门学科的知识体系,而应该关注儿童在学习过程中实际做了些什么。英国教育家怀特海说:"教育只有一种教材,那就是生活的一切方面。"这明确地道出了该取向的本质。

3. 课程内容即学习经验

课程内容即学习经验的取向强调儿童的学习应以兴趣为中心，课程的内容应该是儿童在学习活动中得到的经验，儿童是主动的学习者，是决定学习的质和量的主要方面。儿童的学习取决于儿童自己主动发生的行为，而不是教师呈现了什么内容或要求儿童有什么样的行为。同一班级的儿童，因为心理发展水平的差异，可能会有完全不同的各种学习经验。

（三）如何选择幼儿园课程内容

幼儿园课程内容的选择既要考虑内容与目标的相关性，又要考虑内容的适宜性、科学性和有效性。一般说来，选择课程内容时要注意以下几项基本准则。

1. 内容的基础性

课程编制者应将具体、简单的知识和相关客观事实作为幼儿园课程内容的首选。根据幼儿思维的具体形象性，幼儿园的课程内容应该是具体、直观的知识和经验，那些通过感官的视、听、嗅、触、摸等可感知的事物和现象有利于幼儿经验性知识的获得。

2. 内容的适宜性

幼儿园课程内容的适宜性是指课程内容既要符合幼儿的身心发展水平，又要是幼儿力所能及的，贴近幼儿的实际生活，是幼儿所喜闻乐见的。要求课程编制者既要为幼儿准备他们共同需要的普适性的课程内容，又要考虑部分存在个别差异的幼儿，为他们提供个别的、特殊的课程内容。

3. 内容的平衡性

根据课程内容的整体性，课程内容的各部分比例应相对平衡。需要做到两方面：一是关注每项课程目标是否有相关的内容与之对应，并力争做到每一项目标都有相应比例的课程内容；二是关注各部分内容之间比例是否合适、恰当，做到主要内容和次要内容的比例合理。

4. 内容的发展性

当代社会科技的发展和知识日新月异，这也对课程内容的选择提出了新要求：要及时删除和更新错误或过时的知识和经验，增加与幼儿的生活密切联系的新的知识和经验。例如，在科学教育课程中，有关"科技产品"方面的内容要以平板电脑、智能手机、高铁等代替之前的电视机、半导体等。

三、幼儿园课程的组织

（一）什么是幼儿园课程的组织

选择了课程内容后，这些内容不能是杂乱无章的，也不能一股脑地灌输给学生，而是需要合理地加以组织并以最佳的方式施加于受教育者。

课程组织就是在一定的教育价值观的指导下，将所选出的各种课程要素妥善地组织成课程结构，使各种课程要素在动态运行的课程结构系统中产生合力，以有效地实现课程目标的过程。

幼儿园课程组织就是一切有幼儿参与的教育活动的结构化或系统化过程。具体而言，幼儿园课程组织指创设良好的课程环境，使幼儿园课程活动兴趣化、有序化、结构化，以产生适宜的学习经验和优化的教育效果,从而实现课程目标的过程。

（二）幼儿园课程组织的原则

组织幼儿园课程,是一个整体性、系统性的工作,应遵循以下基本原则。

（a）

（b）

图 5-6 丰富多彩的幼儿活动

1. 整体性原则

幼儿园课程需要把各种教育要素(幼儿、教师、教材、环境等)有机地组织起来,使它们相互支持、相互强化。只有按这样的原则组织起来的整体优化的课程结构,才能转化为幼儿完整、系统的学习经验,以达到促进其身心全面、和谐发展的目的。

2. 生活化原则

"寓教育于一日生活中",使幼儿园的生活"教育化"。幼儿园的一日生活中处处蕴涵着有价值的教育内容,教师可以随机地将这些内容纳入计划,生成课程。

需要注意的是,幼儿园课程的生活化是原则而不是目的,其目的在于让幼儿的学习更加自然而有效,因此不应把它理解得过于极端,即在强调教育生活化的时候,不要忘记或降低教育目标、要求,也不要把生活变成生硬、僵化的说教,使生活失去了它自然轻松的一面。

3. 活动化原则

课程组织活动化,就是要以活动的角度来探讨如何组织课程。其本质是通过调动幼儿积极进行外部活动而引发积极的内部活动,使他们的心智充分活动起来。在课程组织中,儿童真正的活动不仅仅体现在儿童的外部表现(如不断地操作材料),在外部表现背后,还隐含着积极性、主动性、自觉性、兴奋性等与认知过程、情感过程、意志过程、个性倾向相联系的心理活动。在贯彻此原则时,教师应注意以下几点。

第一,外界的情境要具有新颖性、兴趣性。

第二,教师要了解儿童的活动状态。

第三,要充分调动幼儿的感官,特别是手的操作功能。

第四，要使儿童真正地活动起来，在课程组织中必须重视游戏的价值。

4. 主体性原则

课程组织的主体性是指要把课程组织成教师主动引导的、幼儿积极参与的教育教学过程。幼儿是学习的主体，只有幼儿的主动参与、主动建构，课程才能内化为他们的经验，促进其发展，也只有在主动学习的过程中，当今社会最需要的、以创造性为最高表现形式的人的主体性品质才能逐渐形成。具体体现在课程组织中，就是课程计划的灵活性、开放性，就是教师的自主权。无论是他人或是教师自己制定的教学计划，都应"留有余地"。一个缺乏弹性的计划不仅会束缚教师，更会束缚儿童。

（三）幼儿园课程组织的方式

课程如何组织，主要有以下三种模式。在幼儿园课程组织中主要以前两类为主。

1. 学科中心课程

学科中心课程强调按知识的内在性质及其内在结构组织课程内容，对幼儿进行科学、系统、连贯的教育教学。学科中心课程认为，学科是传递知识和技能的最有效方式，能以最为系统、经济和合理的方式为儿童提供社会文化遗产。

在幼儿园课程中，"分科课程"就是一种典型的学科中心课程，它有统一的要求、教学计划和教材，便于教师组织和引导，将不同学科的知识系统化地传授给幼儿，充分体现了知识本身的完整性和系统性。这种课程组织方式并不适合于幼儿学习。

2. 儿童中心课程

儿童中心课程强调根据儿童的兴趣、需要和能力组织课程内容。它关注的是儿童，课程内容的组织以儿童为中心，而且内容可以根据儿童的兴趣和需要而变化。在幼儿园的课程中，活动课程、综合课程、方案教学等都是倾向于以儿童为中心的课程。

3. 社会中心课程

社会中心课程主张围绕重大社会问题来组织课程内容，认为教育的根本价值是社会发展，幼儿园应该致力于社会的改造，而不是个人的发展。因此，社会中心课程论批判儿童中心课程论过于注重儿童的个人需要、兴趣、自由及活动，而忽视了社会的需要，主张课程的最终价值是社会价值，课程是实现未来理想社会的运载工具。

四、幼儿园课程的评价

（一）什么是幼儿园课程的评价

课程评价是指依据一定的评价标准，通过系统地收集相关信息，采用各种定性、定量的方法，对课程的计划、实施、结果等有关问题做出价值判断并寻求改进的一种活动。

幼儿园课程评价就是针对幼儿园课程的特点和组成要素，全面、系统地收集和分析有关资料，科学地判断幼儿园课程的价值和效益的过程。幼儿园课程评价对于提高幼儿园的保教质量起着至关重要的作用。

（二）幼儿园课程评价的类型

课程评价的类型很多，最为常见的分类是形成性评价和总结性评价。

形成性评价是指在教育活动过程中评价活动本身的效果，又叫"即时评价"，是一种在计划实施过程中不断进行的动态评价。例如，幼儿园使用一套自己开发的新教材，为及时发现该教材的问题和经验，需要在工作中每隔一段时间对教材的使用情况和幼儿的发展情况进行一次评价，以便总结经验，找出问题，调整、修订教材。

总结性评价是一种结果评价，旨在对课程完整实施后所获得的效果进行评价，以验证课程的成功程度和推广价值。总结性评价关注的是课程完成的程度，一般以预先设定的教育目标为基准，对评价对象达到的目标程度进行评价。比如幼儿园对某一轮幼儿园课程实施的效果展开系统评估、幼儿园办园等级评定等都属于总结性评价。

（三）如何进行幼儿园课程评价

幼儿园课程评价是一个动态有序的活动，它的过程大致可分为确定目的、收集信息、组织材料、分析材料、报告结果五个阶段。

幼儿园课程评价要遵循以下基本原则：有利于改进和发展课程原则；有利于幼儿的发展原则；以自评为主，充分发挥教师的主体性原则；科学和有效原则。

第三节 幼儿园教师如何实施课程

幼儿园课程是一个系统工程，专家、学者、教研人员、园长、教师均参与其中，并发挥着不同的作用。那么，幼儿园教师承担着何种角色呢？看完以下这段话你或许就明白了。

> 设计和编制课程是一回事，实施课程是另一回事，这就好比设计和制作衣服是一回事，穿着衣服是另一回事。每个人每天都要穿衣服，但是，要求他们自己去设计和制作衣服并不在理，因为大部分人不会设计和制作衣服。同样，每个幼儿园教师每个工作日都要实施课程，他们主要是课程的实施者，而不是课程的设计和编制者，要求他们自己去设计和编制课程，这样做也不合理，因为他们中的绝大部分人并不会设计和编制课程。[①]

可见，一线教师是幼儿园课程最终的落实者，承担着课程实施者的角色。我们不能随意扩大幼儿园教师在课程中的任务和作用，但应在课程实施的环节中发挥教师的主动性和创造性，以完成幼儿园课程最终"落地开花"的神圣职责。

---

① 朱家雄.幼儿园课程中幼儿教师的角色定位[J].早期教育，2004，8.

一、幼儿园课程方案的理解

我们先来看一个现成的幼儿园课程实施方案，以此为基础来模拟如何站在幼儿园教师的立场理解幼儿园课程方案。以下为上海市静安区某幼儿园"游戏课程"实施方案（节选）。[①]

"游戏课程"实施方案

一、课程核心理念

本课程核心理念为："快乐玩，有效学。"

"快乐玩"是指幼儿园课程以游戏和生活为基本活动，努力将游戏贯穿于学习、运动、生活等幼儿园各类保教活动中，让幼儿在园的一日活动中享有充足的游戏时间和游戏空间，确保幼儿在游戏中快乐学习，在游戏中健康成长。

"有效学"是指幼儿园积极创设安全、温馨、开放的游戏课程环境，教师关注幼儿的生活经验，解读幼儿的兴趣与需求，睿智地响应幼儿的生成活动，加强预设活动的有效性与趣味性，并在过程中大力发展家园共育、小区共建，让幼儿在自主、快乐的环境中获得主动发展。

（这就不仅仅解读了课程理念，而且还提出了课程实施的指导性原则）

二、课程发展目标

幼儿发展目标：对幼儿进行基本素质启蒙，促进幼儿身心全面、和谐地发展，培育一代"健康、会玩、文明、有爱心"的新人。

"健康"指身心两方面的和谐发展：包括生长发育正常，能积极参加身体的锻炼，对环境变化具有初步的适应性；具有良好的生活、卫生习惯；有初步的自我服务能力和初步的自我保护意识；有积极愉快的情绪等。

"会玩"指玩中学的能力：包括愉悦地、自主地参与活动；喜欢与同伴一起游戏，遵守活动规则，善于合作；能手脑并用，创造性地游戏；养成良好的学习习惯和初步的表现能力；积累关于社会生活、自然环境、科学现象等经验，形成关于数、量、形、时、空间等概念。

"文明、有爱心"指初步的文明礼貌行为：包括乐意帮助别人，能控制自己的行为不影响别人；能爱父母、爱老师、爱幼儿园，初步地爱家乡、爱祖国……

（方案中实际上是以富有特色和个性的方式诠释了幼儿全面发展的目标）

① 上海市教育委员会教学研究室.幼儿园课程图景:课程实施方案编制指南[M].上海:华东师范大学出版社,2013,6.

三、课程内容形式

按内容来源与教育目标性质,可分为教师预设的游戏活动和幼儿生成的游戏活动。

在课程的形式上,改变了通常的教学、游戏、生活的分离提法,而是统一融合在游戏的形式中,充分体现了"以游戏为基本活动"的宗旨。但生活活动仍然是客观存在的,不会因为强调游戏而消失,这是要明确的。教学活动在这里更多的以教师预设的游戏活动形式而存在,因为这类游戏是强调目标的,所以,课程并没有完全忽略教学,教学以隐性的但更适合孩子学习的方式存在着。

四、课程设置(见图5-7)

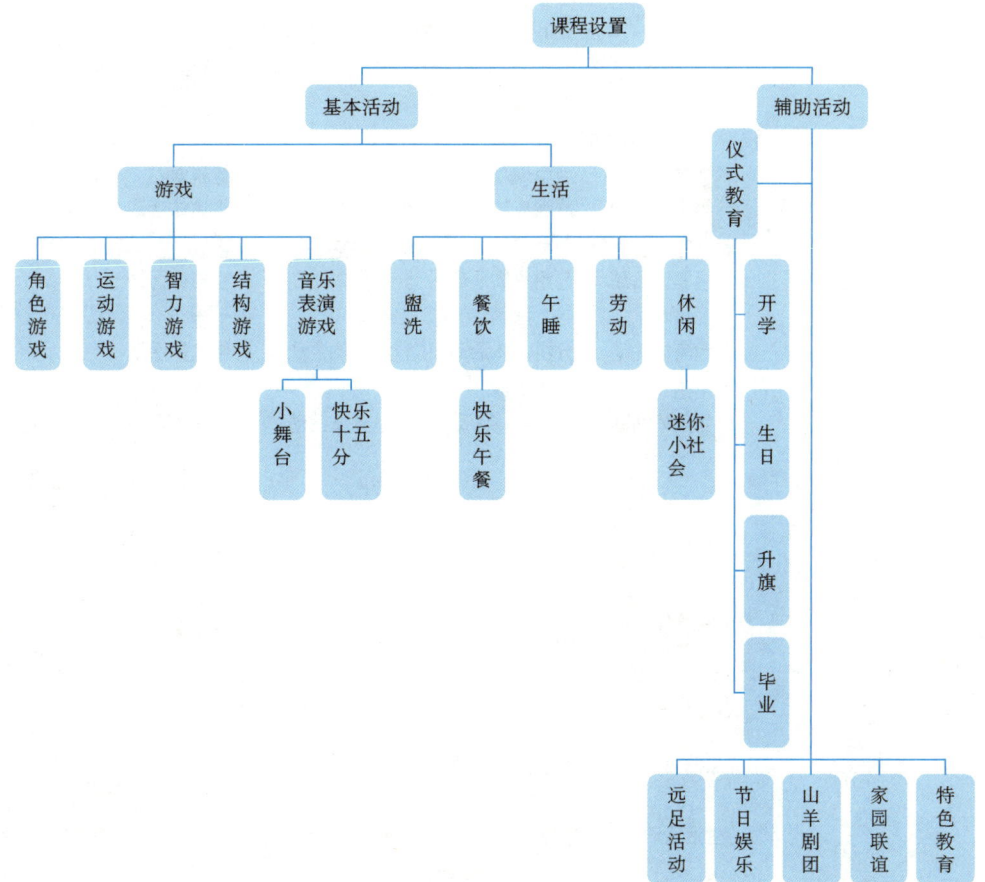

图5-7　"游戏课程"设置图

从图例可以看出,课程版块设置包括了"基本活动"和"辅助活动"。"基本活动"指向幼儿园一日活动,而"辅助活动"的实施则落实在各周、月活动或学期活动中。

对各种类型游戏活动和生活活动的设置和安排非常具体详细,对某些活动还设置了相应的专题或主题,比如将"音乐表演游戏"分解为"小舞台"和"快乐十五分"两个专门活动,保证了音乐领域内容在课程中的比例,平衡了课程结构;将"餐饮"活动赋予"快乐午餐"的主题，将"休闲"活动赋予"迷你小社会"的主题，凸显了"快乐"的课程核心理念。

"辅助活动"实际上属于幼儿园里的一些大型活动，罗列在课程中一目了然。教师组织的表演团体"山羊剧团"旨在培养幼儿感受、欣赏、表现美的能力，也为幼儿树立了榜样，提供了示范，可谓用心良苦。幼儿园阶段重要的仪式不容忽视，这将成为幼儿园生活中印象深刻的"大事件"。

五、课程实施

以中班一日活动作息安排为例。（见表5-1）

表5-1　一日活动作息安排(中班)

时间	班级	周一	周二	周三	周四	周五
8:15—9:15	东、南	游戏与生活活动				集体活动
	西	科艺廊 分组集体活动	做中学 分组集体活动	图书廊 分组集体活动	计算机室 分组集体活动	
	北	科艺室 分组集体活动	图书廊 分组集体活动	计算机室 分组集体活动	科艺廊 分组集体活动	
	甜	计算机室 分组集体活动	科艺廊 分组集体活动	科艺室 分组集体活动	图书廊 分组集体活动	
	爱	图书廊 分组集体活动	计算机室 分组集体活动	科艺廊 分组集体活动	科艺室 分组集体活动	
9:30—10:15	全年级	混班运动游戏				运动游戏
10:15—11:15	西、北、甜、爱	游戏与生活活动				集体活动
	东	分组集体活动	科艺廊 图书廊	分组集体活动	科艺室 计算机室	
	南	科艺室 计算机室	分组集体活动	分组集体活动	科艺廊 图书廊	
11:15—14:30		生活活动(午餐、迷你小社会、午睡)				
14:30—15:30	全年级	生活活动(起床、午点)及户外"快乐十五分"活动				
15:30—17:00		集体活动及离园				

可以看出，以在各功能室或功能区开展的分组活动为主，这样形式的活动也便于指导幼儿的个别化学习，而集体活动每周只有在周五开展，游戏与生活活动是每天正常的活动安排，并且每天安排了45分钟的混班运动游戏。从时间上来看，也充分体现了以游戏为基本活动形式的安排。

六、课程评价（略）

一所规范的幼儿园应该有一套完整的幼儿园课程方案,这套方案应该是在专家设计的课程基础上,结合本地、本园情况进行遴选、改编而成的,需要发动全园教师的力量,在实施的过程中不断调整、完善。当然,如果一所幼儿园的师资力量有限,还可以在本地教研部门的指导下,编制出适用于一定地域范围的幼儿园课程方案。作为教师,应积极主动参与到这个过程中,充分领会幼儿园课程方案的思想和意图,以便设计出完善的班级活动方案。

二、班级活动方案的形成

（一）班级要编制哪些活动方案

　　幼儿园工作一个较完整的周期是学期,首先应该制定学期方案,这是一个班级较长时间的计划,具有一定的宽泛性,因此一般还应制定班级较为详细的月方案,即每月的工作计划。月方案还要具体分解为周活动方案,周方案要具体到每日的具体活动内容和重点安排。

　　幼儿园课程方案在不同的层面上都有体现,因此构成了一个课程方案的系统。我国目前并没有统一的幼儿园国家课程,因此最上层的课程方案都是由专家领衔编制的。幼儿园在此基础上遴选、改编,形成幼儿园课程方案。幼儿教师通过对园方方案的解读和研讨,各班级（年级）形成具体的活动方案,最终由幼儿园教师组织实施。

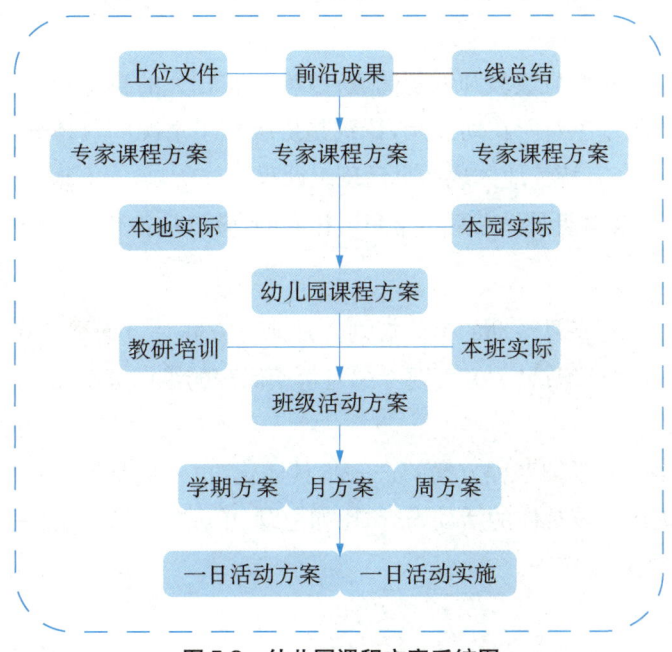

图 5-8　幼儿园课程方案系统图

（二）编制班级活动方案要遵循的原则

　　如何正确看待方案？如何编制这些方案？

　　首先,班级活动方案的编制是必要的,我们应当看重这件事。因为如果对自己的工作没有

长期、中期、近期或宏观、中观、微观的规划，这是不利于工作开展的。对自己要做的工作没有任何准备和考虑，当然就很难胜任了。

其次，班级活动方案的编制应是可行的。不能是为了完成任务而编制方案，这样就会不加选择和思索去照抄、照搬别人的东西。编制方案的目的是为了合理规划、设计自己的工作，是要真正为工作做准备的。

再次，班级活动方案的编制应是简约的，不能给教师造成过重的负担，不能搞形式主义。幼儿教师的工作是琐碎的，因此不必要的文案工作要尽量避免，不同层级的方案之间不应相互重复，应抓住对工作有直接指导价值的内容。

最后，班级活动方案的编制应是有弹性的，不是预先完全设计好整个学期、整个月、整个星期、整日的活动，更多的只是提供一个课程的框架。幼儿园课程应是大力提倡尊重幼儿兴趣需要、发挥幼儿主体地位的，是强调生成性的。

（三）如何编制班级活动方案

1. 学期课程方案

学期课程方案是对一个学期班级课程的总体规划，重点应是对教育目标的分解，以及与此相对应的课程具体内容。对于特定的某一学期，我们可以参照诸多上位文件来进行目标的分解，这些文件主要包括《纲要》《指南》，另外还可直接参照本地所遴选和采用的课程（如果有明确建议的话）、所在幼儿园的课程方案。

学期课程方案主要是由班级教师编制的，所以教师有较大的自主权，以体现出班级课程方案的风格和特色。这要基于对所在幼儿园，特别是班级孩子情况的具体分析，再加上对各种上位文件理解之后，如何富有特色地体现在自己班级课程中。所以，同一地区各幼儿园间、同一幼儿园各同龄班间，其班级学期课程方案不是完全相同的，应该是各有特色的。

2. 月课程方案

月课程方案反映了对每月活动的整体规划。月课程方案一方面要考虑对学期课程的横向分解，比如活动内容如何分配；另一方面要考虑对学期课程的纵向分解，比如孩子不同方面的水平如何得到发展。

班级月课程方案是对学期课程方案的进一步具体化，也是对学期目标的具体化。因此，在月课程方案中应呈现出比较具体的活动内容，比如主题、单元的确定；比如一日各类型活动的指导要点，以及每月的重点工作等。

3. 周活动方案

班级周活动方案又是对月课程方案的具体化，从纵向看，可以具体到一日活动的各个主要环节的安排；从横向看，可以具体到一周五个工作日具体的活动内容安排。

周活动方案一般都会提前张贴、公布在醒目的位置，无论是家长、园方、参观者，包括教师自己都可以随时查看，是幼儿园课程的一份比较具体的蓝图。通过周活动方案，我们基本能知晓幼儿园每日的具体活动，也就能对幼儿园课程的基本模式、水平和质量有一个基本的判断。

以下是安徽省某幼儿园中班 10 月份班级课程方案在第一周的安排。

第六周　时间：10 月 10 日—10 月 14 日　本周主题：祖国妈妈（二）

	周一	周二	周三	周四	周五
晨间活动	室外：必练项目——走跑交替；自选项目——蛙跳、纸棒、沙包、平衡木、球。 室内：值日劳动、桌面玩具				
上午	语言活动： 国旗多美丽	科学活动： 什么东西会滚	语言活动： 别说我小	社会活动： 能干的我	大活动室游戏
	数学活动： 我身上的数	音乐活动： 国旗多美丽（一）	数学活动： 图形娃娃	美术活动： 送给爸爸的领带	
	户外活动： 走跑交替	户外活动： 蛙跳	户外活动： 大型玩具	体能训练： 平衡木	体能训练： 钻山洞
下午	健康活动： 神奇的通道	角色游戏	表演游戏： 国旗多美丽（二）	建构游戏： 图形房子	泥工活动： 爸爸的领带
生成与调整：					

4. 专门活动方案

除了以上提及的不同周期的活动方案外，幼儿园还有一些专门性的活动，比如"小小运动会"、"参观郊游"、"节日庆祝"、"家园合作"、"社区共育"等各种类型的专门活动。这些活动一般都属于有着明确专题的较大型活动，往往是全园统一组织的，但各班都有自己独立的活动内容。这些活动因为规模场面、社会影响较大，多数还可能邀请家长参与或对家长开放，因而其重要性和意义不容忽视。

幼儿园的专门性活动数量不会很多，但确实存在于每个学期中，因其组织难度大，这些活动不仅应该有详细的活动方案，而且要有周密细致的安排，甚至包括制定安全预案等。

三、班级一日活动的实施

幼儿教师的工作虽然是日复一日的，但应该是充满创造性的，一日要有一日的精彩。所以幼儿教师最基本的前提就是安排好孩子的一日活动，让孩子快乐地度过每一天。这需要我们编制一日活动方案，这是最具体、最直接的课程方案。

（一）班级一日活动方案

在周活动方案中，已经基本设计了每日活动的基本内容，一日活动方案需要在各时间环节安排上以及具体活动安排上做出更细致的设计。

从一日活动的环节安排来看，幼儿园每日活动大体上是有规律的，特别是在一些常规环节中，更是逐渐形成了既定的程序和规则，以"动力定型"的方式按部就班地开展。

从一日活动的时间安排来看，全日制幼儿园的在园时间约 8 小时左右，需考虑合理安排各环节的时间，并做到在既定的有限时间内充分发挥活动的效益，实现各环节的有效过渡和衔接。

从一日活动的具体内容来看，对于教学、游戏、生活中的重点内容要有更具体的设计，这包括教学方案、游戏支持、环境创设、生活要点、家园联系等方方面面。

　　以下是某大班的一日活动方案。

大班一日活动方案（节选）[①]

一、运动（7:50—8:50）

活动内容:脚踏车、塑料瓶、垫子、高跷、投篮。

观察指导:

(1) 通过活动让幼儿主动探索各种玩法,体验互相合作的重要和快乐;

(2) 重点指导骑脚踏车:绕过障碍物、自由组织比赛。

二、自由活动、生活活动（9:00—9:30）

1. 自主活动

观察指导:幼儿能自主选择用点心并做好记录。

2. 自由活动

观察指导:是否能小声与同伴合作交流或单独自由玩。

三、学习活动: 动物怎样保护自己（9:30—10:00）

四、区角活动（10:10—10:40）

活动类型	预设内容	预设材料	操作提示
益智玩家 （益智区）	1. 翻盖乐	翻盖乐玩具两套、纸、笔、闹钟	用纸记录答案
	2. 下飞行棋	飞行棋	按飞行棋的游戏规则进行
	3. 四季拼图	写有题目的拼图	按照题目的提示进行操作
	4. 插花	写有题目的各种操作材料	按照题目的提示进行操作
	5. 时钟	时钟玩具、笔	认识时钟,并记录
我行我秀 （表演区）	1. 故事表演	头饰、话筒、服装、记录册、节目表等	(1) 按节目表表演; (2) 幼儿商量表演节目
	2. 歌舞表演		
	3. 即兴创作		
我爱我家 （生活区）	1. 磨米	磨具、米、芝麻、黄豆、水	用磨具把实物磨碎
	2. 织围巾	牛奶盒、毛线	按规律编围巾
	3. 织毛衣	针、毛线	进行简单的编织

---

① 资料来源:上海学前教育网(http://www.age06.com).

续表

活动类型	预设内容	预设材料	操作提示
创造天地 (美工区)	1. 沙画	沙画操作材料	根据材料中的图案操作
	2. 果壳拼图	各种硬的果壳、范例	根据范例和想象制作
	3. 布贴画	各种彩色的布、胶水、范例	根据范例和想象制作
	4. 稻草贴画	稻草、范例、胶水	根据范例和想象制作
阅读表达 (语言区)	1. 故事拼图	故事拼图	根据拼出的内容讲故事
	2. 看图书	图书若干	根据图片编故事
	3. 看图编故事	幼儿作品	根据作品想象编故事
动物园 (建构区)	动物园	各种积木、盒子、剪刀	幼儿自由商量拼建动物园和制作动物
小棋手 (园本)	国际象棋	国际象棋、笔	按规则下棋并记录过程
科学家 (探索区)	1. 玩吸铁石	正反极吸铁石、小车、铁粉、笔	发现同极排斥、异极相吸的现象，并记录
	2. 电子玩具	电子玩具操作材料	根据说明书上的提示玩
	3. 滚球	毛皮、木板、球、搓衣板、尺、笔、盒子	用球在各种物体上滚动，用尺测量出长短并记录

五、小问号、故事（10：40—11：00）

六、午餐（11：10—11：40）

观察指导：安静用餐，保持干净，养成饭后漱口、擦嘴的好习惯。

七、散步（11：40—11：50）

观察指导：到种植区观察各种植物。

八、午睡（12：00—14：15）

观察指导：指导幼儿将脱下的衣裤整理好放在指定的位置。

九、体育游戏（14：30—14：50）

活动名称：接力赛跑。

活动目标：(1)发展幼儿在奔跑时手和脚的协调能力；(2)培养幼儿之间的竞争意识。

活动指导：(1)按要求自由组队；(2)提醒个别幼儿遵守游戏规则。

十、点心（15：00—15：20）

十一、音乐游戏（15：30—16：00）

活动目标：(1)唱出歌曲《颠倒歌》的诙谐、欢快的感觉；(2)运用多种乐器为歌曲伴奏。

这是一个比较详细的幼儿园一日活动方案，不仅明确了一日活动各主要环节的具体安排，还在区域活动设置、教学活动设计、重点区域指导等方面有详细的活动或指导方案。一日活动的流程清晰，安排具体。

从一日活动各环节的安排来看，合理编排了运动、游戏、生活、学习等各类型活动，并且突出了运动、游戏活动，安排了充足的时间。尽量减少了集体教学活动的比例，增加了一些幼儿自主或自选活动，如自主选择点心、自主选择区域活动等。在时间安排上，充分保证了各环节活动的时间，并考虑了过渡环节的时间分配，以便于各环节的顺利转换。

当然，一日活动未必是可以完全预设的，还可充分考虑一日活动的弹性，对生活环节的指导要点，特别是如何寓教育于一日生活活动的各环节中，还可多做考虑和说明。

（二）班级一日活动实施①

幼儿园就是孩子的家，孩子每天都和老师生活在一起，孩子的快乐成长寄托在教师开展的每一天的活动中。美好的一天从早晨开始，就让我们从晨间活动开始，正式开始幼儿园的一日活动之旅。

共同讨论

讨论幼儿园一日活动各环节的实施要点，每组重点讨论某个环节，最好通过举例来说明。以下议题供参考。

1. 在晨间活动中，组织活动与接待家长不能合理兼顾怎么办？
2. 户外活动如何能做到对幼儿安全与自由的兼顾？
3. 小班孩子不会洗手、如厕怎么办？
4. 教学活动的桌椅摆放有何讲究？
5. 如何始终保持幼儿对各游戏区角的兴致？
6. 幼儿午餐时能不能讲话？要吃多长时间为宜？
7. 个别孩子不愿午睡怎么办？
8. 如何保证离园时的安全？

1. 晨间活动

在晨间接待环节，教师要提前入园，做好一切准备工作，以饱满的精神，热情地接待孩子和家长。

在晨间自由活动环节，教师要帮助幼儿做好活动前的准备，合理组织室内外活动；引导幼儿自主选择游戏，观察幼儿活动情况，及时回应，提供帮助，并适时介入指导；引导幼儿收拾整理活动材料，帮助幼儿逐步养成良好的行为习惯。

---

① 此部分参考了合肥市蜀山区《幼儿园一日活动常规要点》.

2. 户外活动

在早操环节,做好音乐、场地(如清理场地杂物、积水等)及幼儿(如如厕、喝水及衣着等)各项准备;根据幼儿年龄特点编排不同的操节,做到结构合理,运动量及时间适当。

在体育活动中,教师要有合适的着装,便于指导幼儿活动;活动前要加强对场地的巡视、检查,消除安全隐患;选取合适的观察位置,确保每个幼儿在自己的视线范围内,并进行必要的安全指导和安全教育;注意动静交替,科学安排运动量,防止意外事故的发生;保证足够的户外体育活动时间,一般每日不少于1小时。

3. 盥洗、如厕

对于小年龄孩子,要多帮助、指导;对于大年龄孩子,要指导安静有序,学会正确的方法,养成良好习惯。

4. 室内教学、游戏活动

在教学活动中,注意教学活动内容的综合,考虑五大领域内容的全面和均衡;教学活动目标、内容符合幼儿已有水平、兴趣和需要;合理安排教学活动时间,小、中、大班一次活动一般不超过20、25、30分钟;充分做好教学活动的各项准备,营造宽松自由、积极互动的教学氛围。

在游戏活动中,创设丰富、适宜的游戏环境,为幼儿游戏提供最大限度的支持;提供丰富的游戏材料,做到种类全面、数量充足、材质多样;保持对游戏的观察,做必要的记录,恰当指导幼儿游戏,不干扰幼儿游戏;能根据孩子的兴趣、水平和需要及时调整游戏内容和形式。

5. 餐饮活动

在餐点环节,餐前做好一切准备,创设安静、愉快的进餐环境;进餐时鼓励幼儿独立进餐,不挑食,细嚼慢咽,养成良好进餐习惯;餐后提醒幼儿漱口,组织安静活动,做好午睡前的准备。

在饮水环节,鼓励幼儿养成喝白开水的习惯,把握幼儿喝水量,指导幼儿有序、独立接水,注意喝水时的安全。

6. 午睡活动

在睡前有序组织,提醒睡前如厕,提高幼儿自我服务的能力;在睡中,保持午睡室的安静;保持巡视,及时发现、处理突发情况;在起床时,鼓励幼儿自我服务或相互服务,必要时给予帮助,协助幼儿整理衣物,为女孩梳头等。

7. 离园活动

组织好离园前的安静活动,帮助幼儿整理衣物及物品;有序组织幼儿离园,注意力高度集中,与家长进行必要、简短的交流;组织迟接幼儿的活动,做好未接幼儿的交接,或与家长做必要的联络;对教室做必要的检查,安全离园。

（三）班级活动的反思与评价

教师的专业成长主要靠反思,没有反思的教育达不到一定的高度,没有反思的教师走不了更远。因此,幼儿园教师要对班级一日活动进行及时、有效的反思,这是实现专业成长的必由之路。

1. 记录与回顾

课程或活动方案是预设的，实际开展的活动并不会原封不动按照方案来进行。所以，幼儿园课程反思的重点是对实际开展活动的反思，并不仅仅是对方案的反思，这就需要对课程实施做必要的记录。

记录的主要目的是通过记载活动的过程，促进幼儿及教师共同发展。所以，记录并不是简单的流水账式的或者撒网式的，不应该追求对教育过程面面俱到的完整记录。

记录应该包括对整个活动过程的笼统记录，以便参照方案分析，把握课程预设与生成的关系。对这方面内容的记录应该是简约的，表格或填充式的，有些已经在活动方案中预留，可根据实际开展情况填写。记录还包括对重要、特别事件的记录，特别是对幼儿活动的个别化记录。

记录不完全就是教师完成的，也可以是课程实施中自然形成的记载。比如说幼儿作品本身也是一种记录，幼儿可以成为记录的主体，家长也可以成为记录的执行者。凡是在课程实施过程中形成的记载都可能是有价值的记录，这些过程性材料一般用名词"纪录"来表示。

小资料

从"记录"到"纪录"①

与"记录"不同，"纪录"不是去评价儿童是否符合某一标准，而是去理解在教学过程中，在儿童的学习过程中发生着什么，儿童会怎么样。"纪录"的内容包括儿童所说的、所做的、儿童的学习过程和学习成果，教学是怎样联系儿童和他们的活动的。关于儿童活动的录像带、磁带、照片、儿童的作品、教师与儿童互动交往的文字记载等都是"纪录"的表现方式。

......

由于"纪录"可以保留和再现儿童学习或教学实践的过程，因而它能提供由标准化记录范式所不能提供的丰富的信息。通过重温"纪录"，教师不仅在头脑中唤起了原有的东西，而且促使自己对过去发生的事件进行新的解释和建构。这样，积极的教学者首先能利用已有经验，在"纪录"的基础上参与关于儿童学习和知识建构的解读和分析，深入细致地了解儿童的学习过程。

2. 反思与评价

教师基于记录的反思通常有以下几种方式：一是对具体活动的反思，一般在活动方案中就预留了反思项目，比如教学活动方案的最后一项一般就是"教学反思"。二是写反思笔记，这一般是针对某一具体事件，经常性地写，就形成了习惯，这种书面的反思就是一个典型的案例分析。反思笔记作为教师专业成长的一种有效方式被提倡，日积月累会取得意想不到的效果。还有一种是专门的反思活动，围绕某一个专题集体研讨，甚至会邀请专家来参与等，专门的教研活

---

① 朱家雄. 从"记录"走向"纪录"——兼谈为什么要做"纪录"[J]. 幼儿教育，2005(07).

动都带有反思的性质。这种反思的系统性和水准较高。

课程的实施必然要涉及对幼儿发展的评价,这也是建立在对班级活动或课程记录的基础上的,客观的评价又是有效反思的前提。我们提倡对幼儿的评价以激励为主,持正面和积极的评价观。

有时候反思是需要孩子在场的,师幼共同回忆,帮助幼儿回顾学习的过程,还原课程现场,提出必要的问题,探求孩子内心的真实想法,验证教师的判断和猜想等。还可借此机会帮助孩子分析学习过程,获得新的经验或体验。这个过程被称为"重温",现在已为一线教师所熟悉。

3. 改进与提升

记录绝不是为了记录而记录,目的是为了改进幼儿园课程质量,提升活动效果。反思和评价是直接指向教育行为的改变,否则反思就仅仅停留在理念的层面,不能对教育产生实际的效用。

现在许多幼儿园对课程开展深入的研讨,采取诸如一课多研、同课异构等各种形式,其目的就是通过一次次的反思和研讨,直接看到改进和提升的效果。这些形式是一线教师实现专业成长的有效途径,但这一般不是常态的课程环境,是为了改进和提升课程效果而创设的情境,并非是真实的教育现场。

改进和提升通常是一个日积月累的过程,是长期经验总结的结晶。通过教师一次又一次对日常工作的方方面面进行不断地记录与回顾、反思与评价,内化在自己的教育理念和行为中,逐渐实现质的改变。

------------------------------- 单元回顾 -------------------------------

幼儿园课程是幼儿园中以幼儿为对象的所有活动的总和;幼儿园课程具有启蒙性、生活化、游戏化、活动化、潜在性等特征,其本质是幼儿的自主活动。

幼儿园课程目标可以包括不同的层次和种类,内容的选择要考虑内容的适宜性、科学性和有效性,课程组织就是一切有幼儿参与的教育活动的结构化或系统化过程,幼儿园课程评价主要是为了改进课程。

幼儿园教师参与编制的课程方案主要包括:学期、月、周以及一日活动方案,一日活动各环节要熟悉保教要点,课程实施后要进行及时、有效的反思,这是实现专业成长的必由之路。

单元讨论

"朱永新成功保险公司"开业启事

好消息!

"朱永新成功保险公司"今天正式开业了!

本公司宗旨:确保客户利益,激励客户成功。

参保对象:不限。但尤其欢迎教育界人士,因为教育的成功是中华民族伟大复兴的基石。

投保金额:不限。数元到数千元任你自选。欢迎万元以上大客户。

保期:十年。

投保条件:每日三省自身,写千字文一篇。一天所见、所闻、所读、所思,无不可入文。十年后持3650篇千字文(计360万字)来本公司。

理赔办法:如投保方自感十年后未能跻身成功者之列,本公司愿以一赔百。即现投万元者可成百万富翁(或富婆)。本公司只求客户成功,不以赢利为目的。所有利润将全部捐赠希望工程。欢迎投保,欢迎垂询!

这个启事说明了什么? 你如何看待这个启事?

单元任务

1. 对照目标指引,检测自己对本单元目标的实现情况,并及时回顾与巩固。
2. 通过实例或实地考察,体会幼儿园课程与中小学课程的区别,并归纳总结,分组汇报。
3. 通过文献或实地考察,搜集各层次和类别的幼儿园课程方案,并与同伴分析比较,也可汇报交流。

推荐资源

1. 纸质资源:

(1) 上海市教育委员会教学研究室.幼儿园课程图景:课程实施方案编制指南[M].上海:华东师范大学出版社,2013,6.

(2) 朱家雄,张亚军.幼儿园活动设计与经典案例[M].上海:华东师范大学出版社,2013,6.

(3) 朱家雄.纪录,让儿童的学习看得见[M].厦门:福建人民出版社,2008,3.

2. 视频资源:

(1) 把最宝贵的东西给予儿童(宋庆龄幼儿园质的案例研究)配套光盘。

(2) 纪录片《小人国》,张同道导演。

3. 政策文件:

(1) 广东省教育厅关于印发《广东省幼儿园一日活动指引(试行)》的通知,2015.

(2) 山东省教育厅关于规范幼儿园一日活动的指导意见,2015.

(3) 浙江省教育厅关于全面推进幼儿园课程改革的指导意见,2017.

(4) 辽宁省教育厅关于印发《辽宁省幼儿园课程实施意见(试行)》的通知,2019.

单元作业（可在全班分组完成，每人至少参与 1 项）

1. 教育学上有关课程的定义很多，典型的定义有哪些？为什么有不同的定义？如何理解这些不同的定义？

有哪些？

_____

_____

_____

_____

_____

_____

为什么？

_____

_____

_____

_____

_____

_____

如何理解？

_____

_____

_____

_____

_____

_____

2. 近年我国多个省级教育主管部门发布了幼儿园课程或一日活动实施方面的政策文件(参看本单元"推荐资源/政策文件"),请查阅这些文件并记录与本单元内容相关的要点。

此处可记录要点或提纲:

_____

_____

_____

_____

_____

_____

_____

_____

_____

_____

_____

_____

_____

_____

_____

_____

_____

_____

_____

_____

_____

_____

_____

第六单元　**幼儿园游戏活动**

思维导图

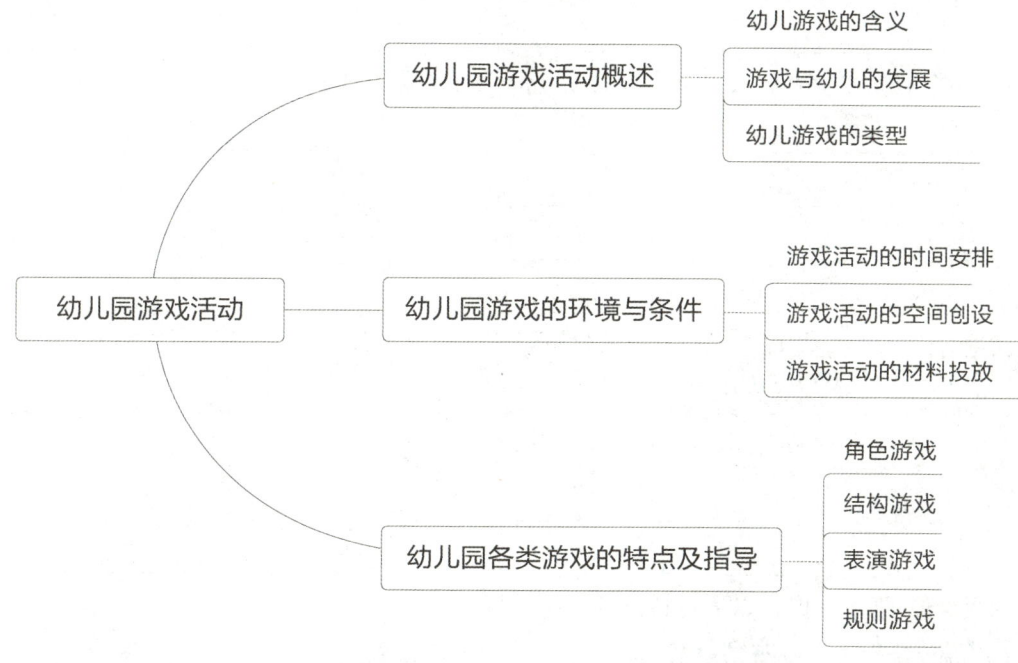

目标指引

1. 能理解幼儿游戏的含义、特点和作用,充分认识游戏与儿童发展的关系。

2. 能理解幼儿园游戏活动开展所需的环境和条件,并能创设适宜的游戏环境和条件。

3. 能理解各种类型游戏的含义及其特点,并能科学、合理地支持、组织和指导各种类型的幼儿游戏。

学习指导

课前准备:浏览教材内容,尽可能完成以下任务。

1. 提炼教材要点：

2. 提出需要向教师请教的问题：

3. 同伴讨论：如何在游戏活动中提升幼儿的学习品质。讨论记录：

课堂讨论：积极参与课堂讨论，并记录要点：

课后延伸：学习并保存以下材料，利用见实习练习使用。

1. 帕特/皮亚杰游戏观察量表（适用范围及使用要点）：

2. 史密兰斯基角色游戏观察量表（适用范围及使用要点）：

某所幼儿园的家长近期经常聚在一起交谈，因为大家都觉得孩子在幼儿园没学到什么知识，整天就是玩游戏、搞户外活动，而距此不远的另一所幼儿园虽然场地没有这里宽敞，硬件条件不如这里，但那所幼儿园的孩子学的东西多：学拼音、学认字，还学英语呢！家长们直接向班级老师表达了不满，甚至扬言要去找园长理论。

如果你是班级的老师，如何处理这件事呢？幼儿园的游戏与学习是一对矛盾吗？如何看待游戏在幼儿园教育中的地位与作用？

第一节　幼儿园游戏活动概述

游戏是孩子的生命。随着当代社会竞争的加剧、城市化进程的加快和新媒体带来的资讯传播的便利，儿童游戏的机会和背景已然发生变化，幼儿园教育更应该坚持以游戏为主。

一、幼儿游戏的含义

在人类社会的早期，游戏就已经是童年生活的重要内容。随着人类社会的发展，游戏也在不断发展，对游戏的认识和研究也越来越丰富和深刻。但对于什么是游戏，至今仍然难以取得统一的认识。

小资料

游戏的起源与产生

斯宾塞：健康儿童在维持正常活动外，还有剩余精力，剩余精力的发泄产生游戏。（剩余精力说）

拉扎鲁斯：儿童在紧张的学习后，为娱乐而游戏。（松弛说）

格鲁斯：游戏是对未来生活的准备，是本能的练习。（生活预备说）

霍尔：游戏是种族的过去活动习惯的延续和再现。（复演说）

弗洛伊德：游戏是一种宣泄情感和情绪的活动。（精神分析论）

桑代克：游戏是一种学习行为，受社会文化和教育的影响。（学习论）

陈鹤琴：游戏就是工作，工作就是游戏。（工作说）

尽管很难用一个简单划一的定义来概括游戏，但不可否认，游戏确实有一些与其他活动不同的特点。或许，只有通过对这些特点的分析和综合，才能全面把握游戏的本质。

幼儿游戏不同于幼儿的学习、劳动等其他活动，是因为幼儿游戏有着其自身的特征。

（一）游戏是愉快、有趣的活动

愉悦性是游戏自身固有的特征。游戏不是强制性的社会义务，在游戏中，幼儿能身心放松地活动，能根据自己的意愿操作材料，在对环境的控制中体会到自己的力量并获得自信和愉快的内心体验。

图6-1　水的乐趣

图6-2　玩滑滑梯

如果你问正在兴致勃勃地玩水的孩子"为什么要玩水"，或问正在兴高采烈地玩滑滑梯的孩子"为什么要滑滑梯"，他们的回答多是"好玩"、"有意思"、"开心"等。孩子们的答案清晰地告诉我们，幼儿之所以玩游戏，是因为游戏对他们来说是有趣的、能带来愉快体验的活动。

（二）游戏是幼儿自愿、自主的活动

游戏是幼儿根据自己的兴趣和愿望，自发自愿进行的活动，不受外部强制目的的控制。

幼儿甲：我们来玩游戏吧。

幼儿乙：好呀！

幼儿甲：我们玩娃娃家好吗？

幼儿乙：好的。

……

在日常生活中，幼儿的游戏活动出于自己的意愿，是由内在动机驱动的，而不是来自外部的要求或命令，不是他人外在强加的。幼儿仅仅为了好玩、为了开心、为了满足活动的欲望而游戏。

游戏是幼儿自主的活动，在游戏中幼儿是自由的。对幼儿来说，玩什么、怎么玩、用什么材料玩、和谁一起玩，他们有自由选择的权利。游戏主题的确定，游戏的内容和形式、游戏材料的

选择和使用,游戏规则的制定等,都体现着幼儿作为游戏者的自由意志。幼儿在游戏中的自主正是体现在他们对游戏的控制和把握上。

(三) 游戏是幼儿假想的活动

幼儿游戏是通过想象进行的,是脱离了真实情景的一种假想活动,具有虚构性。

在游戏中,幼儿闭上眼睛,不作声,蜷缩着身体,假装睡觉;伸出舌头,倾倒杯子,好像水正从杯子里流进口里,假装喝水;用一块积木代替肥皂,积木成为肥皂的替代物;扮演"医生"的角色时,便做出真实情景中医生应该做的行为和动作。总之,幼儿游戏中的情节、角色、行为以及玩具或材料均具有明显的假想色彩或象征意味。

幼儿游戏虽然是一种脱离了现实的假想活动,但仍然是对现实生活的反映。游戏中任何的假想情景都是对现实的模拟,而不是无中生有的;游戏中幼儿的装扮行为是以真实情景为基础的,而且都是幼儿所熟悉的行为,都能在生活中找到原型。幼儿的生活经验越丰富,其游戏内容就越充实。

小资料

有充分的文字记载表明:早在先秦时期,过家家之类的角色扮演游戏便在儿童中普遍进行了。最早记载儿童游戏的文献《韩非子·外储说左上》:"夫婴儿相与戏也,以尘为饭,以涂为羹,以木为胾。然至日晚必归饷者,尘饭涂羹,可以戏而不可食也。"说的是小儿一起玩游戏,用沙土当饭,用泥浆为羹,用木块作肉,但到天晚就要回家吃饭,因为沙土饭、泥浆羹只是玩玩而已,不能吃的。

二、游戏与幼儿的发展

(一) 游戏是幼儿的基本活动

幼儿无时不刻不在游戏,幼儿的生活是以游戏为中心的。在幼儿的一日生活中,除了进餐、睡眠、盥洗等日常生活活动之外,几乎都在游戏着,甚至有的幼儿在吃饭、洗手、饮水时也在游戏。有些幼儿吃饭时玩勺子、玩饭粒,洗手时玩肥皂、玩水,睡觉前玩被子、在床上爬来爬去……游戏占据着幼儿生活的大部分时间,几乎成为生活的全部。

游戏能满足幼儿身心发展的基本需要,在游戏中,幼儿的认知、运动、交往、操作、探究、自我实现等需要得到了满足,感受着游戏带给他们的快乐。游戏是符合幼儿年龄特征和心理发展水平的活动形式,也是最适合幼儿需要的活动方式。

总之,对幼儿来说,游戏就是生活,生活就是游戏。

(二) 游戏是幼儿特有的学习方式

《指南》指出:"幼儿的学习是以直接经验为基础,在游戏和日常生活中进行的。"在游戏中,幼儿观察着周围的环境和事物，获得丰富的感性知识，发展了观察力；充分调动头脑中已有的经验和表象，积极思考，创造性地解决问题；学习与人交往，理解和掌握社会角色及社会行为规范。从某种意义上说，幼儿游戏的过程就是其学习过程。

对幼儿来说，游戏就是学习，学习就是游戏。游戏是最适合幼儿的学习方式。首先，游戏是符合幼儿身心发展水平的学习方式。因为幼儿的学习更多地受到兴趣、爱好、好奇心的支配，是由内在动机驱动的，而不是外在的、成人的要求；幼儿的学习没有明显外在目的，他们为了玩而玩，为了游戏而游戏。给幼儿提供游戏的机会，就是给他们提供学习的机会。其次，要以游戏活动作为教育内容、以游戏作为教育形式，经常开展各种类型的游戏；或用游戏方式进行教育教学，创设游戏环境，将教育目标隐含其中，不知不觉地进行学习、自然而然地获得发展。

（三）游戏是幼儿的基本权利

将游戏视为幼儿的基本社会权利，是人类社会进步与发展的结果。发展权是基本人权之一，幼儿应当拥有身心和谐发展的权利，而游戏与幼儿发展有密切的联系，幼儿的游戏权与发展权紧密相关。其一，游戏是能满足幼儿身心发展需要的活动，游戏几乎是幼儿生活的全部，因此，应将游戏权作为幼儿发展权的重要内容，要维护和促进幼儿的发展，就要尊重和满足幼儿游戏的权利。其二，游戏是对幼儿进行全面发展教育的重要形式，是最适合幼儿需要的、特有的学习方式，应将游戏权作为实现幼儿发展权的重要手段，使游戏真正成为幼儿的基本活动，在游戏中促进幼儿的发展。

（四）游戏对幼儿发展具有积极促进作用

游戏是幼儿最喜爱的活动，对幼儿身体、智力、语言、情绪情感、社会性等方面的发展都具有积极促进作用。

1. 游戏能促进幼儿身体发展

在游戏中幼儿身体各部位都处在积极的活动状态，各种不同的游戏，活动量大小不同，身体活动的部位也不同，游戏对幼儿身体各系统的生长发育具有促进作用。

游戏不但促进了幼儿身体的发展，同时也发展了幼儿的基本动作。在运动性游戏中，通过跑跳、攀爬等，幼儿的大肌肉动作得到了发展，协调性、灵敏性和平衡力也得到了提高。在结构游戏中，通过操作各种材料，幼儿的小肌肉动作得到了发展，手眼协调能力也得到了提高。

在游戏中幼儿的情绪处在积极的状态，这种轻松愉快的情绪体验，对幼儿身心

图 6-3　游戏促进幼儿身体发展

健康发展有积极作用。

2. 游戏能促进幼儿智力和语言的发展

游戏是幼儿认识事物的重要途径。幼儿在使用多种多样的玩具和材料进行游戏的过程中,认识和掌握各种物体的性能和用途,了解事物之间的相互关系,获得初步的自然科学知识。

游戏能够有力地促进幼儿的智力发展。在游戏中,幼儿要根据游戏的需要,思考和选择合适的玩具或游戏材料,探索材料的新的操作方法。在游戏中,幼儿会遇到许多问题,为使游戏能顺利进行,幼儿要自己或与同伴一起,思考解决问题的方法。这些都很好地促进了幼儿思维能力的发展和提高了幼儿解决问题的能力。在游戏尤其是象征性游戏中,幼儿要将现实中的情景迁移到假想的情景中,要以物代物,要角色扮演,这都促进了幼儿想象力的发展。

图6-4　游戏能有效促进语言发展

游戏能够有效地促进幼儿语言的发展。语言是在运用的过程中获得发展的,而游戏为幼儿的语言运用提供了大量的机会。在游戏过程中,幼儿要用语言来与玩伴交流思想,商讨各种办法,在交流中幼儿学习了理解他人的语言和用语言表达自己的思想,这就促进了幼儿语言的发展。

3. 游戏能促进幼儿情绪情感的发展

游戏是愉悦的活动,能促进幼儿情绪的发展。幼儿在游戏中自由选择玩伴、玩具,进入到自己假想的世界里,幼儿充分放松自己。因此,游戏能使幼儿充分体验到高兴、满足、兴奋、放松等各种积极情绪。

学会调节和控制情绪,保持积极情绪,是幼儿情绪发展的重要内容。当幼儿在生活中产生了消极情绪时,游戏可以帮助幼儿转移注意力,有效地从消极情绪状态中摆脱出来。游戏还可以帮助幼儿宣泄和释放负面情绪。例如,在角色游戏"医生与病人"中,幼儿自己扮演成医生,给娃娃打针,把在现实生活中被打针时的恐惧、伤心、愤怒的痛苦情绪体验发泄到娃娃身上,自己从被动的承受者变为主动的执行者,从而使痛苦的体验转化为愉快的体验;在体育游戏"打沙包"中,幼儿反复捶打沙袋,释放不良情绪。对于心理预防机能还未成熟的幼儿来说,这是他们应付各种创伤性事件的常见和有效方式。通过游戏,幼儿的负面情绪得到释放,有助于其尽快走出消极情绪状态,维持身心健康发展。

4. 游戏能促进幼儿社会性的发展

在角色游戏中,幼儿通过扮演妈妈、老师、医生、售货员、警察等角色,巩固和加深了对社会角色和行为规范的认识。

图6-5　扮演妈妈

游戏扩大了幼儿社会交往的范围，为幼儿提供了大量的交往机会，促进了社会交往能力的发展。在游戏中，幼儿认识了更多的玩伴，逐渐能考虑和接纳他人的观点，从自我中心的状态中走出来；体验并加深了对彼此相互协调、配合必要性的认识，学习与不同的玩伴进行交流、协商和合作，公平地解决游戏中遇到的问题，懂得相互尊重和平等交往。通过游戏，幼儿喜欢与他人交往，变得更加合群；掌握了与人交往的技能和艺术，社会交往能力得到不断提高，建立了积极的人际关系。

图6-6　扮演医生

图6-7　扮演售货员

游戏有助于幼儿形成一些良好的社会性品质。游戏大都是集体的、有规则的，在游戏中，幼儿需要按照玩伴群体协商制定的规则，主动约束自己的行动，学会自觉遵守游戏的规则；要学会轮流、分享、合作等亲社会行为。

图6-8　游戏大都是集体的

图6-9　游戏有助于幼儿间交往，形成良好品质

游戏还能帮助幼儿巩固和发展一些良好的个性品质。在游戏中,幼儿为了达到游戏目的,就要约束自己,克服困难,坚持工作,这有利于培养幼儿积极主动、勇敢、克服困难的优良品质。比如在角色游戏"交通警察"中,扮演交警的幼儿需要坚持自己的岗位,克服较长时间站立指挥交通的困难,不能随便离开岗位参加其他活动。游戏增强了幼儿自我控制的能力,促进了幼儿意志力的发展。

综上所述,游戏对幼儿各方面的发展都有积极的促进作用,是教师对幼儿进行全面发展教育的有效手段。幼儿教师应树立正确的游戏观,应充分利用游戏对幼儿进行教育,使游戏真正成为幼儿的基本活动。但游戏不是唯一的教育手段,教师要有意识地将游戏与其他教育活动有机结合起来。

三、幼儿游戏的类型

从不同的角度,游戏可以分为不同的类型。对游戏进行分类,可以帮助我们更好地认识和理解游戏,指导幼儿游戏,以促进幼儿在游戏中获得发展。

（一）根据游戏的教育作用分类

根据教育实践中如何以游戏作为促进发展的途径,把游戏分为两个类别。一是创造性游戏,包括角色游戏、结构游戏和表演游戏。二是规则游戏,包括音乐游戏、体育游戏和智力游戏。

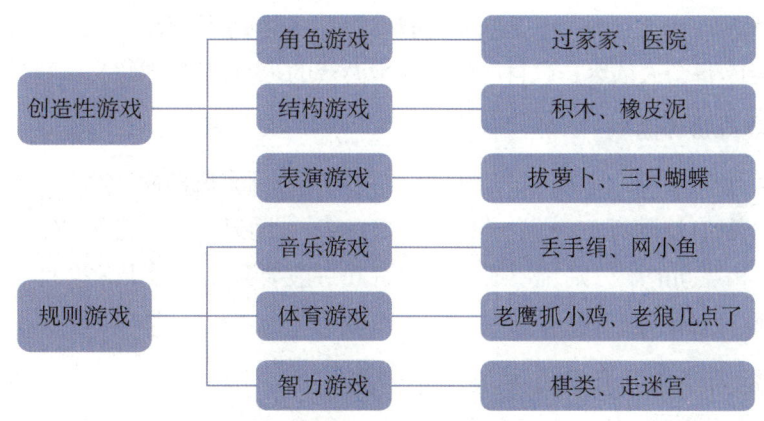

图 6-10　根据游戏的教育作用分类

（二）根据游戏中幼儿社会性发展水平分类

美国教育家 M·帕顿按照幼儿游戏表现出来的社会参与水平,将幼儿游戏行为归纳为六种类型或水平。

1. 非游戏行为

0 至 2 岁时,儿童没有同任何事物或任何人进行游戏,在房间里闲荡或跟随别人。

2. 旁观游戏

2岁以后至2岁半，开始观看其他儿童的游戏，兴趣集中在别人的游戏上，没有参与到游戏中去。

3. 独自游戏

2岁半以后，自己玩玩具，进行游戏，不参与别人的游戏，似乎没有意识到其他儿童的存在。这是一种没有玩伴意识的个人性质的游戏行为，儿童只顾自己一个人玩玩具，即使有其他同龄人在场，也如身处无人之境，忽视他人的存在，每个人按自己的意愿各自玩弄各不相同的玩具，涉及的是各不相同的内容。

4. 平行游戏

2岁半至3岁半以后的儿童，在其他儿童的旁边游戏，选择一个和旁边儿童一样的玩具、材料和活动，虽然把主要精力放在自己的游戏上，但其游戏方式却类似于其他儿童。这是一种由两人以上在同一空间里进行的、以基本相同的玩具玩着大致相同内容的游戏。幼儿之间相互靠近，能意识到别人的存在，相互之间有眼光接触，除了自己摆弄材料以外，还会看别人的操作，甚至模仿别人的作品和活动，但彼此之间没有游戏的互动。

5. 联合游戏

是一种由两人以上一起进行的游戏，彼此行为相互关联，但不相互协调，其行为的社会性仅仅是同伴交往关系，而不是游戏合作关系。比如他们可以交换材料，可以有语言沟通，提供和接受彼此的玩具，对他人的活动表示赞赏或否定，甚至攻击。从表面上看，儿童之间产生了相互联系，而实际上在涉及游戏本身内容时，他们之间却没有共同的意愿，他们只是愿意在一起玩，而没有明确的组织分工，每个人依然是以自己的兴趣来游戏的，游戏不是围绕具体目标进行组织的。

6. 合作游戏或协作游戏

这是一种有着共同需要、共同目的、共同计划、共同协商完成的游戏活动。游戏者之间有分工、协作，有领头者、有追随者，这种游戏具有组织意味，有明显的集体意识，有共同遵守的规则，这种游戏离开了相互间的配合则玩不成。这种游戏一般要到3岁以上才会产生，5、6岁得到发展，是幼儿社会性日益成熟的表现。

（三）根据游戏中儿童认知发展水平分类

皮亚杰认为儿童游戏是以认知的发展为基础的，儿童的游戏与其知识经验、身心发展水平是直接相关的。皮亚杰根据幼儿智力发展阶段，将游戏分为三种类型或水平。

1. 感知运动游戏

幼儿反复练习感知觉与动作，如孩子反复丢弃拣玩物品等。儿童喜欢得到感官刺激，儿童重复自己行为的目的是获得乐趣，表现自己的能力。这种游戏的动因在于感觉运动器官在使用过程中所获得的快感，由简单的重复运动组成，如奔跑、攀爬、滑滑梯、摇木马、敲打和摆弄物体等。这是最早出现的一种游戏形式，随着其他游戏形式的出现，其在游戏中的比例逐渐下降，到6—7岁时，只占全部游戏的14%。

2. 象征性游戏

这是一种通过使用替代物并扮演角色的方式，来模仿真实生活的游戏，如玩"过家家"、"医院"、"商店"等。象征性游戏是学前儿童典型的游戏形式，在整个学前时期占的时间最长，大约2岁左右开始，直至小学，其高峰期在3—5岁。

3. 规则性游戏

这是一种由两人以上参加的、以游戏规则判定胜负的、具有竞赛性质的游戏，包括智力性质的竞赛、动作技巧方面的竞赛、运动能力一类的竞赛等。这种游戏以规则为中心，摆脱了具体的情节，用规则来组织游戏，是4、5岁以后发展起来的游戏。由于规则本身具有不同的复杂程度，动作技能的要求不同，这种游戏可以从幼儿一直延续到成人。

小资料

帕特/皮亚杰游戏量表

姓名：		观察日期：			
分类维度		认知水平			
		基础	结构	角色	规则
社会性水平	孤独				
	平行				
	集体				
非游戏			行为		活动
		无所事事	旁观	频繁换场	

第二节　幼儿园游戏的环境与条件

游戏是对幼儿进行全面发展教育的重要形式，幼儿园应因地制宜地为幼儿创设良好的游戏条件，从时间、空间、材料以及心理环境上，支持游戏的开展，充分发挥游戏在促进幼儿发展上的作用。

共同讨论

在某幼儿园的区域游戏开放活动现场,前来观摩的老师看到了中一班的区域布置:小医院、美味餐馆、理发店、邮局,把有限的室内空间布置得满满当当;中二班的区域布置:娃娃家、积木天地、快乐小舞台。观摩的教师甲和教师乙有了争议。

甲:中一班的游戏环境好,区角数量多,材料多,给孩子玩的机会多。

乙:中二班的游戏环境更胜一筹,不同游戏区域的功能各不相同,能使幼儿获得更丰富的游戏体验,每个区角更宽敞一些,便于幼儿游戏。

你们的看法呢?

一、 游戏活动的时间安排

时间是影响幼儿游戏质量的重要因素,是幼儿游戏开展的基本保障。

（一） 为幼儿提供充足的游戏时间

在幼儿一日生活中游戏活动所占的时间的多少,直接影响游戏的数量和质量。

幼儿在园的每日生活中,游戏是主要的活动。幼儿园既要给幼儿充分的专门进行游戏活动的时间,还要以游戏的方式去组织教育教学活动,使游戏成为幼儿园的基本活动,确保幼儿每天有较长的时间进行游戏。

幼儿需要有足够的时间探索新材料、计划和拓展游戏情节、熟悉同伴、分配角色、制定规则等。一般而言,"游戏至少持续40分钟至一个小时,幼儿才得以很从容且深入地发展其不同层次和不同形态的游戏情节"。若时间过于仓促,则将导致游戏无法得到充分的开展,影响幼儿对游戏的兴趣,降低了游戏的作用。

（二） 恰当安排游戏时段

教师应充分认识游戏对幼儿发展的意义,不能随意挤占、侵占幼儿游戏活动的时间。教师要事先布置好幼儿游戏的环境,减少过渡环节,提高单位时间内幼儿游戏活动时间的有效性。

教师应尽可能利用一日生活的各个环节,开展自由游戏,如幼儿来园、离园、餐后、一日生活的过渡环节等时间,可以用于自由游戏。这种游戏所需的时间相对较短,也符合幼儿园一日生活不同时段幼儿的身心需要和幼儿园教育实际。而对于角色游戏、表演游戏、体育游戏等游戏,则对游戏的场地、时间、材料、幼儿身心情况等有一定的要求,因此需要适当安排专门的、集中的时间让幼儿进行此类游戏。可以在上午或下午安排一次专门的、集中的时间让幼儿进行游戏活动,也可以上下午都安排。

对于不同年龄段或年龄班的幼儿,教师应根据幼儿游戏的发展水平和幼儿身心发展的需要,安排好各种类型游戏的时间,做到比例恰当。

二、游戏活动的空间创设

根据游戏活动开展的场所不同,有户外游戏和室内游戏。户外游戏场地和室内游戏空间是幼儿游戏开展所需的重要条件。

（一）户外游戏场地的创设与利用

户外场地宽敞,户外游戏活动对幼儿身心健康发展具有重要的作用。根据《幼儿园工作规程》的规定,幼儿园每天应有足够的户外活动时间。

根据国家的相关规定,幼儿园必须设置各班专门的户外游戏场地,且不应小于 60 平方米,各班游戏场地之间宜采取分隔措施;还应有全园共用的户外活动场地。

户外游戏场地要设置适量的大型器械和玩具材料,各种材料和器械应构成一个有机整体,以促进幼儿动作和运动能力等的发展,满足幼儿的各种不同发展需要。

图 6-11　户外场地设置大型器械

户外游戏场地的地面要平坦、坚实,适宜幼儿的跑、跳等活动;有遮阳防晒设施,利于炎热季节的户外游戏活动开展;布局合理,确保幼儿在户外游戏活动过程中的安全。

图 6-12　户外游戏场地要平坦

图 6-13　户外场地要适宜幼儿跑跳

（二）室内游戏空间的创设与利用

活动室空间的大小决定了活动区的数量,鉴于当下我国大多幼儿园室内空间不足的实际,教师可以根据自身园所实际,采取各种措施,尽量挖掘潜力,扩大活动室的空间。例如,可以将午睡室的床改为折叠式的,在游戏活动时,腾出空间供幼儿游戏;充分利用活动室的阳台、走廊、拐角处等场所设置为相应的活动区。在设置活动区时,教师要根据现有空间条件,选择并开设适宜数量和种类活动区，并在一定时间内进行更换，以满足幼儿对各种活动区活动的兴趣和需要。

游戏的空间结构要合理，既要有开放的空间，又要有半开放或封闭的空间；要有适于集体性活动的空间，更要有小组活动的空间，还可以开设让个别幼儿单独活动的小空间，甚至是幼儿独处的私密空间。

教师要根据不同类型游戏开展的需要，安排好室内游戏活动空间。在开展集体的规则游戏、大动作游戏时，教师需要调整室内布局，以提供足够大的空间支持幼儿游戏的开展；在开展结构游戏、角色游戏时，教师需要将室内空间划分为若干不同的游戏区域，供幼儿进行游戏。可采用暂时性游戏区和永久性游戏区相结合的方式来防止游戏区过多、游戏空间过小的现象发生。

合理规划和布置各个活动区。一要注意活动区之间的界限性，教师可以利用地面的颜色或图案、铺设地毯、巧妙运用柜子、悬挂标牌或装饰物等多种方式，将各个活动区划分清楚，便于幼儿游戏活动的开展和教师的管理。二是注意各活动区之间的相容性，尽量将性质相似的活动区安排在一起，避免相互干扰。如把安静的游戏区与喧闹的游戏区分开，使各种游戏既相互独立又相互联系构成一个整体。

(a)　　　　　　　　　　　　(b)

(c)　　　　　　　　　　　　(d)

图 6-14　室内游戏空间的创设

三、游戏活动的材料投放

（一）游戏活动材料的意义

游戏材料是幼儿游戏中所使用的玩具和物品的总称，材料是游戏的物质支柱，没有材料，幼儿游戏就难以进行。材料具有诱发游戏主题、丰富游戏情节、增进游戏持续发展的重要作用。游戏材料不仅能使幼儿行为与思维发生变化，同时还能保持游戏情节的连续性，吸引儿童继续游戏的兴趣。

（二）游戏活动材料投放的基本要求

教师正确投放游戏材料的过程就是把幼儿游戏的目标进一步具体化、明确化的过程。教师应以正确的儿童观、课程观和游戏观指导游戏材料的投放，熟练掌握游戏材料投放的适宜策略。

1. 根据幼儿的年龄特点提供适宜的材料

根据不同年龄阶段幼儿身体和动作发展的特点和需要，为幼儿提供较为丰富而且多样的游戏材料，支持和满足幼儿进行运动的需要，并帮助幼儿在游戏中积累运动经验，发展动能技能，提高运动能力。

根据幼儿心理发展特点，教师要注意游戏材料投放的种类和难易程度。让幼儿按照自己的能力和操作经验选择游戏材料，以满足幼儿的不同兴趣和发展速度。例如，给年龄小的幼儿提供结构性较强的材料时，要避免选择过分细小、结构与功能较复杂的材料；而对年龄较大的幼儿，则可以提供结构与功能较为复杂或者较为精细的材料。对年龄较大的幼儿，应多提供半成品材料，给予幼儿充足的想象空间，使其可以探索材料的多种玩法。

2. 提供数量充足的游戏材料

在投放游戏材料时，教师需要根据班级幼儿的人数、活动区数量、游戏种类等，为幼儿提供数量充足、种类丰富的游戏材料，满足幼儿游戏的需要。

（a）　　　　　　　　　　　　　　　　　（b）

图6-15　游戏材料要充足

投放游戏材料的数量要适宜，不宜太多或太少，太多将扰乱和分散幼儿的注意力，太少则影响游戏的质量和水平,甚至引发争抢等。当然,在游戏中还要注意随时增添材料,以确保幼儿自主选择、从容操作、持续自发地进行游戏活动。

3. 根据教育目标和内容投放材料

教师应根据教育目标和内容投放游戏材料,应蕴涵着教师的教育意图。例如,在活动区中投放合作性游戏材料,引导幼儿结成友好的玩伴关系,培养合作意识,提高幼儿的组织协调能力,生成新的游戏方式和新的游戏情节,进而形成幼儿之间互惠互利的人际关系,构建合作学习的良好氛围。

4. 选择并投放生活化的游戏材料

研究表明,通过生活化游戏材料的操作,幼儿可以理解他们自己所扮演的角色以及控制他们自己行为的规则,而且也能理解他人的角色和行为规则。比如,“娃娃家”游戏材料、“医院”游戏的材料等都具有这种作用。

5. 游戏材料应便于幼儿自由取用

将物品和玩具等游戏材料分类摆放,放置在低矮的、开放的、不拥挤的架子上,并且贴上图示或标签,让幼儿自由拿取。

此外,教师还应为幼儿创设宽松、和谐的游戏心理环境。在游戏中,与幼儿建立起亲切、平等、和谐的师幼关系,引导幼儿建立互助友爱的伙伴关系。

第三节　幼儿园各类游戏的特点及指导

共同讨论

“小朋友们,下面是游戏的时间。请第一组的小朋友去玩娃娃家,第二组的小朋友玩雪花片……小朋友们,游戏的时间结束了,赶紧收好玩具,我们要准备下一个活动了。”

这样的场面在幼儿园里或许很常见,你有何评价?你如何看待教师在游戏中发挥的指导作用?

幼儿园应开展各种类型的游戏,促进幼儿在游戏中获得发展。不同类型的游戏具有不同的特点,教师应根据各类游戏的特点组织和指导幼儿游戏。

一、角色游戏

（一）角色游戏的特点

角色游戏是学前儿童以模仿和想象,通过扮演角色,创造性地反映现实生活的一种游戏。如娃娃家游戏、超市游戏等,都是不同主题的角色游戏。角色游戏在儿童两三岁时产生,学前晚期达到高峰,是幼儿时期最典型的游戏形式。

1. 幼儿对现实生活的印象是角色游戏的源泉

角色游戏中,游戏的主题、情节、角色和材料都与现实生活密切相关,幼儿是根据自己的社会生活经验对游戏的情节进行设计和安排的。比如,在"公共汽车"游戏中,幼儿会设置投币箱,提示"乘客"上车后投币,会学司机的样子提示顾客"请给有需要帮助的乘客让座"等。幼儿角色游戏反映了幼儿的社会生活经验,幼儿的经验越丰富,角色游戏的水平就越高。

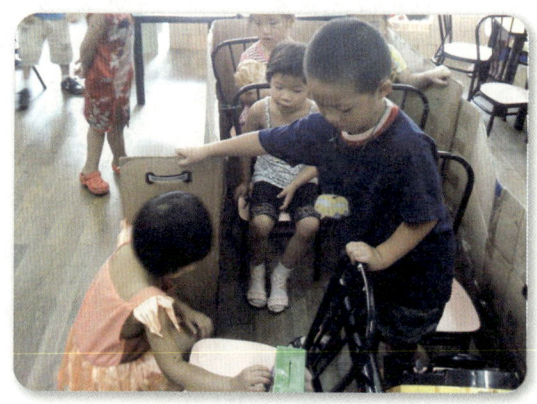

图 6-16 "公共汽车"游戏

图 6-17 娃娃家

2. 想象活动是角色游戏的支柱

角色游戏是需要想象和充满想象的,是幼儿创造性想象的过程。

角色游戏需要幼儿对游戏材料的假想。在角色游戏中,幼儿常常需要以一种物品代替另一种物品,甚至一物多用。如用瘪气的皮球当作碗、小木棍当作注射器、枕头当作布娃娃等。

角色游戏需要幼儿对游戏角色的假想。角色游戏中,幼儿扮演妈妈、司机、厨师、空乘人员、售货员、交警等现实生活中熟悉的人物,通过语音、表情、动作等表现出自己对这些角色的认识与体验。

图 6-18 我是小小乘务员

图 6-19 我是大主厨

角色游戏需要幼儿对游戏情景的假想。角色游戏中，幼儿将真实生活中的情景迁移到假想的情景中，并做出装扮行为，如假装睡觉、喝水、吃东西等。

（二）角色游戏的指导

1. 创设良好的游戏条件

（1）游戏时间。通常需要 30—50 分钟的角色游戏时间，保证让幼儿发现游戏伙伴，挑选角色，准备道具，计划游戏的情节，并进行表演。如果游戏时间过短，孩子就可能玩得不尽兴。

（2）游戏地点。地点的安排对游戏有很大的影响。在规划好的小地方玩角色游戏，比在很大、空旷的地点玩更容易进入角色。

（3）游戏材料。根据角色游戏主题和进程的需要，为幼儿提供道具、服饰等丰富的材料。

2. 生活经验的准备

幼儿是按照自己对角色的理解扮演角色的。如果不具备角色形象的经验，角色游戏的进行就会困难或无法持续。教师应有计划地组织幼儿参观了解成人的各种生活场景，只有在生活中观察得细致，感性认识越丰富，角色游戏才会越有意思。

3. 游戏过程的指导

教师是幼儿角色游戏的观察者、支持者、参与者。

观察幼儿游戏。观察是指导的前提。在角色游戏中，教师应该认真、全面地观察幼儿的游戏情况。观察的内容有：幼儿是怎么确定游戏主题的；角色是如何分配的，幼儿有什么反应；幼儿在一定的时间里扮演了多少角色，是主要角色还是次要角色，能否按角色职责行动；提供的材料是否适宜，幼儿偏爱哪些玩具；一个主题游戏持续玩多长时间；新主题游戏的共同趋势是什么；等等。

介入和指导幼儿游戏。教师接近幼儿，并与幼儿用相同的游戏材料一起玩，但不参加到儿童的游戏中去。教师在场会使幼儿的游戏持续得长久些，幼儿可以通过观察教师学会新材料的玩法。

教师还可扮演角色加入儿童的游戏，但让儿童掌握游戏的进程。教师可以根据游戏的进行提出问题或建议等，但不直接指导或要求幼儿如何玩。

二、结构游戏

（一）结构游戏的特点和种类

结构游戏是幼儿利用不同的结构材料进行构造，创造性地反映周围现实生活的游戏。在结构游戏中，幼儿可以按照自己的意愿去构思和构造，这类游戏颇受幼儿的喜欢。结构游戏对培养幼儿审美能力和美的创造能力，以及坚持性、创造精神等都有积极的作用。

1. 结构游戏的特点

多种多样的结构材料是结构游戏的基础。常用的结构游戏材料有大、中、小型的积木，空心和实心型积木；有竹子制成的各种大小、长短的竹片、竹筒等竹制材料；有用塑料制作的片状、块状、粒状、棒状等各种形状的积塑材料；有以带孔眼的金属片为主要材料的金属材料；有火柴杆、

图 6-20 幼儿园大班结构游戏

图 6-21 常见结构材料:积木

塑料管、小木棍等棒状材料;有沙、泥、水、雪等不定型的结构游戏材料等。

操作与造型是结构游戏的支柱。结构游戏是幼儿用手进行操作的造型活动。在活动中,幼儿必须直接动手操作,才能构造出一定的物体形象。这种需要亲手操作的构造活动满足了幼儿活动的需要,给幼儿带来愉悦体验。

2. 结构游戏的分类

根据结构游戏中结构材料的不同,结构游戏可以分为积木游戏、积竹游戏、积塑游戏、金属构造游戏、拼棒游戏、玩沙土水雪游戏等。

根据结构游戏开展的不同方式和目的,结构游戏可以分为:模拟构造的结构游戏;命题构造的结构游戏;自由构造的结构游戏。

在幼儿园教育实践中,教师可以根据幼儿造型能力的不同水平,有目的地选择和开展结构游戏。

(二) 结构游戏的指导

1. 指导的基本任务

丰富和加深幼儿对物体和建筑物的印象。对物体和建筑物的丰富而深刻的印象是结构游戏的基础,教师要引导幼儿进行实地的、细致的观察,认识和把握物体和建筑物各部分的名称、形状、结构特征、组合关系等特点。

帮助幼儿掌握构造的基本知识和技能。引导幼儿认识结构材料,识别结构元件的形状、颜色、大小等特征;引导幼儿掌握积木游戏的排列组合技能,如平铺、延长、对称、加宽、加长、加高、围合、盖顶、搭台阶等技能;引导幼儿掌握积塑游戏的插接和镶嵌技能,如整体连接、端点连接、交叉连接、围合连接等插接技能;引导幼儿掌握用橡皮泥、胶水、自然物品等粘合成物体的技能;引导幼儿掌握用金属结构材料进行游戏时所需要的工具使用技能,如会用锤子、螺丝刀等;引导幼儿学会整体构思,有目的地进行构造活动;引导幼儿学会看平面图纸,能把平面结构变为立体结构。

2. 不同类型结构游戏的指导

模拟构造活动中,教师可以指导幼儿选择不同类型的模拟对象,有结构物的模拟,图纸中结构物的模拟，实物、玩具等形象的模拟，绘画等平面形象图的模拟。教师应指导幼儿用结构分析法去观察、分析范例，可以适当演示结构中新技能和结构难点，指导幼儿分步建构各结构部件，再将各结构部件组合成整体。

在命题构造活动中，教师应引导幼儿以指定的主题造型为核心，指导幼儿设计造型，使命题具体化。

（a）

（b）

（c）

图 6-22　幼儿结构作品：风车王、海陆空三用战斗车 A1、空中巨炮战斗机 A1

在自由构造活动中，教师指导的重点在于及时了解幼儿构造意图，鼓励幼儿独立构造，并根据每个孩子具体构造情况给予帮助，使他们能实现结构目的，产生内心喜悦，满足他们操作与表现需要，诱发他们的自由想象与创造。

玩沙、玩水是比较特殊的结构游戏。大多数 3、4 岁的幼儿都喜欢玩沙玩水的游戏，在这类游戏时，教师应引导幼儿通过混合、搅拌、堆积、倾倒、掏挖、灌注、倒空、倾泻、拍打、筛和造型，进行各种实验活动，了解和发现材料的质地、数量和特征；应设置沙箱和水箱，供幼儿实验操作，还可引导幼儿将刚刚制作出来的小汽车和小船拿到这里进行操作。

3. 各年龄段幼儿结构游戏的指导

小班幼儿在结构游戏中表现出来的特点主要有：从重复的动作中获得快乐；无目的、无构思、被动命名；主题不稳，结构技能差。教师可以采取的措施主要有：适当的示范构造，引起幼儿兴趣;准备充足的结构玩具材料;教给幼儿基本的结构技能;稳定游戏构思,并加以实现;建立结构游戏规则。

中班幼儿在结构游戏中表现出来的特点是:能有目的地进行构造活动,主题多样,内容丰富,并完成作品。教师可以采取的措施主要有:丰富幼儿日常生活经验,加深幼儿对物体和建筑物的印象;指导幼儿自行设计构造,并开展合作构造;引导幼儿对作品进行评价、欣赏活动。

大班幼儿在结构游戏中表现出来的特点是:能进行独立的、集体的复杂构造活动。教师可以采取的措施主要有:引导幼儿准确地表现物体的特征和细节;开展大型结构游戏;引导幼儿爱护自己和他人的建构成果。

三、表演游戏

(一) 表演游戏的特点

表演游戏是幼儿根据故事、童话内容进行表演的游戏,即儿童扮演作品中的角色,用对话、动作、表情等形式富有创造性地表演,再现文学作品。

1. 根据文艺作品的内容来表演

在表演游戏中,幼儿扮演的是文艺作品中的角色,游戏的情节、内容都来自于文艺作品。而角色游戏中,幼儿扮演的是现实生活中的各种角色,反映的是幼儿的生活印象。

2. 以文艺作品为依据的创造性自娱活动

表演的创造性表现在运用语言、动作、表情表现人物性格和情节时,可适当地自由发挥增减情节、替换语词或动作。对幼儿而言,主要是自娱活动,有更大的主动性和随意性。

(二) 表演游戏的指导

1. 选择适合幼儿表演的作品

文艺作品是表演游戏的依据,因此选择易于幼儿理解又便于表演的作品,是开展表演游戏的前提,也是教师指导游戏的首要职责。

(a)　　　　　　　　　　　　　　　(b)

图 6-23　表演游戏

选择文艺作品的基本要求：作品应该便于幼儿理解，并富有教育意义；作品要有表演性，易于为幼儿掌握和表演。

2. 帮助幼儿熟悉和理解作品的内容

教师可以通过讲故事等方式，帮助幼儿熟悉文艺作品，掌握作品的内容、情节和角色特点，激发幼儿对作品中人物形象的感情，引起表演的欲望。

要创设表演游戏环境，投放适合的道具、布景、服装等。也可以与幼儿一起准备游戏材料。

3. 鼓励和引导幼儿生动地表演

教师可以帮助幼儿合理分配角色。小班幼儿，教师可以采用指定角色的方法，而中大班幼儿，则应让幼儿自己协商分配角色。在角色分配中，教师应尊重幼儿的意愿，不应强迫幼儿去扮演某个角色。

引导幼儿体会作品中人物的对话、动作以及情节变化，思考如何去表演。鼓励幼儿自己用语言、动作进行生动的、有感情的表演，创造性地展现自己对作品的理解。

四、规则游戏

（一）规则游戏的含义

规则游戏包括四个因素：游戏的任务、玩法、规则、结果，其中规则是核心。规则游戏一般包括智力游戏、体育游戏和音乐游戏。

智力游戏是成人根据一定的智育任务而设计的规则游戏，将教学因素和游戏形式紧密结合起来。如图片游戏、棋类游戏、操作游戏、语言游戏、计算游戏等。

体育游戏是以促进幼儿身体正常发育和机能协调发展为主要目的的游戏。在体育游戏中，有的游戏规则比较明显，如贴烧饼、木头人；有的游戏规则不明显，如拍皮球、踢毽子等，但如果是若干幼儿一起玩并带有一定竞赛性质时，则包含了规则。

音乐游戏是在音乐伴奏或歌曲伴唱下进行的游戏，具有音乐和动作相配合的特点，如"抢椅子"、"许多小鱼游来了"等。

图 6-24　智力游戏：走迷宫　　　图 6-25　体育游戏：平衡凳　　　图 6-26　音乐游戏：丢手绢

规则游戏把学习的任务和游戏的形式结合起来,符合幼儿学习兴趣性强、目的性及坚持性较弱的特点,使幼儿在轻松、有趣的气氛中进行学习。

（二）规则游戏的指导

1. 选择和编制适合的规则游戏

教师应根据教育任务选编不同类型的规则游戏,如发展感知能力的游戏,训练注意力的游戏,发展记忆力、语言能力、运动能力、音乐能力的游戏等。

教师选择和编制的游戏应符合幼儿的发展水平,能激发幼儿游戏的兴趣,使幼儿能在游戏中获得成功的体验。

2. 教会幼儿游戏的玩法

规则游戏是有规则的,幼儿只有学会后才能玩。教师要以简明生动的语言、适当的示范,帮助幼儿学会游戏的玩法,掌握游戏的规则。

在游戏过程中,教师应着重指导幼儿遵守游戏规则,保证游戏的顺利进行。

3. 有针对性地指导

对于小班幼儿,教师在讲解游戏玩法和规则时,要力求生动、简单、形象,要将讲解和示范相结合,应在游戏中逐步提出游戏规则。

对于中班幼儿,教师还是需要示范和讲解游戏的玩法和规则的,着重检查幼儿游戏玩法的掌握情况和游戏规则的执行情况,要鼓励幼儿关心并努力争取好的结果。该年龄段可以开展规则简单的竞赛性游戏。

对于大班幼儿,教师主要用语言讲解游戏的玩法和规则,要求幼儿能独立地进行游戏,严格遵守游戏规则,争取最好的游戏结果,并能对游戏的结果进行评价。

------------------------------ ●  ● ------------------------------

单元回顾

　　幼儿游戏是愉快、有趣的活动,是幼儿自愿、自主的活动,是幼儿假想的活动。

　　游戏是幼儿的基本活动,是幼儿特有的一种学习方式,是幼儿的基本权利,对幼儿身体、智力、语言、情绪情感、社会性等方面的发展具有积极促进作用。幼儿教师应树立正确的游戏观,应充分利用游戏对幼儿进行教育,使游戏真正成为幼儿的基本活动。

　　从不同的角度,游戏可以分为不同的类型。通常可以把游戏分为创造性游戏和规则游戏。还可分别从认知发展水平和社会性水平方面对游戏进行分类。

　　游戏是对幼儿进行全面发展教育的重要形式,幼儿园应因地制宜地为幼儿创设良好的游戏条件,从时间、空间、材料以及心理环境上,支持游戏的开展,充分发挥游戏在促进幼儿发展上的作用。

　　幼儿园应开展各种类型的游戏,促进幼儿在游戏中获得发展。不同类型的游戏具有不同的特点,教师应根据各类游戏的特点组织和指导幼儿游戏,在满足幼儿游戏需要的同时促进幼儿全面发展。

单元讨论

　　"过去在城镇的大街小巷随处可见的儿童游戏正在消失,成为濒临灭绝的物种,甚至就连"儿童游戏"这个想法也正从我们股掌之间流失。"(尼尔·波兹曼:《童年的消逝》)

　　随着时代的发展,现代社会呈现出一些新的特征:城市化进程的加剧,幼儿过早承受课业的负担,电子媒体的迅猛发展,这些都影响到了幼儿的游戏。

　　1. 现在的儿童在玩什么? 与过去相比,游戏是否在发生变化?

　　2. 游戏正在消逝,童年正在消逝。你认同这种看法吗?

单元任务

　　1. 对照目标指引,检测自己对本单元目标的实现情况,并及时回顾与巩固。

　　2. 适当准备,在组内或与同伴详细阐述某节内容,并接受他人的询问。

　　3. 实训项目:

　　(1) 幼儿园各类游戏观摩,用文字、照片等方式记录相关信息,分析与讨论。

　　(2) 观察记录一个幼儿或一组幼儿的某类游戏。

　　(3) 模拟某类游戏。

推荐资源

1. 纸质资源:

(1) 华爱华. 幼儿游戏理论[M]. 上海:上海教育出版社,2001,5.

(2) 李季湄.《3—6岁儿童学习与发展指南》实施问答[M]. 北京:北京师范大学出版社,2014,4.

2. 网络资源:

上海市学前教育网"游戏研究"(http://www.age06.com/Age06.Web/game/)。

1. 根据本单元内容，举例阐述幼儿园沙水区游戏的支持与引导。

_____

_____

_____

_____

_____

_____

_____

_____

_____

_____

_____

_____

_____

_____

_____

_____

_____

_____

_____

_____

_____

_____

_____

_____

_____

_____

_____

_____

2. 搜集并学习有关"安吉游戏"的各类资源,以小组为单位进行研讨;在讨论的基础上,自定主题或方向,撰写小组学习报告。

_____

_____

_____

_____

_____

_____

_____

_____

_____

_____

_____

_____

_____

_____

_____

_____

_____

_____

_____

_____

_____

_____

_____

_____

3. 基于课堂学习和课后自学，谈谈你对幼儿园课程游戏化的认识和理解，最好能辅以实例说明。

第七单元 幼儿园生活活动

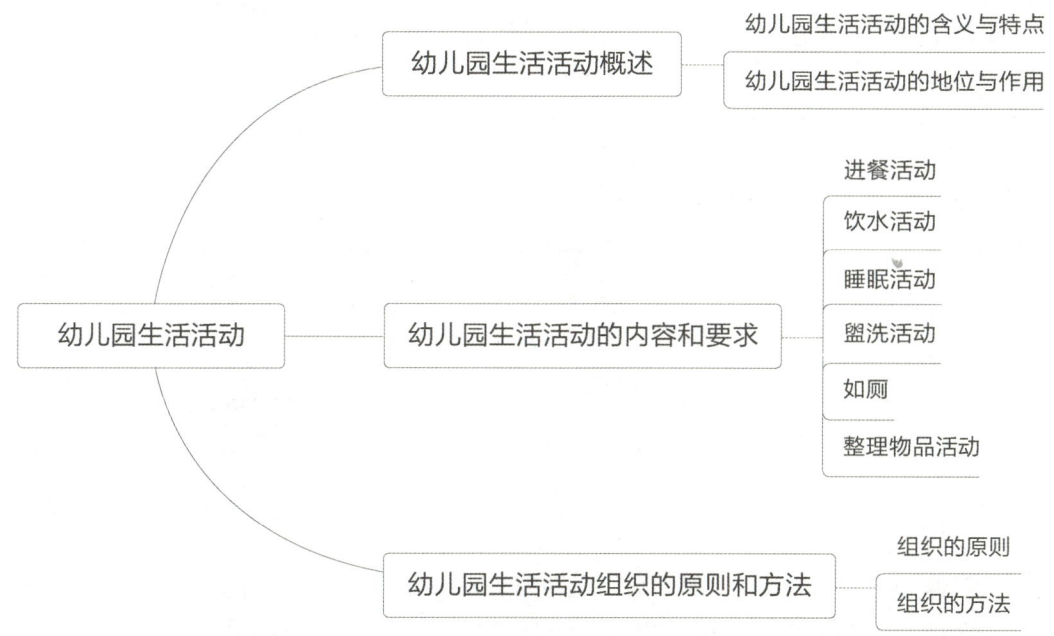

幼儿园生活活动
├─ 幼儿园生活活动概述
│   ├─ 幼儿园生活活动的含义与特点
│   └─ 幼儿园生活活动的地位与作用
├─ 幼儿园生活活动的内容和要求
│   ├─ 进餐活动
│   ├─ 饮水活动
│   ├─ 睡眠活动
│   ├─ 盥洗活动
│   ├─ 如厕
│   └─ 整理物品活动
└─ 幼儿园生活活动组织的原则和方法
    ├─ 组织的原则
    └─ 组织的方法

1. 理解幼儿园生活活动的含义、特点、地位和作用，充分认识其价值。
2. 熟悉幼儿园一日生活流程，明确把握各生活环节的保教要点，能解决常见问题。
3. 理解幼儿园生活活动的组织原则，掌握指导方法。

课前准备：浏览教材内容，尽可能完成以下任务。

1. 提炼教材要点：

_____

_____

_____

_____

2. 提出需要向教师请教的问题：

_____

_____

_____

_____

3. 同伴讨论：怎样在幼儿园的一日生活中关注幼儿学习与发展的整体性，使幼儿在幼儿园健康成长。讨论记录：

_____

_____

_____

_____

课堂讨论：积极参与课堂讨论，并记录要点：

_____

_____

_____

_____

课后延伸：根据本单元推荐资源延伸阅读《窗边的小豆豆》、《小朋友们，吃饭不许讲话》等内容，结合其他相关资料，整理汇总其他国家幼儿园饮食活动的基本情况和特点。

1. 日本：

_____

_____

_____

_____

2. 美国：

_____

_____

_____

_____

单元导言

　　刚上小班的妮妮是婷婷老师遇到的不愿意午睡的孩子,妮妮的午睡问题成了婷婷老师的一块心病。每次午睡,妮妮的情绪都不太稳定,总是说想爸爸妈妈之类的话。不管婷婷老师怎么哄,妮妮都很难入睡。

　　大班的妍妍老师也遇到了类似的问题。她班的小胖墩小宇这一段时间总是不睡觉,还搅得旁边的孩子也睡不成。

　　……

　　孩子的午睡问题普遍存在,作为幼儿园的保教人员,该怎么看待和应对这些问题呢?你有什么好办法吗? 幼儿园一日生活的其他环节也有类似的棘手问题吗?

第一节　幼儿园生活活动概述

共同讨论

　　某所幼儿园孩子的家长们近期收到一条短信。短信是孩子老师发来的,内容是:"在园大便的孩子越来越多,严重影响了正常的教学以及游戏活动。为了孩子的健康及正常作息,请家长配合调整孩子大便的时间!"此举遭到了一些家长的强烈反对,引起了轩然大波。你们如何看待这个事件?

一、幼儿园生活活动的含义与特点

（一）含义

　　幼儿园生活活动是幼儿园满足幼儿基本生活需要的活动,包括幼儿一日活动中的生活环节和一些每天都要进行的日常活动。具体包括进餐、饮水、睡眠、盥洗、如厕、入园和离园、散步、整理活动、自由活动等,这些活动充满了浓厚的生活气息,统称为生活活动。

（二）特点

1. 基础性

　　生活活动既是幼儿一日生活的基本内容,又是满足幼儿最基本、最强烈的生理需求所需要进行的活动。

2. 独特性

每一项生活活动都是构成幼儿生活的基本要素，每一个要素在幼儿的生命成长中都发挥着独特的、不可替代的教育功能。进餐代替不了睡眠，也不是睡眠所能代替的，生活活动各个要素都是有独特价值和意义的，不可相互代替。

3. 日常性

日常性表现在两个方面。一是时间长，生活活动在幼儿一日活动中所占的时间长、比重大。二是频率高，生活活动每天都在重复进行，有的生活活动在一天中还要重复多次。

上述特点决定了生活活动对幼儿的成长具有非常重要的意义。

二、幼儿园生活活动的地位与作用

幼儿园是学习的场所、游戏的场所，更是生活的场所。幼儿园课程区别于中小学课程最大的特征就是生活化。幼儿园的一日生活处处蕴含着教育的契机，幼儿园教育要融入幼儿园的一日生活中。在幼儿园教育中，生活活动容易被忽视，必须得到应有的重视。

（一）幼儿园生活活动是满足幼儿生命成长需要的活动

幼儿园通过组织和开展生活活动，以满足幼儿吃、喝、拉、撒、睡等基本生理要求。幼儿的身心发展特点和水平决定了幼儿园应重视生活活动的组织和开展。幼儿身体各个器官的生理机能尚未发育成熟，各个组织都比较柔嫩，其身体素质还相当薄弱；同时，幼儿期又是生长发育十分迅速、新陈代谢极为旺盛的时期。但由于幼儿知识经验匮乏，缺乏独立生活能力和自我保护能力，因此他们需要成人悉心照顾，更需要成人反复的指导帮助、训练培养。如此才能独立自理，并养成良好的生活习惯，建立良好的生活秩序。

（二）幼儿园生活活动是幼儿园课程的重要组成部分

将生活活动纳入幼儿园课程体系并加以强调和重视，是由以下几个方面决定的。

首先，幼儿的年龄特点和发展需要决定了保育是幼儿园教育的重要内容。《纲要》明确指出：**幼儿园必须把保护幼儿的生命和促进幼儿的健康放在工作的首位**。为维护和促进幼儿身心健康发展，幼儿园必须重视生活活动的开展，满足幼儿身心和谐发展的需要。

其次，幼儿园生活活动与游戏活动、教学活动一样，都是幼儿园的教育活动。幼儿园生活活动蕴涵着教育因素。在生活活动中，应指导幼儿掌握基本的生活知识和技能，培养幼儿基本的生活自理能力和意识，帮助幼儿形成健康的生活方式、生活情趣，为幼儿一生发展奠定良好的基础。

重视保育和教育，保教并重，是幼儿园教育的基本任务和要求，也是幼儿园教育区别于其他年龄段教育的重要特征。

（三）幼儿园生活活动是幼儿园课程实施的重要途径

生活活动是实现幼儿园教育目标、实施全面发展教育的重要途径。幼儿教育要回归生活，幼儿园课程要生活化,要从幼儿自然的发展规律中设定目标,从生活世界寻找内容,引导幼儿在生活活动中生动、活泼、主动地学习。只有给幼儿提供生活化的课程,幼儿的生命才能得到适宜的和有效的发展,幼儿才会有美好的童年生活。

第二节　幼儿园生活活动的内容和要求

共同讨论

有人说,幼儿生活自理方面的能力不必进行专门的培养和练习,幼儿在生活中自然而然就学会了。又有人说,幼儿生活能力弱是因为年龄小,长大了各种生活习惯和能力就自然形成了,因此也没有必要刻意地专门培养和练习。你认可这些观点吗? 为什么?

一、进餐活动

幼儿园的进餐活动最常见的是午餐,还包括早餐或上下午的点心。也有少数全日制幼儿园提供晚餐。

(一)常规要求

1. 卫生进餐

知道进餐前要洗手,用肥皂把手洗干净,注意手的保洁;能做到餐后擦嘴、漱口;不掉饭菜,注意桌面清洁,保持地面干净。

2. 健康进餐

了解各种食物的营养价值,知道均衡膳食对身体有益,喜欢吃各种食物,不挑食、不偏食、不厌食;做到细嚼慢咽;能根据需要适量进食。

3. 礼貌进餐

不大声喧哗;不让餐具碰撞发出过大的响声,不敲碗筷;用餐后会整理餐具,餐具物归原处,收拾食物残渣。

4. 独立进餐

正确使用餐具,逐步做到独立进餐。

图 7-1　注意手的保洁

（二）组织指导

1. 进餐前的充分准备

教师要做好餐前准备，让幼儿在整洁、轻松、愉快的氛围下进行进餐活动。

图7-2　创设良好的进餐环境

进餐前半小时左右结束角色和区域游戏，请幼儿收拾玩具，整理活动室。

教师安排餐桌，用消毒水擦餐桌，分发碗筷、餐巾。中大班幼儿可以安排值日生协助老师分发餐具。

组织幼儿如厕、洗手，提醒幼儿洗手后要保持手的清洁，不能乱摸其他东西。

在等待进餐的时间里，可以让幼儿听一些优美、轻松的音乐或故事，也可以进行一些语言或手指的安静游戏，安抚幼儿的情绪，培养他们安静等待同伴一起进餐的习惯。

在进餐前，教师还可以向幼儿介绍当天的食物，以此来引起他们的食欲，帮助他们克服挑食和偏食的毛病，培养他们良好的饮食习惯。对于那些吃饭较慢的幼儿，可以让他们提前进餐。盛第一碗饭的时候，给他们盛得略少些，鼓励他们来添饭。

2. 进餐过程的组织与指导

幼儿进餐时，环境应是安静、愉快、轻松的，而不是紧张、压抑的。

在进餐时，教师应认真细致观察幼儿进餐的情况。如餐具的使用方法（特别是中大班幼儿筷子的使用方法和握法），进餐时的坐姿，幼儿嚼、咽食物的方法及进餐时的情绪状态，等等。

对于进餐情况不佳的幼儿，教师应先弄清楚原因，看是否因为身体状况不好或是进餐方法不对，然后针对幼儿的实际情况给予照顾或指导、帮助，切勿大声呵斥幼儿。对于吃得太快和体型较肥胖、饭量大的幼儿，要提醒他们细嚼慢咽。对于饭量小、吃饭慢的幼儿，要注意个别照顾。对于身体弱、有特殊需要的幼儿（如生病、对某种食物过敏等），要告知厨房。

图7-3　关注幼儿进餐情况

不要随意催促幼儿"快吃、快吃"，也不要不问原因任意批评吃得慢的幼儿，更不要举行类似

"比一比谁吃得快"的竞赛。

幼儿来添饭的时候，要求他们把碗里的饭吃干净、嘴里的饭咽干净，不要拿着勺子和筷子来添饭。

在进餐过程中，对小班幼儿主要应注意培养他们独立进餐的习惯和进餐的技能。对中大班幼儿则注重进餐习惯的养成。

3. 进餐结束的组织与指导

进餐结束后，要求幼儿收拾自己的餐具，放在指定的地方。

可以举行"谁的小碗最干净"、"比比哪桌最干净"、"谁是爱惜粮食的好娃娃"之类的比赛。培养幼儿爱惜粮食、珍惜成人劳动成果的良好品质。

有要求、有引导，帮助幼儿养成饭后洗手、漱口、擦嘴的好习惯。

小班幼儿可以先吃完先离开，中大班幼儿则可以请值日生专门在指定地点收拾整理餐具。先吃完的幼儿可以请他们看看图书或去自然角，从事一些安静的活动。若班上有生病的幼儿，教师还应协助保健教师按时按量给病儿服药。

小资料

山的味道、海的味道①

"请让他们带来海的味道和山的味道。"

……

校长先生还说，尽管要有海里和山上出产的东西，但千万"不要太勉强"、"不要太奢侈"，山味用"红烧牛蒡丝和煎鸡蛋"，海味用"鲣鱼"就可以了。还有更简单的海味和山味的例子，那就是"紫菜和梅子干"。

正像小豆豆第一次见到而且非常羡慕的那样，孩子们在午饭时间里，兴奋地盼着校长先生来看自己的饭盒，问：

"海的味道和山的味道，都有了吗？"

但是，偶尔也会有这样的情况：就是有的妈妈一时很忙，做这做那应付不过来，孩子的盒饭里只有海味或者只有山味。这时候怎么办呢？一点儿也不用担心。因为，在过来看盒饭的校长先生身后，跟着校长夫人，夫人系着白色围裙，两只手里各拿着一个锅。每当校长先生看到没有带够菜的孩子，就说："海！"于是校长夫人就从放海味的锅里，取出两个煮的鱼丸子，放在饭盒盖上。

如果先生说的是："山！"夫人就会从另一个放山味的锅里，取出一块煮山芋。

就这样，没有一个孩子说"讨厌吃煮鱼丸"之类的话，也没有一个孩子会有"谁的菜很高级，谁的菜总是很寒酸"这样的想法。只要盒饭具备了海的味道和山的味道这两样，孩子们就非常高兴，笑着闹着，吵吵嚷嚷的。

---

① ［日］黑柳彻子. 窗边的小豆豆［M］. 赵玉皎，译. 海口：南海出版社，2011，1.

二、饮水活动

饮水是幼儿生活中必不可少的环节，要重视幼儿在饮水方面存在的问题，通过饮水环节的组织和指导，帮助幼儿掌握喝水的基本常识，引导幼儿学会科学饮水，养成良好的喝水习惯。

（一）常规要求

（1）愿意喝白开水，懂得喝水对身体的好处。

（2）在取放杯子、接水、喝水时能正确使用口杯。

（3）逐渐做到主动喝水，按时喝水，能根据身体需要喝适量的水。

（4）能安静地喝水，不边走边喝水。

（二）组织指导

为幼儿准备温度适宜的白开水。

指导幼儿有序、独立接水。提醒幼儿接水时眼睛看着口杯，通过示范、图示等方法引导幼儿学习正确使用口杯接水，并注意接水量；对于个别不会用口杯和容易洒水的幼儿多加关注，进行个别指导。

提醒幼儿安静喝水，不要边走边喝。对聊天、打闹现象及时提醒、纠正，通过开展谈话等活动，让幼儿了解喝水的注意事项，避免呛水。

根据幼儿运动情况和季节，提醒幼儿注意把握喝水量。

设计"喝水记录表"，激发幼儿主动喝水的兴趣；保教人员根据喝水记录，及时提醒幼儿喝水，保证每个幼儿都能适量喝水。

视幼儿需要组织集中喝水、分散喝水。比如，可在集体活动、户外活动、起床后等时间组织幼儿集中喝水，也要鼓励、提醒幼儿随时喝水（尤其是生病的幼儿）。

图7-4　正确使用口杯喝水

图7-5　制作"喝水记录表"

三、睡眠活动

幼儿期正是生长发育的重要时期，保证幼儿充足的、高质量的睡眠，对他们身体、大脑的发育有着重要的作用。幼儿园睡眠活动主要是指午睡活动。

（一）常规要求

（1）懂得午睡的好处，喜欢在幼儿园午睡，养成按时午睡的习惯。

（2）能正确穿脱衣服和鞋袜，能独立入睡。

（3）知道正确睡姿的好处，能保持正确睡姿。

（4）能保持安静，睡醒后不打扰同伴。

（5）有便意、身体不适或发现同伴有异常情况时，能主动、及时告诉保教人员。

（6）按时起床，不拖拉。

（7）逐渐学会整理床铺。

（二）组织指导

1. 睡眠前的充分准备

在幼儿睡觉前，教师应做好准备工作，开窗通风换气、拉好窗帘、铺好床铺等，为幼儿创设一个舒适、安静、温馨的睡眠环境。

冬天和夏天可以打开空调适当调节寝室内的温度，但一定要注意室内空气的流通。在为幼儿准备床铺的时候，应根据季节及气温的变化适当调节被褥的厚薄，并及时通知家长为幼儿调换被褥。

睡前可组织幼儿散步或进行安静的游戏活动，提醒幼儿先大小便。

睡前应检查床铺上有无杂物。禁止幼儿将小绳、橡皮筋、串珠、纽扣等物品带进寝室，以免幼儿将之塞入鼻子、耳朵造成危险。

提醒幼儿根据季节气温穿合适的衣服入睡，如夏季穿短裤背心；秋春季穿一条棉毛裤和一件棉毛衫；冬季可以穿一件薄毛衣和一条薄毛裤。

中大班幼儿要求他们自己脱衣服和鞋袜，并折叠整齐，摆放在指定的地方。小班幼儿则需要教师的帮助和个别指导。

要保持他们情绪的稳定和安静。新入园的小班幼儿会有恋家、恋床、恋物等表现，教师要正确处理。

2. 睡眠过程的组织和指导

在幼儿整个睡眠过程中，教师要坚守岗位，时刻关注他们的睡眠情况，如睡姿是否正确、是否盖好被子等。

对于入睡晚和入睡困难的幼儿，教师应坐在他身边小声督促他尽快入睡。对于爱做小动作的幼儿，教师可以握住他的小手帮他入睡。注意不要让他们影响其他幼儿。

对于生病的幼儿，教师尤其要细心照顾。对于他们体温的变化、是否咳嗽、是否

图 7-6　时刻关注幼儿睡眠情况

呕吐等情况要时刻关注,细心护理。

对于午餐时进食汤水多的幼儿或有尿床现象的幼儿,教师要提醒他们起来小便。对于尿床的幼儿,要细心照顾,并找出原因,如是否睡前太兴奋或身体不适等,不可因此斥责幼儿或表现出不耐烦、厌恶等情绪。

3. 睡眠结束的组织与指导

睡眠结束后,可以播放音乐,唤醒幼儿。也可以编排一些起床操,组织幼儿做一做,让幼儿逐渐清醒。

小班幼儿可以逐个起床,让身体弱需要睡眠的幼儿和入睡晚的幼儿多睡一会儿。中大班幼儿则可以让他们在规定时间内共同起床,并学习自己整理床铺。

要鼓励先整理完床铺的幼儿帮助其他幼儿整理床铺,也可以请幼儿相互帮助整理衣物,如扣纽扣、拉拉链、系鞋带等。

起床后应先小便、喝水,稍作调整后,再组织幼儿进行户外活动。

四、盥洗活动

幼儿园盥洗活动主要包括洗手和漱口。在幼儿玩沙、玩泥等活动以后以及餐前、便后,教师要组织幼儿进行盥洗活动。

（一）常规要求

（1）能在保教人员的提醒下,知道饭前、便后及手脏时要洗手,逐渐能做到主动洗手。

（2）能在保教人员的帮助、指导下,洗手前挽好袖子,掌握正确的洗手方法,洗净双手。

（3）餐后能主动漱口,掌握用鼓漱的方法漱口。

（4）洗手时,不玩水、不玩香皂,节约用水,能有秩序地洗手。

（二）组织指导

1. 洗手环节的组织与指导

盥洗室的安排要合理,要有较宽敞的场所;幼儿的洗手池、毛巾架等要符合幼儿的身高、体型;水龙头的数量要足够幼儿使用;盥洗室内应常备肥皂、毛巾等物品,准备形状、颜色不同的香皂激发幼儿洗手的兴趣,香皂放置要避免二次污染,装香皂的器具要定期消毒,幼儿的毛巾要常洗、常晒、常消毒;幼儿的盥洗设备、物品应与成人的分开;盥洗室要保证干净无异味,定期消毒。

盥洗室的地面要防滑,挂物品的挂钩、钉子应钉在幼儿碰不到的地方,以防幼儿滑倒、撞伤;洗衣粉、消毒水等物品的放置要安

图7-7　洗手池符合幼儿身高、体型,旁边贴有提示图

全、隐蔽,以防幼儿误碰误食等。

帮助、指导幼儿挽袖子,防止衣袖弄湿;帮助或指导幼儿打开水龙头并调至合适的水流。

关注幼儿洗手过程,提醒幼儿用正确方法洗手,可以和幼儿一起洗手,为幼儿提供模仿学习的机会;对于搓洗不仔细的及时给予指导。

发挥环境的教育作用,张贴正确洗手的图示,呈现洗手方法的分解动作及流程。

提醒幼儿在洗手时保持安静有序,发现有打闹、玩水等情况,及时提醒和纠正。

中大班阶段,还可以引导幼儿自己制定洗手的规则,引导幼儿学习自我管理,互相提醒。

2. 漱口环节的组织与指导

为小班幼儿准备漱口所需的温开水,随着幼儿能做到不吞咽漱口水,逐渐用自来水漱口。

提醒幼儿,餐后用自己的口杯接水漱口;将漱口水含在嘴里鼓漱 3—5 次,再吐进水池;漱口后用餐巾擦干净嘴巴,将口杯放回水杯柜中。

通过各种活动帮助幼儿理解漱口的重要性。

中大班阶段,还可以引导幼儿自己制定漱口的规则,引导幼儿学习自我管理,互相提醒。

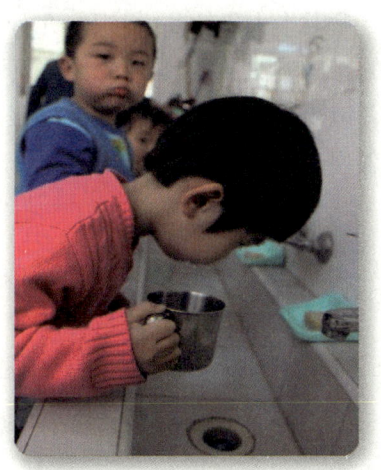

图 7-8　幼儿漱口

五、如厕

在园如厕是对幼儿适应幼儿园生活的一项重大挑战。幼儿园保教人员需要通过悉心照料、合理组织、科学指导,满足幼儿排泄的基本生理需要,帮助幼儿学习并掌握如厕的基本技能,培养幼儿独立如厕的能力,引导幼儿养成良好的如厕行为习惯。

图 7-9　分性别如厕

（一）常规要求

（1）有便意时,能主动告诉成人。

（2）能安静、有序如厕,不在厕所逗留。

（3）便后知道求助,在保教人员的帮助和指导下,逐渐学会使用便纸擦屁股的正确方法以及主动整理好衣裤。

（4）在保教人员的指导、提醒下,分性别如厕。

（5）大便后主动冲水、洗手。

（二）组织指导

幼儿的便池要符合幼儿的身高、体型;便池的数量要足够幼儿使用;厕所内应常备卫生纸等物品。

带领刚入园幼儿参观、熟悉厕所环境,指导幼儿掌握便池、坐便器等设备使用方法。

允许幼儿按需要随时大、小便;饭前、外出、入睡前提醒幼儿如厕;随时关注那些不敢表达便意的幼儿,主动询问,及时满足其如厕需求。

介绍男孩、女孩的如厕方式,帮助不同性别幼儿掌握大、小便的方式。

对小班幼儿,保教人员要悉心照料。每次幼儿如厕时保证有一名保教人员在旁看护,随时帮助穿脱衣服有困难或不会擦屁股的幼儿,耐心引导,边帮边教。

对中大班幼儿,组织幼儿分性别如厕;指导幼儿便后独立擦屁股,引导幼儿学习擦屁股的正确方法;可安装穿衣镜,或张贴正确提裤子的步骤示意图,让幼儿按图示提好裤子并对着镜子检查,学会独立整理衣服;组织幼儿制定"文明如厕公约";及时评价幼儿在如厕中的表现,并正确引导。

六、整理物品活动

幼儿在园内生活,自己的个人生活用品、学习用品及游戏时使用的材料等物品,需要自己收拾、整理。教师应根据生活实际需要及幼儿能力水平,设计和指导他们的活动。

（一）整理的内容或对象

1. 个人生活用品

个人生活用品的整理主要包括:入园后或运动后,整理好自己脱下的衣物、鞋帽,并放到合适的地方;雨天进入室内时,换下雨鞋、雨衣、雨伞,并摆放到合适地方;自己的毛巾、茶杯等物品的放置、整理等。

图 7-10　整理好自己的衣物,挂到指定地点

图 7-11　幼儿整理游戏器械

2. 学习用品

学习用品的整理包括:学习活动结束后,整理或摆放好自己使用完的水彩笔、油画棒、图画书、图画纸等物品。

3. 游戏材料

游戏材料的整理包括：体育活动的器械、角色和区域游戏的材料、图书等物品的收拾整理。

（二）整理活动的设计与指导

1. 利用环境发展幼儿的秩序感

教师应创设有序的室内、外环境，整齐地摆放物品，并养成物归原处的习惯。寓教育与环境之中，让幼儿在有序的环境中受到潜移默化的影响，发展幼儿的秩序感。

2. 引导幼儿学会整理

在幼儿园生活、游戏、教学等活动中，有意识地、一以贯之地提醒、要求和引导幼儿学会整理。指导幼儿学习和掌握整理的方法、技能，培养幼儿整理的意识，形成整理的行为习惯。

及时鼓励和引导，激发幼儿整理的动机。善于发现幼儿在活动中的良好行为，并及时予以肯定，以激发幼儿保持、增加该种行为的动力。通过树立榜样，引导幼儿进行模仿学习。

设计和粘贴标志、图示等提示物，引导幼儿自觉整理。

3. 加强个别指导

个别幼儿有乱扔乱放物品的习惯。究其原因，有的家长自身存在随意乱放物品的不良习惯，有的家长对幼儿乱扔乱放物品的行为重视和指导不够。

针对个别幼儿的不良习惯，教师需要全面了解、仔细分析，制定个别化的指导方案。从认知、情感态度、意志、行为等方面，综合施策，并通过家园合作，逐步引导幼儿学会整理。

此外，幼儿园保教人员还应重视入园、离园、自由活动等日常生活活动的组织，分析和诊断其中存在的问题，研究对策，科学合理地组织幼儿园日常生活活动，维护和促进幼儿身心健康发展。

 **共同讨论**

1. 现在有不少孩子不爱喝白开水，代之以饮料或牛奶。
2. 有些新入园幼儿要抱着家中的枕头或需要摸着大人的脸、耳朵、头发等才能入睡。
3. 幼儿喜欢在盥洗室玩水，或逗留在此处进行一些私密的谈话。
4. 幼儿午睡尿床或集体活动时尿裤子的情况时有出现。
5. 幼儿整理物品的习惯在幼儿园能保持，但回到家里就不行了。

教师应如何对待以上现象？

第三节　幼儿园生活活动组织的原则和方法

在幼儿园生活活动组织实施的过程中，对原则的遵循和方法的运用，影响着幼儿园生活活动保教目标的实现和幼儿的发展，体现着幼儿园保教人员的专业理念和专业能力。

一、组织的原则

（一）保教结合的原则

"保教结合"是幼儿园教育的基本要求，是幼儿园生活活动组织应遵循的基本原则。

在组织幼儿园生活活动各环节时，保教人员首先要认识到，幼儿具有生理机能发育尚未完善、动作能力差、缺乏生活经验和自我保护的能力、心理稚嫩易受伤害等特点，他们需要成人的悉心照料。但是，悉心照料不等于包办替代，保教人员还要尊重和满足幼儿身心发展的水平和需要，鼓励幼儿尝试独立自理的行为，帮助和指导幼儿学会自理。

总之，幼儿园生活活动的组织应做到保护和促进并举，悉心照料与积极培养相结合。

（二）家园一致的原则

幼儿适应幼儿园新环境的能力，以及在各项生活活动中表现出来的相关知识经验、技能、能力、意识和行为习惯等，都与其家庭教养有着密切的关系。

全面把握幼儿发展情况，深刻认识其成因，是科学组织和指导幼儿园生活活动、实现教育目标的前提。而了解幼儿，离不开家长的配合。为此，幼儿园保教人员首先应做到悉心照料好每一个幼儿，以此取得家长的信任；应仔细观察和了解幼儿在集体生活中的表现和特点，经常与家长进行沟通和交流，使家长感受和体会到孩子在自理能力方面取得的进步。家长对保教人员的信任感和对孩子发展的信心，才能使他们愿意主动、积极地与教师进行沟通和交流，保教人员也才能在这种沟通和交流中了解家长的教养观念、方式、方法等。

二、组织的方法

（一）建立合理的常规

幼儿园生活活动常规，既是幼儿在生活活动中应遵循的行为规范，也是教师组织生活活动、管理幼儿日常生活的有效方法。

教师利用生活活动常规进行组织管理，保证了日常生活活动的顺利进行。同时，常规对幼儿提出了具体的、一贯的、规范化的要求，有利于幼儿自制能力、自理能力的发展和良好行为习惯的养成。

幼儿园生活活动常规要符合幼儿身心发展特点，要结合各种生活活动的内容，要体现对幼儿自理能力、行为习惯的培养要求；要具有可操作性，不宜过细、过多；要渗透安全教育，有助于安全管理，有利于培养幼儿自我保护的意识和能力。

在引导幼儿理解、掌握、遵守生活活动常规的过程中，要遵循从少到多、从易到难的原则；要充分利用教师示范、图示等多种方法和手段，引导幼儿掌握常规；常规的执行要持之以恒，要有灵活性。

（二）采取多种途径和方法

1. 途径

幼儿生活自理能力和行为习惯的培养除了直接在生活活动中进行外，还可以通过教学活动、游戏活动等途径进行。

教学活动在帮助幼儿掌握基本生活知识、提高认识方面具有独特作用。例如，语言教学活动"没有牙齿的大老虎"（故事），可以帮助幼儿在了解生动有趣的故事情节的同时，认识到及时漱口和刷牙的重要性；科学教学活动"漱口水"中，幼儿通过实验和观察，感知到了漱口对保持口腔清洁的作用。此外，教师还可以根据具体生活活动的技能，创编出适宜的歌曲，通过歌唱活动，帮助幼儿掌握相应的动作要领。

图 7-12　给小"动物"喂食

游戏是幼儿最喜爱的活动，教师可以充分利用游戏活动来发展幼儿的生活自理能力。例如，教师在小班的生活区中，投放了用纸盒等制作的大嘴动物，用小纸球等做成的食物和小勺子，幼儿在用小勺子给"动物"喂食的游戏中，掌握了使用勺子的动作技能。

2. 形式

（1）图示。可以将具体生活活动的正确方法按步骤用图示的方法呈现出来，并贴在相应的地方。幼儿通过观察和模仿进行练习，最终掌握正确的方法。图示既可以是教师绘制的图片，也可以是照片。例如，请某一幼儿按步骤示范正确的擦手方法，教师将每一步骤（取毛巾——擦手心——擦手背——擦胳膊——挂毛巾——笑哈哈）拍成照片，粘贴在毛巾架旁。图示还可以是幼儿自制的，如幼儿经过讨论后自定了洗手的规则，教师引导幼儿将自制的规则图片粘贴在洗手池旁，提醒幼儿自觉遵守并互相督促。

《漱口歌》
手拿花花杯，
喝口清清水，
鼓起腮，闭起嘴，
咕噜咕噜吐出水。

图 7-13　漱口歌

（2）儿歌。将具体生活技能或方法编制成儿歌，用朗诵儿歌的方式引导幼儿掌握相关技能或方法。如通过学说儿歌《漱口歌》，让幼儿了解漱口的基本流程。

此外，还可以将创编的儿歌配上幼儿实际生活活动的照片，制作成"生活小书"，投放在活动区、阅读区等区域供幼儿自由阅读，随时给予幼儿直观的提示。

图 7-14　安全标志设计展

幼儿园教育实践证明，巧妙地将抽象的规则直观化、操作化，恰当地呈现在幼儿最需要的场所，提供一种行为的暗示和引导，能有效地促进幼儿良好行为习惯的发生和养成。

 单元回顾

幼儿园生活活动是幼儿园满足幼儿基本生活需要的活动，具有基础性、独特性和多发性的特点。幼儿园生活活动能满足幼儿生命成长的需要，是幼儿园课程的重要组成部分，也是幼儿园课程实施的重要途径。

科学合理地组织幼儿园进餐、饮水、睡眠、盥洗、如厕、整理物品、入园、离园等日常生活活动，确保幼儿在各生活环节基本需要的满足，是幼儿园生活活动实施的首要任务和要求。应制定符合幼儿发展水平的常规要求，分析和诊断幼儿在各项生活活动中存在的问题，并采取有针对性的指导策略，保教结合，以提高幼儿生活自理的能力和意识，培养幼儿良好的生活习惯，促进幼儿身心和谐发展。

幼儿园生活活动的组织应遵循"保教结合"和"家园一致"的原则。幼儿园生活活动常规，既是幼儿在生活活动中应遵循的行为规范，也是教师组织生活活动、管理幼儿日常生活的有效方法。培养幼儿生活自理能力和行为习惯的途径是多元的，方式、方法是多样的。在教育实践中，保教人员要根据情况灵活、合理选用。

1. 对照目标指引,检测自己对本单元目标的实现情况,并及时回顾与巩固。

2. 选择一项生活技能,设计出适合幼儿学习的有趣味的分解动作并编成儿歌,或用图示方式呈现出来。

3. 分组模拟组织某个生活环节,安排对常见问题的情景再现,现场应对。

　　王老师是一位年轻教师,工作经验不够丰富,一次离园时的风波让她印象深刻。事情发生在九月份的一天托班离园时,王老师一会忙着孩子的交接工作,反馈家长的疑问,一会又要去安抚那些因家长还没来接而哭闹着的幼儿。就在她使出浑身解数、疲于应对之时,让她最担心的事情还是发生了。当她还在班级忙着离园工作时,园长领着一个孩子匆匆地向每个托班班级教师询问是否丢失了孩子。当园长带着孩子进入班级时,王老师一看,竟然是她们班的帆帆小朋友,可自己却没有一点他家长来接的印象。幸亏幼儿园设有门禁卡,没有家长的刷卡,门卫室是不允许孩子离园的,这才避免了孩子走失的严重后果。在园长的批评教育下,王老师意识到了事情的严重性和自己工作的不足,决定改进工作方法……

　　来园、离园也是幼儿园一日生活的固定环节,也是比较忙乱的环节。如何看待案例中的情形? 如何能做到忙而有序?

推荐资源

1. 纸质资源：

（1）宋文霞，王翠霞.幼儿园一日生活环节的组织策略[M].北京：中国轻工业出版社，2012，1.

（2）廖莉，吴疏影，袁爱玲.幼儿园生活活动指导[M].厦门：福建教育出版社，2012，10.

（3）王化敏.给幼儿教师的一把钥匙[M].北京：教育科学出版社，2008，10.

（4）李季媚.《3—6岁儿童学习与发展指南》实施问答[M].北京：北京师范大学出版社，2014，4.

（5）[日]黑柳彻子.窗边的小豆豆.[M].赵玉皎，译.海口：南海出版公司，2003，1.

（6）薛烨.小朋友们，吃饭不许讲话[J].中国青年报，1999-9-13.

2. 网络资源：

（1）科学育儿网（http：//yuer. cbern. com. cn/）。

（2）育儿网（http：//www. ci123. com/）。

单元作业

1. "幼儿的学习是以直接经验为主的,是在游戏和生活中进行的。"请阐述如何在幼儿园生活活动中促进幼儿在某个(或几个)领域的学习与发展?

_____

_____

_____

_____

_____

_____

_____

_____

_____

_____

_____

_____

_____

_____

_____

_____

_____

_____

_____

_____

_____

_____

_____

2. 在离园前的整理环节,中班的王老师让萱萱拿拖把清理一下美工区地面上的水渍。恰巧这一幕被萱萱奶奶看到了,老人家很生气,立即向园长告了一状:班级老师偷懒,让孩子干活。小组分工扮演以下角色(或自选某个角色):王老师的配班老师、王老师的园长、王老师班的其他家长、王老师本人,以角色身份发表看法或演示做法。

第八单元　幼儿园教学活动

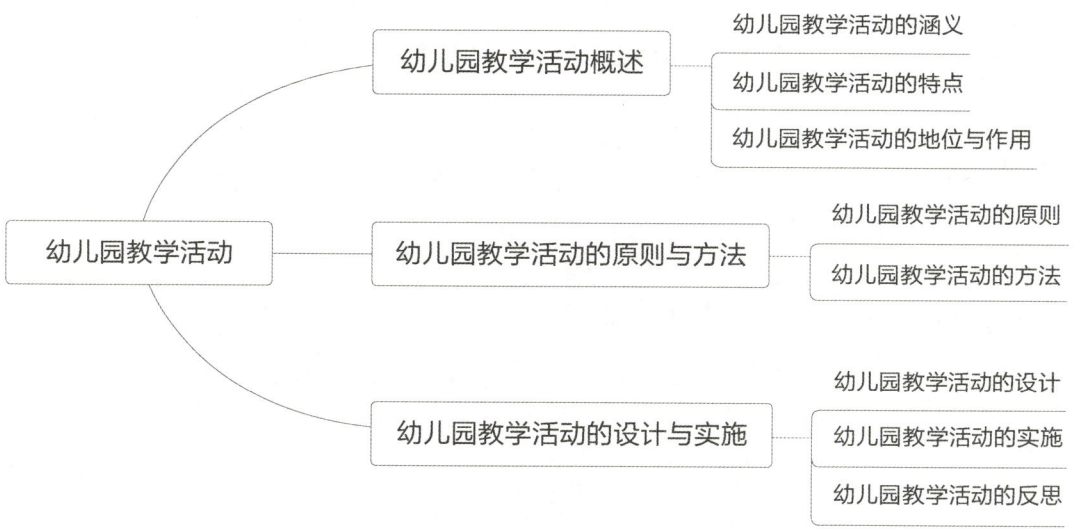

幼儿园教学活动 —— 幼儿园教学活动概述 —— 幼儿园教学活动的涵义
　　　　　　　　　　　　　　　　　　　—— 幼儿园教学活动的特点
　　　　　　　　　　　　　　　　　　　—— 幼儿园教学活动的地位与作用

　　　　　　—— 幼儿园教学活动的原则与方法 —— 幼儿园教学活动的原则
　　　　　　　　　　　　　　　　　　　　　—— 幼儿园教学活动的方法

　　　　　　—— 幼儿园教学活动的设计与实施 —— 幼儿园教学活动的设计
　　　　　　　　　　　　　　　　　　　　　—— 幼儿园教学活动的实施
　　　　　　　　　　　　　　　　　　　　　—— 幼儿园教学活动的反思

1. 理解幼儿园教学活动的涵义、特点和作用，充分认识教学活动在课程中的地位。

2. 理解幼儿园教学活动的原则和方法，能根据教学实际，选择适合的教学方法。

3. 了解教学活动设计的基本流程，能科学合理地设计并分析活动方案，对教学活动具体实施有深入了解。

课前准备：浏览教材内容，尽可能完成以下任务。

1. 提炼教材要点：

_____

_____

_____

_____

2. 提出需要向教师请教的问题：

_____

_____

_____

_____

3. 同伴讨论：如何运用《指南》精神组织幼儿园教学活动。讨论记录：

_____

_____

_____

_____

课堂讨论：积极参与课堂讨论，并记录要点：

_____

_____

_____

_____

课后延伸：学习并保存以下材料，提炼与本课程相关的要点。

1.《幼儿园教育指导纲要（试行）》：

_____

_____

_____

_____

2.《幼儿园工作规程》(2016)：

_____

_____

_____

_____

 单元导言

　　"幼儿园应该以游戏为主",这成了幼儿园教师挂在嘴边的话,一线教师也一直将此视之为行动的准则。因此在组织教学活动时显得底气不足,生怕教学的比例过重了。即便是组织教学活动,也要尽可能采用各种游戏的方式,想尽办法给幼儿更多的自由。表面上看这似乎践行了"以游戏为主"的原则,但幼儿园教学活动是从属于游戏活动的吗?如何看待幼儿园教学活动的地位和作用呢?

第一节　幼儿园教学活动概述

共同讨论

　　活动1:保教人员在小班幼儿午睡后的起床环节,发现有的幼儿在系鞋带上遇到了困难,多次尝试而不成功。有的幼儿只是坐在床边干着急,有的干脆就坐着等……发现这些问题后,保教人员开始耐心地帮助和指导这些幼儿学习系鞋带。

　　活动2:通过日常生活活动环节的观察,教师发现不会系鞋带是许多幼儿普遍存在的问题,为此,教师专门设计了一个活动。活动目标:形成自己独立系鞋带的意识;掌握系鞋带的技能;学会相互帮助。活动过程:创设情境,激发幼儿兴趣,导入课题;幼儿操作材料,尝试系鞋带;利用幼儿作品为范例,交流与讨论,掌握系鞋带的要领;再次操作材料,学会系鞋带;给玩具娃娃系鞋带,比一比谁系得好、系得快。活动延伸:在班级生活区投放纸板模型、绳子等材料,供幼儿进行练习。

　　试比较这两个活动,它们是否属于幼儿园教学活动,为什么?

　　幼儿园是一个教育机构,是幼儿系统接受教育的场所,教学是其必然的组成部分,指引幼儿走入知识的殿堂。但幼儿园教学活动不同于中小学,它是五彩缤纷的,伴随着游戏、歌谣、表演、创造……

　　认识和理解幼儿园教学活动的涵义、特点和作用,是开展幼儿园教学活动的前提。

一、幼儿园教学活动的涵义

幼儿园教学活动是指教师从幼儿的兴趣和实际水平出发，根据幼儿园教育目标，有目的、有计划地组织和指导幼儿主动学习，以增进幼儿对周围环境的认识，培养学习兴趣，帮助幼儿获取有益于其身心发展的经验的活动。

从幼儿"学"的角度看，幼儿的学习不是系统学科知识的学习，幼儿也没有学习系统学科知识的任务。与之相应的，幼儿教师的"教"不像中小学教师那样，有指定的教材，而且必须严格按照学科教材所规定的教学内容进行教学，并在规定的时间内完成教学任务。幼儿园教学活动的内容和方式可以是教师和幼儿共同选择的，幼儿园教学活动既可以是教师在对幼儿的分析和把握基础上"预定"的，也可以是教师顺应幼儿的兴趣和需要而"生成"的。

幼儿的学习特点是在"做中学"、"在活动中学"，幼儿是通过在具体活动中的感知和体验来学习的，幼儿的学习是以直接经验为主的。幼儿教师"教"的方式、方法应符合幼儿的学习特点，帮助幼儿在活动中扩展和提升经验。

二、幼儿园教学活动的特点

（一）生活性与启蒙性

幼儿园教学活动以帮助幼儿获取大量的感性经验为主要任务，其内容和途径必须贴近幼儿的实际生活，以促进幼儿适应和认识生活为重要目标。例如，在幼儿园的进餐环节，让幼儿承担分发餐具的工作，保教人员发现幼儿在"点数"、"计数"、"按数取物"等数概念掌握上存在不同问题，并影响了这项工作完成的质量和效率。基于此，教师设计了以促进幼儿数概念发展为目标的教学活动，并在教学活动中创设了发放餐具的情境。

幼儿时期的思维是以具体形象思维为主，抽象逻辑思维开始萌芽，该时期幼儿难以理解抽象事物。因此，幼儿园阶段的教育是启蒙性的，幼儿园教学活动的内容应该是浅显易懂的，幼儿园教学的目的是引导幼儿感知和认识周围事物，丰富幼儿的经验，获取粗浅的知识。

（二）活动性与参与性

图8-1 超市购物

幼儿阶段的学习是以直接经验为主的。直接经验源于幼儿亲身实践，是幼儿在与环境和他人的互动中获得的。幼儿园教学活动强调幼儿的实践活动，强调幼儿积极参与实践活动，并在活动过程中的主动学习。例如，教师可以利用客人来园观摩或考察的机会，开展一次大班主题活动，组织幼儿讨论如何接待客人，需要购买什么物品，接待工作的分工，制定接待工作计划；组织幼儿到超市购买接待所需的物品，给每组幼儿一定金额的钱,并在金额范围内购买本组所需的物品;回园后,进行一系列的准备工作。在这个过程中,幼儿充分调动了自己的已有经验,积极参与到了活动中,幼儿学习了接待的相关知识,学会了相互合作,学习了计数等数的概念。这种在活动中的学习是符合幼儿学习特点的,才是有效的教学。

(三)游戏性与情境性

基于幼儿思维的具体形象性和注意力容易分散等特点,教师在组织幼儿园教学活动时,可以采取游戏这一有效手段,以激发幼儿参与活动的兴趣和积极性,保持幼儿在活动中的注意力。或创设情境,唤起和调动幼儿的已有经验,让幼儿在情境中学习。例如,在科学领域的教学活动中,教师可以用游戏的方式引导幼儿进行十以内序数的学习,利用椅子在活动室内排成座位形式,给每个幼儿一张有序数标识的车票,让幼儿找到自己的座位。

三、 幼儿园教学活动的地位与作用

幼儿园教学活动是幼儿园课程的重要组成部分,是实施课程目标的重要手段。它不仅为幼儿系统地提供新的学习经验,而且是帮助幼儿把学习经验系统化,引导其心理水平向高一层次提升的重要手段。幼儿园教学活动中,教师需要从幼儿园教育目标和原则出发,结合本班幼儿发展的实际,选择适宜的内容,精心设计教学过程,科学组织实施,以完成教育任务,促进幼儿在原有基础上的发展,为幼儿的可持续发展奠定良好的基础。

第二节　幼儿园教学活动的原则与方法

共同讨论

幼儿园教学活动与中小学有何不同?试举例说明。

由于各种原因,一些小学教师转到幼儿园当老师,也有一些幼儿园教师转到小学当老师,你觉得她们都能胜任吗?哪个更容易适应呢?为什么?

幼儿园教学活动应遵循教育、幼儿园教育的规律和特点,选用恰当的方法,实现幼儿园教育目标,完成幼儿园教学任务。

一、 幼儿园教学活动的原则

教学活动的原则是组织教学活动必须遵循的基本要求,是指导教学工作的一般原理。幼儿园教学活动应遵循教育活动的一般原则和幼儿园教育的原则。

（一）思想性原则

思想性原则是指在幼儿园全部教育教学活动中，应贯彻完成幼儿园德育教育的任务，寓德育于各项活动之中。

贯彻思想性原则应从实际出发，根据幼儿的年龄特征、个性差异和思想品德状况、行为表现等具体情况，有针对性地分别对他们进行教育。

在教学活动过程中，应避免空洞的口头说教，要注重情感渗透，符合品德教育的原则和方法，在活动中发展幼儿的品德。幼儿教师应以身作则，言行一致，成为幼儿榜样学习的表率。

（二）科学性原则

科学性原则是指向幼儿传授的知识、技能应该是正确的、可靠的，是符合客观规律的。教学内容安排、教学组织形式选择和教学方法的运用应符合幼儿年龄特点和认识事物的规律，是切实可行的。也就是说要保证幼儿园教育教学全过程的科学性。

教师应选择正确的符合幼儿全面发展要求的教学内容，向幼儿传授正确的知识、技能。教师对知识的介绍、说明、讲解、分析、举例等必须准确无误，以有利于幼儿形成科学的概念。

教师要了解和掌握幼儿的年龄特征和认识事物的规律，根据幼儿实际安排相应的教学内容，制定切实可行的教育教学计划，选择相应的教学模式、组织形式教育教学方法。

（三）发展性原则

发展性原则是指幼儿园的教学活动要能促进幼儿个性的全面发展，使幼儿从现有的发展水平向最近发展区发展。

贯彻发展性原则，就必须在充分了解幼儿已有知识和理解能力、智力水平的基础上提出"略为超前"的适度教育要求，把幼儿发展的可能性与积极引导幼儿发展二者辩证地结合起来。

还要照顾个别幼儿的情况，提出不同的要求，因材施教，量力而行，使每个幼儿都能在原有的基础上获得最大限度的发展。

（四）直观性原则

直观性原则是指利用幼儿的各种感官和已有经验，通过各种直观手段吸引幼儿注意力，丰富幼儿的直接经验和感性知识，帮助幼儿形成正确的概念，获取知识和技能，发展智力。通常运用的主要直观手段有实物直观、教玩具直观、电化教育直观、语言直观和动作直观等。

图 8-2　用鼻子嗅

图 8-3　用眼观察

运用直观手段时要与幼儿感官活动相结合,要尽可能地让幼儿有机会去看、去听、去摸、去尝、去嗅、去做,直接接触和感知实物,多感官参与,发展感知力,以加深幼儿对事物及现象全面、正确和深刻的印象。

运用直观手段特别要注意与教师的语言指导和动作示范相结合。教师要用简明、生动、形象、带有启发性的语言和准确的动作示范引导幼儿观察和操作,以强化直观教具的作用,获得正确的结论、表象和概念。

（五）活动性原则

活动性原则是指在幼儿园教育教学活动中,教师要以幼儿的实际活动为基点,创设各种情景,组织各种活动,使幼儿在原有的发展水平上,通过与物体相互作用的操作活动及与教师和同伴的交往活动,使各方面的能力都得到训练和提高。

要给幼儿提供尽量多的活动机会,使幼儿在活动中能够获得运用多种感官和自主操作的机会。在活动中,教师既要相信幼儿,放手让幼儿进行操作实践活动、交往活动,又要进行必要的指导,以促进幼儿在活动中全面健康地发展。

要为幼儿提供丰富的物质材料、实践的环境和充分的活动时间以及与同伴、老师交往的机会。

应鼓励幼儿在实践活动中发挥主动性、积极性和创造性。幼儿的积极参与是衡量活动性的首要标准,徒有丰富的材料、变幻的方式,但幼儿却表现得被动、无趣,这样的活动是无法促进幼儿发展的。

二、幼儿园教学活动的方法

幼儿园常用的教学方法有直观法、口授法和实践法。

（一）直观法

直观法是幼儿园教学的主要方法。它是教师在教育过程中配合讲述、讲解向幼儿呈现实物、教具或做示范性实验和表演,借以说明和印证所讲授知识的一种方法。

1. 观察法

观察法是指教师有计划、有目的地引导幼儿运用多种感官感知认识客观事物与现象的一种方法。观察是认识事物和现象的基本方法。

在教学活动中运用观察法时,教师需要注意以下几点。

（1）选择适宜的观察对象,创设良好的观察环境。在选择观察对象时,必须综合考虑观察对象是否有助于目标的实现、观察对象是否能激发幼儿的兴趣、观察材料的易得性、幼儿在观察活动中的安全,以及教学活动的有效性等因素,在为幼儿提供观察机会的同时,创设良好的观察环境。

（2）明确在教学活动中使用观察法的目的。教学活动要通过观察法的运用,发展幼儿的观察力,引导幼儿学会有目的地观察,掌握观察的方法,帮助养成幼儿喜欢观察的情感态度。

为实现这一教学目标,教师可以在观察前组织幼儿交流和讨论,形成共同关注点或疑问,带着问题再去观察，使观察更有目的，培养幼儿观察的有意性；要在活动中通过提问的方式，引导幼儿有目的地去观察，掌握有序观察、比较观察、系统观察等方法，全面、系统地认识事物和现象；要以适时的肯定性评价培养幼儿乐于观察的情感态度。

（3）根据不同年龄幼儿的发展水平和需要，选择适宜的观察内容、观察形式。在确定"观察什么"时，需要考虑幼儿"能观察到什么"的问题。对于年龄小的幼儿来说，事物的外在特征是他们能够观察到的，适宜作为观察的内容；对于年龄较大的幼儿来说，他们开始能够关注事物的内在特征、差异性特征、结构特点与功能之间的关系等，因此教师应在观察活动中，引导幼儿去关注。

图8-4 幼儿观察植物

2. 演示法

演示法是指教师在教学中向幼儿出示各种实物、教具、模型进行提示性或模拟性操作的一种方法。这种方法常与讲述法、谈话法一起使用。

运用演示法的要点有下面几点。

（1）要选择恰当的时机，激发幼儿的新鲜感。

（2）使全体幼儿都能看清演示的对象，把注意力集中在对象的主要方面。

（3）辅以简明扼要的讲解和谈话，使演示的事物与所学的知识紧密结合，将个别的知识归纳成为完整的知识。

（4）演示要技巧熟练、造型准确、程序正确、动作清楚、速度适宜。

（5）演示的时间要短，根据需要可向全班、小组或个人进行演示。

图8-5 教师演示

3. 示范法

示范法是指教师通过自己的语言、动作所做的表演，为幼儿提供具体模仿的范例。在语言、科学活动的教学中，教师经常运用语言示范，发展幼儿有条理叙述、创造性讲述等能力；在美工、音乐、体育教学中则通过动作示范帮助幼儿掌握学习内容或动作要领。

运用示范法的要点有下面三点。

（1）进行示范动作时，要选择好位置，使每个幼儿都能看清楚。

（2）示范动作要慢一些，而且要清楚准确，并适当加以解释。

（3）进行语言示范时，要声音洪亮、吐字清楚、用词准确、速度适中，富有表现力。

（二）口授法

口授法是指通过教师的讲述和讲解，向幼儿描绘情境、叙述事实、解释概念、说明道理，使幼儿直接获得知识的教学方法，是幼儿园教育活动中常用的一种方法。

1. 讲述与讲解

讲述是指教师运用口头语言向幼儿叙述事实或描绘所讲对象的一种教学方法。讲解则是教师运用口头语言向幼儿说明、解释事物或事情的一种教学方法。

运用讲述与讲解的要点有以下两点。

（1）语言要生动、形象、通俗易懂、富有感情。

（2）要简明扼要、重点突出、条理清楚，必要时可适当重复讲解。

2. 谈话

谈话法是指用提问、答问、讨论等方式进行教学的方法。

运用谈话法的要点有以下几点。

（1）要在幼儿已有的知识经验基础上进行。

（2）所提的问题须经过周密思考，要围绕主题、紧扣教学目的，具体明确、富有启发性，既要面向全体幼儿，又要照顾个别幼儿的水平。

（3）问题要有逻辑性，以引起幼儿步步深入思考。

（4）引导幼儿学会倾听和表达，并耐心倾听幼儿的回答，以身示范。

（5）鼓励幼儿大胆说出自己的想法，并充分尊重他们的意见。

（6）谈话结束时，教师应针对谈话主题做出简短明确的小结，帮助幼儿形成正确的概念。

（三）实践法

实践法是指教师在教育教学活动中，创设多种以幼儿为主体的实践活动，引导幼儿自己实践、探索的一种教学方法。

1. 操作法

操作法是指幼儿通过亲自动手操作材料，在摆弄物体的过程中进行探索，从而获得知识、经验和技能的一种教学方法。操作法，符合幼儿好玩好动的心理特点和"做中学"的学习特点，是幼儿园教学常用的一种方法。

运用操作法的要点有以下几点。

（1）幼儿操作前，教师应提出明确操作目标，说明操作的程序和方法，减少幼儿操

图8-6　动手操作符合幼儿心理特点

作的盲目性、随意性。

（2）为幼儿提供充足的操作材料，人手一份或小组一份，确保幼儿都能有充分操作的机会。

（3）应根据不同的教学内容及不同年龄的幼儿，提出不同的要求和提供不同的操作材料。

（4）给幼儿充分的操作时间，充分发挥教具、材料的作用，以达到操作的目的，切忌用教师的演示操作代替幼儿的操作。

（5）在幼儿操作的过程中，教师要观察幼儿的操作情况，及时发现问题，引导幼儿积极思考和探索。

（6）要讨论操作的结果，帮助幼儿将他们在操作中获得的感性经验予以整理、归纳，形成概念。

2. 游戏法

游戏法是指教师运用有规则的游戏活动组织幼儿学习的一种方法，是深受幼儿欢迎的一种教学方式。

游戏法包括智力游戏、体育游戏、音乐游戏、语言游戏等形式。

运用游戏法的要点有以下几点。

（1）游戏的内容要健康，要有益于幼儿的身心发展。

（2）根据不同的教育目标和教育内容选择、创编不同形式的游戏。

（3）游戏的规则应与教学目标相吻合，重点指导幼儿遵守游戏规则。

（4）引导和培养幼儿合作、谦让、互助等亲社会行为和品质。

（5）应根据游戏的内容及形式的不同，采用不同的指导方法。

（6）游戏可以作为教学活动的一个环节，也可以贯穿整个教学活动。

3. 实验法

实验法是在教师指导下，使用一定的设备和材料，通过控制条件的操作，引起实验对象的某些变化，并从观察这些变化中获得新知识或验证知识的一种教学方法。这是幼儿园科学领域（科学探究部分）教学活动常用的一种方法。

图 8-7 实验法是科学活动常用方法

运用实验法的要点有以下几点。

（1）选用的材料应安全和卫生。

（2）做好预备性实验。确保实验是可行的，是能让幼儿成功的；了解实验的难点和成功的条件，以便给予幼儿有针对性的指导。

（3）根据活动内容的特点和需要，适当进行演示实验。

（4）幼儿的实验如果是分组实验方式，教师要引导幼儿合理分工、相互合作。

（5）在中大班阶段，采取让幼儿先猜想

（动脑）再动手操作的探究实验模式，贯彻"科学不仅是一种知识，也是一种获取知识的过程和方法"的科学教育思想，让幼儿亲历科学知识的获取过程和体验科学发现的过程，引导幼儿掌握科学探究的基本程序和科学思维方法（提出问题——假设和猜想答案——探究并验证假设）。

（6）在中大班阶段，还应组织幼儿记录实验结果、过程，发展幼儿的记录能力；并组织幼儿以实验记录为依据进行交流和讨论，培养幼儿尊重事实的科学态度。

 共同讨论

活动名称：饼干乐园（小班）①

一、回忆吃饼干的经验

二、选选、说说最喜欢的饼干

1. 选选自己最喜欢的饼干。

有4种不一样的饼干，找到自己最喜欢的一种饼干，拿一块放在盒子里。

2. 说说自己最喜欢的饼干。

你的饼干是什么样子的？

寻找有相同特点的饼干，玩玩"饼干找朋友"的游戏。

三、帮助饼干分家家

1. 准备玩游戏。

要求：把其他3种饼干找出来放在盒子里。

2. 玩玩分家家。

要求：这儿有两个家，我们帮4块饼干找朋友，找到好朋友后让它们碰一碰、亲一亲，再请好朋友住到一个家里去。

3. 说说分家家的方法。

你让哪些好朋友住在一个家里？

四、延伸：吃饼干

引导孩子关注饼干的味道，发现味道一样的饼干也是好朋友。

分析本次活动采用的各种教学方法，注意分析活动方法与内容的关系、活动方法与效果的关系。

第三节 幼儿园教学活动的设计与实施

教学活动的设计是对一个活动的具体行动规划，是教师进行教学的蓝图，也是教师取得良

---

① 资料来源：上海学前教育网（http://www.age06.com）.

好教育效果的十分必要的准备工作。教学活动的设计,是富有成效的教学活动的关键。

一、 幼儿园教学活动的设计

（一） 研究和把握幼儿

作为教学活动的设计者,应学习和掌握有关幼儿生理、心理发展的相关知识,熟知幼儿身心发展的年龄阶段特征。在设计活动时,以此为依据,确定教学活动的目标,创设相应的、适宜的学习环境,促进幼儿的身心和谐发展。

教师在设计活动时,应该基于本地区、本园、本班幼儿发展的实际,应该关注班级内不同幼儿之间存在的水平差异。应善于在幼儿园一日生活中观察幼儿,敏锐捕捉幼儿的细微变化,了解幼儿的兴趣和需要,及时做好观察记录。通过收集、整理和分析记录材料,研究和把握幼儿发展的情况,以此作为幼儿园教育教学活动的出发点和依据。

共同讨论

在以发展幼儿小肌肉动作协调性为目标的大班教学活动中,教师提供了三种不同难度的游戏,即用筷子夹玻璃弹珠游戏、筷子夹糖块游戏、筷子夹纸团游戏,幼儿可以自己选择不同的材料玩游戏。在幼儿多次成功完成某难度的游戏后,教师适时引导幼儿去挑战更难的游戏。

在这个教学活动设计中,教师在教学目标、材料提供、教学内容等方面,是如何考虑幼儿的发展水平及个别差异的?

（二） 教学活动设计的基本内容

教学活动设计是一项系统工程,在设计和撰写具体教学活动方案(教案)时,需要从以下几个方面整体考虑和把握。

1. 课题名称、设计意图

课题名称主要包括课程模式、活动内容和年龄班。例如,中班主题活动"秋天",活动一:秋天的天气;活动二:秋天的水果;活动三:秋天的叶子等。又如领域活动的表述,大班语言活动:"春天的电话"(故事)。

设计意图主要阐明课题选择的缘由以及课题需要达到的教学目标等。

2. 教学目标

教学目标是指这一教学活动所能达到的教育效果。目标是活动的起点和归宿,是指导、实施和评价教学活动的基本依据。

目标的拟定要全面,可以从三个维度去制定。一是知识与技能目标,即幼儿在教学活动中需要掌握的基本知识和基本技能;二是过程与方法目标,在教学活动中让幼儿了解知识形成的过程、"亲历"探究知识的过程,学会发现问题、思考问题、解决问题的方法,学会学习,形成创新精神和实践能力等;三是情感、态度和价值观目标,即让幼儿形成积极的学习态度、健康向上的人生态度,具有科学精神和正确的世界观、人生观、价值观,成为有社会责任感和使命感的社会公民等。

一次教学活动的目标要有主、次之分。在一个具体教学活动中的若干目标中,应该有主要和次要目标。

一次教学活动的目标要具体,以便于教师的把握,使其能观察、评定幼儿活动的情况;要从幼儿角度表达,各个目标表达的角度要统一。

 共同讨论

中班科学活动(数学)"美丽的序列"的活动目标:(1)尝试根据物品的不同特征,进行 ABB、BBA、AABB 排序;(2)感受序列的规律美,体验装饰表演的快乐。

小班语言活动"小海龟"的活动目标:(1)通过讲述故事、阅读大书、做游戏等多种形式,加深幼儿对故事的理解,体验小海龟的情感世界;(2)学习运用简单句式"××看见了××"进行完整表述;(3)激发幼儿的想象力和大胆表达的愿望。

请结合教学活动目标制定与表达的相关要求,分析上述两个活动的目标表述是否合理。

3. 教学准备

活动准备的撰写,一般要包含三个方面:一是活动材料的投放;二是知识经验的准备;三是学习情境的创设。

4. 教学过程

在目标确定后,就要思考通过哪些具体的活动内容和活动形式来实施目标,活动过程的设计则是将这种思考书面化与细致化。

(1)教学活动过程的设计应该完整。教学活动过程一般包括开始部分、基本部分和结束部分。

活动的开始部分,是引导幼儿活动的第一个步骤,起到初步引起幼儿参与活动的兴趣、积极性,以及调动幼儿已有经验的作用。活动开始部分的组织方式,一般有讲故事、引导幼儿看图片、欣赏录像资料、情景表演等。活动的基本部分是完成目标的主要部分,主要是教师引导幼儿进行相应活动,活动的大部分时间应放在这个部分。活动的结束部分可采取不同的活动方式,引导幼儿通过其他符号系统地参与(如音乐、美术、身体动作等),让幼儿在轻松愉快的情绪中自然而然地结束活动。在结束部分对活动进行小结评价,应做到:简洁、精练;对幼儿在活动中的表现以宽容积极的态度进行评价;使幼儿能够保持对活动的持久兴趣,体验到活动带来的快乐,以企盼的心情和态度等待后续活动的到来。

（2）在活动过程的设计中，教师要有"目标意识"。

教师要在基于对教学内容分析和对幼儿了解的基础上，去考虑活动的每一环节。"由教师指导的教学活动应该是结构性较强的活动，它的主要特点就是活动的整体性，强调目标、内容、方法、步骤的一致。"教师在设计活动时，要避免为了追求"场面的热闹"、"方法的多样"等去设计一些与目标和内容没有直接关系的环节。

（3）活动过程的安排，尤其是基本部分各个环节的安排，应紧密联系、层层递进。

在幼儿园教学实践中，有不少幼儿教师没有关注环节之间的相互关系，或者只是注意到了表面的联系而没有内在联系，缺乏层层深入。这样的设计是缺乏逻辑性的，是无法引导幼儿在活动获得有效发展和保证活动目标有效实现的。

共同讨论

在大班科学活动"落下来"中，教师设计的核心环节是：环节1：让幼儿自由选择材料，操作和观察物体下落的状态；环节2：幼儿一次选择两种材料，操作和比较观察不同物体下落的状态；环节3：幼儿通过折叠、团揉等方式，探究通过改变纸的形态从而改变其下落的状态。

请结合教学过程设计的相关要求，探讨该案例。

5. 教学延伸

活动延伸是与本次教学活动有关的后续活动，但不属于本次教学活动过程。延伸活动的目标和内容是多样的，既可以是对本次教学活动的巩固，也可以是对本次教学活动相关知识经验的拓展和深入。延伸活动的开展形式是多样的，可以在活动区、自然角中进行，也可以在家庭中进行，还可以是一个新的教学活动。

6. 教学反思

教学活动实施后，教师应对本次教学活动进行总结，反思教学活动的设计和实施过程中的成功经验，以及存在的问题和不足。通过自我诊断和同行评价，及时调整和改进教学，提高教学质量。

总之，一个好的教学活动方案既是教师创造性劳动的成果，也是教师综合能力的再现，更是教师教育观念的体现。只有教师努力学习、潜心研究、勤于思考、不断反思，才能不断提升自己的专业能力，设计出成功的教学活动方案。

二、幼儿园教学活动的实施

教学活动的具体实施，关系着教学活动目标的达成。为保证教学活动的效果，应采取科学、合理的组织与指导策略。

（一）合理选择教学方法和手段

教学方法和手段的选择和使用应该遵循一个总的原则和要求，即方法和手段的选择与使用是为教学目标的达成、教学任务的完成，以及促进幼儿的发展服务的。教学方法和手段的使用需要考虑以下几点。

其一，教学方法和手段的选择和使用是为实现教学目标服务的。教师首先要根据不同教学方法的特点选择适合实现教学目标的教学方法和手段。

图8-8　让幼儿观察不同的鸟儿的特征

例如，在科学教育活动中，为了帮助幼儿理解动物身体结构特征与其适应环境的能力这两者之间的关系，教师可以采用观察法引导幼儿了解鸟的身体结构，利用实物观察、比较观察的方式引导幼儿发现鸟的身体结构特征，从而感知到鸟具有翅膀、气囊、骨骼中空等生理结构特征与能飞之间的关系。可以采取多媒体等现代教育技术手段，更直观形象地呈现鸟的生理结构特征。通过这些教学方法和手段的使用，能更加有效地实现教学目标。

其二，教学方法和手段的选择和使用上要尊重幼儿的学习特点和发展差异。幼儿的学习是"做中学"、"活动中学"，在幼儿园教学活动中，常采取游戏、实验、操作等方法。教学方法的选择和使用需要考虑到年龄班的因素。例如，小班幼儿的教学更多适宜采用游戏法，而比较观察、系统观察的观察法则更适宜在中大班幼儿的教学中使用。

图8-9　教学活动：滑稽的人

教学方法的选择和使用，应综合考虑幼儿学习特点、幼儿发展水平、教学目标、教学内容、教学条件等要素，选择最适宜的和最有效的。任何一个教学活动都需要运用多种教学方法，在教学设计时，要灵活选择和使用。正所谓"教学有法，教无定法"，生搬硬套或一成不变地运用教学方法和手段是不可取的。

（二）采取间接教学方式

幼儿园教学活动应该更多地采取间接教学方式。

1. 什么是间接教学

间接教学是指教师通过适当的中介，迂回地传递教育意图的一种探究式教学方式。间接教学的最大特点是，教育意图是借助于教学环境的中介作用传递给幼儿，幼儿可能意识不到教师的意图，感觉不到"学习任务"。

例如，在学习"4 的组成"时，教师提供了两个不同的盘子、四张兔子卡片，让幼儿给动物找家。通过操作，幼儿可以获得"4"的不同分法。在该教学活动中，教师把教育意图（"4"的分与合）化为幼儿可以直接接触、摆弄、操作的材料，创设了某种情境（给动物找家），诱发幼儿与物质环境之间的互动，通过操作，幼儿获得关键性的学习经验，向着教育目标规定的方向发展。

图 8-10　教师的作用不可忽视

2. 间接教学的运用

间接教学虽然比较符合幼儿的学习方式和特点，有利于幼儿的主动学习，但它也有明显的不足：幼儿通过这一方式进行的学习往往费时费力，所获经验一般也比较零碎、表面，甚至会产生错误的认识，学习的有效性难以保障。

为了弥补间接教学的缺陷，一方面需要直接教学的适当结合；另一方面需要提高教师的引导策略，一旦教师不能把握好引导的"度"，间接教学就可能会走向两端，要么放任自流，要么高度控制，难以取得理想的效果。

例如，大班科学活动"太阳、地球和月亮"中，教师首先在白板上画出太阳、地球、月亮的大致位置，教师、幼儿甲、幼儿乙分别戴上太阳、地球、月亮头饰，然后教师以游戏规则的方式讲解完自转、公转后，就进入到了游戏环节。伴着动听的音乐，教师和两名幼儿或原地转圈（自转），或绕他人转圈（公转）。随后，教师让更多的幼儿轮流参加这个游戏，几乎每一幼儿都踊跃举手，并快乐地参与其中。在游戏活动中，幼儿用自己亲身体验的方式感受到了自转、公转的含义。在这个活动中，教师用直接教学的方式讲解了自转和公转，但巧妙地采取了游戏规则的方式进行讲解，既形象生动，又能吸引幼儿的注意力，使得幼儿在不知不觉中初步认识了自转和公转；然后，通过创设适宜的游戏环境，并引导幼儿通过对游戏规则的遵守和与环境的互动，进一步体验和认识了这一复杂的天文现象，成为一次很有效的教学活动。教师的示范（教师开始时以游戏角色身份参与游戏）和讲解，游戏环境的创设和对幼儿游戏活动的指导等，都充分体现了教师在教学活动中直接教学与间接教学的有机结合使用和对幼儿学习活动的有效引导。

（三）各种教学组织形式的选用与指导

1. 活动组织形式的选用

教学活动的组织形式一般有集体、小组和个别三种形式。关于教学活动组织形式的选择，需要明确的问题是:形式是手段,是为目标服务的,不能为了形式而形式;任何组织形式都有其自身的特点和价值,没有最好只有最适合;任何教学活动都不应只是某种形式的单独使用,不应是三种形式的任意组合、拼凑,而是三种组织形式的有机结合。

2. 各组织形式的指导

在教学活动的集体形式活动环节或部分,教师的组织和指导应重在引导幼儿将注意力维持在活动上,关注每个幼儿并促进每个幼儿的发展。

集体形式活动环节如果采取的组织与指导策略不当,则容易出现幼儿注意力分散、教师将诸多精力和时间用于活动秩序的维持上等问题,导致教与学的低效。

小组活动形式是幼儿园教学活动的重要组织形式,在教学活动组织和指导时,教师需要注意的问题是:(1)根据幼儿发展水平、教学目标、教学内容等,对幼儿进行适宜的分组或由幼儿自由分组;(2)引导幼儿明确小组活动的目标,通过协商或在教师的指导、帮助下进行分工和建立活动规则;(3)根据各小组幼儿活动的情况,确定对不同小组的指导策略和先后顺序;(4)小组活动结束后,应对各组活动的情况进行集体评价。在幼儿小组活动中,教师应成为幼儿活动的观察者、支持者和指导者。

在教学活动的个别形式活动环节,教师的指导应注意:**根据幼儿的个性特点采取有针对性的指导策略;根据不同幼儿的发展水平和学习特点,确定指导的方式和目标。**

（四）环境创设和材料准备

活动准备主要是指教师在活动实施前所要做的工作。在幼儿园教育实践中,幼儿教师一般只考虑到活动材料的投放,常常忽略了知识经验的准备和学习情境的创设这两个方面。

一是活动材料的投放。活动材料在幼儿的学习中,往往起着桥梁和中介的作用,它使抽象的知识能具体、形象地呈现在幼儿面前,使他们能具体、直观地感知和体验。幼儿园的活动材料,更多地应该是日常生活中的各种物品、当地的自然资源和安全的废旧材料。

(a)　　　　　　　　　　　　　　　　　(b)

图 8-11　各种幼儿活动材料

二是知识经验的准备。教师准确地找到新的"经验点",即把握幼儿的"最近发展区",是活动成功的关键所在。而要找准新的经验点，要求教师在进行新的教育教学活动前必须了解幼儿先期已经掌握哪些与本活动相关的知识、技能，具备了哪些能力。

三是学习情境的创设。"幼儿的学习兴趣与学习愿望总是在一定的情境中发生的，适宜的情境能够引发幼儿参与活动的兴趣。"教师可以根据教学内容、幼儿的年龄和生活经验，并借鉴一些常见的生活事件，思考和创设一个个生动而真实的、可亲身体验的、科学而有效的模拟生活的教育情境，让幼儿与情境中的人、事物、事件相互作用，从而建立起连接教学与生活的桥梁。

比如，小班"区分上下方位"的数学活动，可以用橱柜、床、桌子等布置成娃娃家，让幼儿结合娃娃家的物品摆放，区分并说出"娃娃躺在床铺的上面"、"电话放在橱柜的上面"、"鞋子放在床铺的下面"、"电视放在桌子的上面"等。

三、幼儿园教学活动的反思

教学反思是教学不可或缺的技能要求，也是提升教师素质的重要途径。教师专业发展的核心在于教育知识的建构运用、教育才能的发现增长和教育智慧的感悟积淀，其重要途径则是教学反思。

（一）教学反思的意义

教师专业发展的重要支撑是教师的主体意识和研究意识。教师的研究能力，首先表现为对自己的教育实践和周围发生的教育现象的反思能力。教学反思是教师自我研究、自我改进、自我专业成长的重要路径，"反思被广泛地看作教师职业发展的决定性因素"。

（二）教学反思的内容

1. 对教学观念的反思

首先，从"学"的角度反思，教学是否关注幼儿的需要、幼儿的发展状况，以及幼儿发展的能力和素质。其次，从社会发展和国家需要的角度反思，教学是否关注了社会的发展需要。

2. 对教学设计的反思

教师可以问自己下列问题：需要教给幼儿哪些关键的概念、结论和事实？什么程度和范围的材料对幼儿是合适的？哪些幼儿需要特别的关注？哪些活动有助于幼儿达成目标？如何组织幼儿和材料，以形成一种积极的学习氛围？哪些条件会影响教学活动的效果？

3. 对教学过程的反思

这种反思具有监控性、同步性，能使教学高质量地进行。具体包括对教学重难点处理、课堂教学时间安排、课堂活动组织、教师角色、行为举止等的反思。

4. 教学后的反思

这种反思能使教学经验理论化，并有助于提高教学的总结能力和评价能力。教师可以问自己下列问题：这次教学活动是怎样进行的？是否如我所希望的发生了什么？怎样用教和学的理论来解释我的教学活动？怎样评价幼儿是否达到了预定的目标？实际教学中改变了计划的哪些内容和方法？为什么？是否有一些问题一直困扰着我？我怎样才能找到答案？根据这些问题，教师就可以判断自己是成功地完成了教学目标，还是需要重新计划或试一试新的策略。

（三）教学反思的策略与形式

自我反思不是一般意义上的"回顾"，而是反省、思考、探索和解决教育教学过程中各个方面存在的问题，具有研究性质。

1. 加强理论学习，开展教学研究

学习教学理论是教师教学反思的知识基础。只有将实践中反映出来的问题上升到理论层面加以剖析，寻根问底，使主体的合理性水平得到提升和拓展，然后再到实践中去探索，才能使教学反思能力逐步得到提高。

参加教学研究是提高教学反思水平的能力保障。教学研究是对日常教学行为反思的提升，在教育科研中形成的方法、技术和反思意识有助于提高教师对日常教学行为进行反思的能力。

2. 勤思多记，撰写反思札记

教师的反思行为不是一朝一夕的事情，要持之以恒，贯穿教学活动始终。优秀的"教后感"、反思札记包含着对教学行为进行反思修正的执着情怀和热切愿望。

反思札记可以围绕以下问题进行：教学目标是否得当？哪些教学设计取得了预期效果？活动组织是否恰当？教师指导帮助是否到位？幼儿反映是否良好？学习情感、习惯如何？教师临场应变能力如何？问题情境是否适切？得意之作与"败笔"是什么？今后我该如何调整？等等。

3. 听课观摩，相互交流

通过观摩别人的公开课、分析别人的成功和失败的原因，来反观自己的教学行为，是教学反思的一条重要途径。观摩他人成功的教学可以为我们提供一个个活生生的教育思想和方法的典范，让我们感受与学习到不同的授课内容、组织形式、教学风格。即使观摩不很如意的实验课，也可使我们借鉴教训，少走弯路。

自己也要力争上公开课，借助他人的反思，促成自我发展。自己上公开课，是对自我的一个挑战，对成功的期盼及其带来的压力，在一定程度上能促使自己更主动、更深刻地钻研教学、反思教学。集体备课和交流评课等方式都是教师个人和群体发展的良好途径。

单元回顾

幼儿园教学活动是教师从幼儿的兴趣和实际水平出发，根据幼儿园教育目标，有目的、有计划地组织和指导幼儿主动学习，以增进幼儿对周围环境的认识，培养学习兴趣，帮助幼儿获取有益于其身心发展的经验的活动。

幼儿园教学活动有生活性与启蒙性、活动性与参与性、游戏性与情境性的特点。幼儿园教学活动是幼儿园课程的重要组成部分，是实施课程目标的重要手段。

幼儿园教学活动应遵循教育活动的一般原则和幼儿园教育的原则。具体地说，应遵循思想性、科学性、发展性、直观性和活动性原则。

　　幼儿园常用的教学方法有直观法、口授法和实践法等。任何一个教学活动都需要运用多种教学方法，在教学设计与实施时，要灵活选择和使用。

　　教学活动设计是一项系统工程，在设计和撰写具体教学活动方案时，需要从目标制定、活动准备、活动过程、活动延伸等几个方面整体考虑和把握。

　　教学活动实施过程中，教师要选择合适的教学方法和手段，采取间接教学方式，合理选用各种教学组织形式，有效实现教学活动目标。

大班活动：会动的身体

一、活动思路

　　"会动的身体"是大班开学正在进行的主题"我自己"中"我的身体"方面的一个活动。

　　在日常生活和幼儿园教育活动(如小班的"我的小手小脚"主题活动、中班的"好吃的食物"主题活动)中，幼儿其实一直在不断获得和积累关于人体的知识。但这些知识往往是零星的，而且很多是停留在一些抽象概念层次上的。这次活动的目的就在于从某个新的角度创设一个平台，让孩子自己去思考和交流已有的知识经验，如一些身体部位和器官的名称、作用及相关基本常识等。我们要在孩子喜欢的活动中，鼓励孩子去体验感受和探索发现，在已有的知识和自己的日常生活、活动之间建立联系，使一些概念化的知识变得更生动，更与孩子自己的经验相联系。

　　作为一次科学活动，培养幼儿的科学精神也是至关重要的，所以在整个活动中我们注重激励孩子独立思考和乐于探索的科学态度。同时，在活动形式上我们也让幼儿更多地运用各种科学的方法，如体验、观察、记录、提问、思考等，这些活动不仅可以积极地调动孩子活动的热情，更可以让孩子从中初步体验科学研究的过程。

二、活动设计

● 活动目标

1. 有兴趣地探索身体能动的部位，发现关节与动作的关系，并能清晰地表达。

2. 结合生活经验初步了解一些和关节安全与健康的有关常识。

● 活动准备

1. 舞蹈音乐。

2. 幼儿人手一张人体轮廓复印图，人手一支彩色笔。

3. 身体骨架模型。

4. 幼儿收集的资料：生活中人们的活动照片。

● 活动过程

（一）激发兴趣（发现身体会动的部位）

1. 启发思考。

幼儿跟着音乐自由舞动。

关键提问：你们跳舞的时候，身体哪些地方在动？是怎么动的？

2. 引起幼儿关注会动的小地方。

3. 小结。

原来我们手在动的时候，手指、手腕，大大小小的地方都在动。

（二）探索身体中的关节（理解关节和活动的关系）

1. 幼儿自由探索活动，找出身上会动的地方。

老师：请大家把身上大大小小会动的地方都找出来，记录在纸上。

2. 集中交流。

（1）介绍自己发现的身体会动的部位。

老师：你又找到了哪些会动的地方？

（2）引出关节，理解关节。

老师：骨头和骨头连接的地方是关节。

（3）小游戏，木头人（感受关节非常重要）。

老师：如果我们身上没有关节会怎么样？如果身上哪个关节失灵了，会发生什么事？我们来做个游戏：如果我们手上的关节都不动，你能摸到耳朵吗？

小结：看来，关节真是太重要了，没有关节什么事情都不能做。

（4）联系生活，说说关节可以帮助我们做的事情，发现关节与动作的关系。

老师：你在做什么事情时，哪些关节在帮助我们？

小结：关节真是我们的好朋友，它能使我们小朋友动作更灵活，能帮助我们做各种各样的事情，看来我们要好好爱护我们的关节朋友。

（三）关节的保护（结合幼儿生活经验，明白保护关节的重要性）

1. 引起思考，如何保护关节？

想想我们平时做的哪些事情是和保护关节有关系的？

2. 小结：所以，活动时一定要保护好我们的关节，这样身体就会越来越灵活，就能安全地活动了。

延伸：户外活动前的热身（活动实践）。

接着我们要户外活动了，让我们热热身，把所有的关节先活动起来。

结合本单元内容，讨论并分析该教学活动设计。

单元任务

1. 对照目标指引，检测自己对本单元目标的实现情况，并及时回顾与巩固。
2. 精选各类型活动方案，分组学习并分析各活动方案，熟悉活动方案的设计流程。
3. 精选活动课例及对应方案，充分理解活动设计与实施的关系。

推荐资源

1. 纸质资源：

（1）尹坚勤.幼儿园教育活动案例精选［M］.南京：南京师范大学出版社，2002，1.

（2）徐苗郎.我的幼儿园数学活动模式［M］.上海：上海社会科学院出版社，2011，7.

（3）中国学前教育研究会.幼儿园建构式课程（教师用书）系列［M］.上海：华东师范大学出版社，2010，3.

（4）李季媚.《3—6岁儿童学习与发展指南》实施问答［M］.北京：北京师范大学出版社，2014，4.

（5）吴伟俊，成静.幼儿园科学活动设计案例［M］.武汉：武汉大学出版社，2018，2.

2. 视频资源：

（1）浙江幼教名师朱静怡的示范课。
（2）上海幼教名师应彩云的示范课。

单元作业

1. 有的老师认为：游戏是幼儿园的基本活动，幼儿的学习是在游戏和生活中进行的，幼儿园不应再强调教学活动。对这种观点，你怎么看？可分组辩论，以正方或反方身份写一份不少于 300 字的辩论稿。

_____

_____

_____

_____

_____

_____

_____

_____

_____

_____

_____

_____

_____

_____

_____

_____

_____

_____

_____

_____

_____

_____

_____

2. 分组收集幼儿园各领域教学活动方案,梳理提炼幼儿园教学活动设计的基本内容,与本单元对应内容对照分析,关注不同领域教学活动设计的异同。

教学活动基本内容对照分析:

_____

_____

_____

_____

_____

_____

_____

_____

_____

_____

各领域活动设计异同:

_____

_____

_____

_____

_____

_____

_____

_____

_____

_____

实务篇

SHI WU PIAN

　　我们身处在一个人类的生态系统中,幼儿所处的班级、家庭、社区以及即将迈入的小学都是这个生态系统中与幼儿最密切相关的。幼儿园教师作为一个专业的教育工作者,在这个生态系统中发挥着不可或缺的作用。

第九单元　幼儿园班级的管理

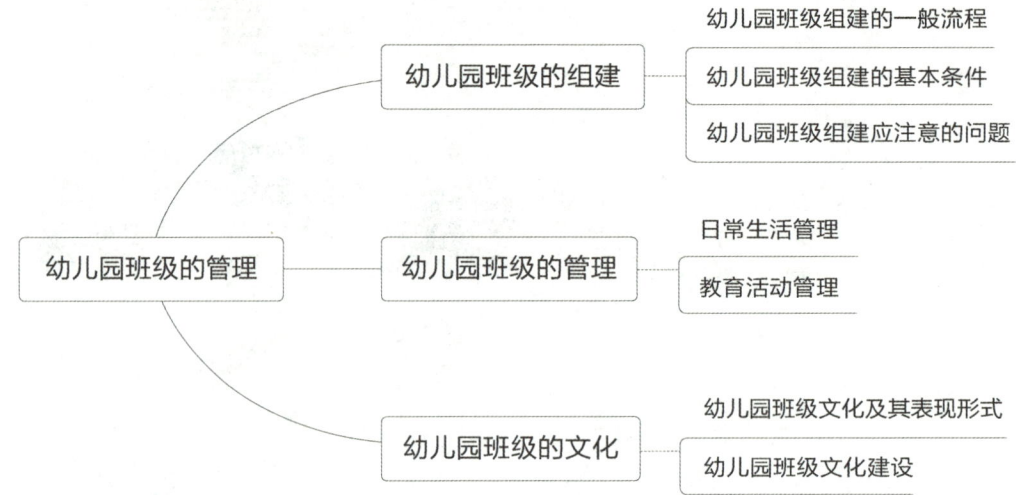

思维导图结构：

幼儿园班级的管理
- 幼儿园班级的组建
  - 幼儿园班级组建的一般流程
  - 幼儿园班级组建的基本条件
  - 幼儿园班级组建应注意的问题
- 幼儿园班级的管理
  - 日常生活管理
  - 教育活动管理
- 幼儿园班级的文化
  - 幼儿园班级文化及其表现形式
  - 幼儿园班级文化建设

1. 了解幼儿园班级组建的一般流程和基本条件，熟悉组建幼儿班级应引起注意的问题，并利用到幼儿园班级见习的机会进行实地参观和考察。

2. 了解幼儿园班级管理的基本内容，熟悉和掌握日常生活管理、教育活动管理的具体要求，学会管理幼儿园班级的生活和学习活动。

3. 认识幼儿园班级文化的不同类型，了解幼儿园班级文化建设的基本要求，利用课余时间，实地考察幼儿园的班级文化，共同分析、制定和实施幼儿园班级文化建设方案。

课前准备：浏览教材内容，尽可能完成以下任务。

1. 提炼教材要点:

_____

_____

_____

_____

2. 提出需要向教师请教的问题:

_____

_____

_____

_____

3. 同伴讨论:(1)幼儿园班级是如何组建的,需要什么基本条件? (2)幼儿园班级管理包含哪些基本内容? 在工作中如何具体实施管理? (3)如何理解幼儿园班级文化? 如何建设?

讨论记录:

_____

_____

_____

_____

课堂讨论:积极参与课堂讨论,并记录要点:

_____

_____

_____

_____

课后延伸:查阅"幼儿园班级管理"相关教材或相关文章,做如下记录。

1. 提炼 1 个幼儿园班级管理典型问题及解决策略:

_____

_____

_____

_____

2. 记录 1 个印象最深的案例,简要描述并评论:

_____

_____

_____

_____

单元导言

幼1：我最喜欢张老师，你们喜欢她吗？

幼2：喜欢呀。她对我们小朋友可好了！

幼3：对，张老师每天都会教我们做很多事情。

幼1：每天我都是第一个到的！因为那样我就可以成为第一个见到张老师的小朋友。

幼3：我们班还有李老师、刘老师呢。她们对我们也非常好。

幼2：我也喜欢李老师，她就像妈妈一样。

幼1：可是李老师有时也到中（1）班去，我不想让她去中（1）班。

幼2：那我们跟李老师说，让她别去中（1）班，就一直都在我们中（2）班吧。

幼1：好！

幼2：可是，要是李老师非要去，该怎么办？

幼3：我们可以让全中（2）班的小朋友一起和她说，不就行啦？

幼1：刘老师有时也到别人的班级里去。对，就是小（1）班。

幼2：刘老师的宝宝在小（1）班，每天刘老师把宝宝送过去，就回到我们这里啦。

幼3：可以让刘老师去小（1）班，不能让李老师去中（1）班。李老师是我们中（2）班的。

幼1、2：对！

……

同学们，你们如何看待以上对话？班级对幼儿、教师各意味着什么？

第一节　幼儿园班级的组建

幼儿园班级的组建，是幼儿园教师在实际工作中要面对的一个基本问题。在组建班级的过程中，需要根据班级组建的基本要求和幼儿实际情况，开展相应的具体工作。

共同讨论

1. 假如刚入职时从小班带起，在孩子开学前要做哪些准备工作？你的心情会如何？

2. 开学后，一个新的班级形成了，要做哪些重要的事？可能会遇到哪些困难？

3. 一个月后，班级渐趋稳定，又要做哪些重要的事？如何使班级渐入佳境？

一、幼儿园班级组建的一般流程

幼儿园班级的组建,一般是指新入园幼儿班级即幼儿园托班或小班的组建。因为一旦幼儿园班级组建完成,并按照幼儿园教育教学计划开展活动,幼儿所在的班级就会稳定地运行下去。在幼儿园的三年教育过程中,班级会有轻微的调整与变化,如个别幼儿中途转班、转学等,但总体上会保持相对的稳定性。幼儿园班级组建的一般流程如下图所示。

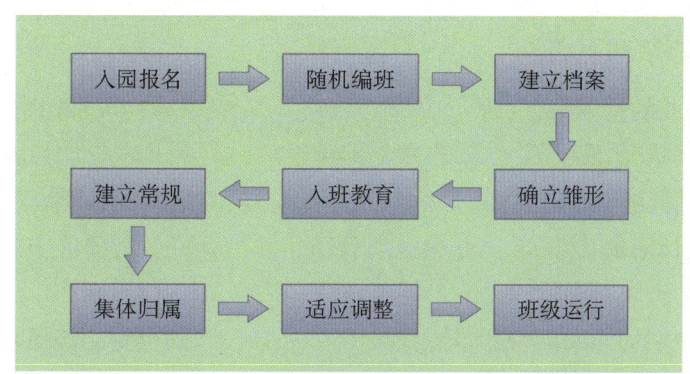

图 9-1 幼儿园班级组建的一般流程

(一)入园报名与随机编班

每年 9 月初,新学期开始,幼儿园总是挤满了前来给幼儿报名入园的家长。一般情况下,教育主管部门鼓励家长就近选择幼儿园入学。负责报名登记的工作人员对幼儿基本情况进行了解,办理相关入园登记和体检手续,并统计整理新入园幼儿的基本信息,以方便进行随机编班。幼儿入园编班要依据《幼儿园工作规程》中关于编班的规定及幼儿园的实际情况,在编班时按照保教人员与幼儿的比例确定班级幼儿数。在随机编班程序中,幼儿园要充分考虑合理的幼儿性别比例和整体的幼儿身体素质状况。这样,教师领取随机编班名册,仔细核对本班幼儿的基本信息。

> **小资料**
>
> #### 幼儿入园和编班[①]
>
> 第二章 幼儿入园和编班
>
> 第八条 幼儿园每年秋季招生,平时如有缺额,可随时补招。幼儿园对烈士子女,家中无人照顾的残疾人子女和单亲子女等入园,按照国家和地方的有关规定予以照顾。
>
> 第九条 企业、事业单位和机关、团体、部队设置的幼儿园,除招收本单位工作人员的子女外,应当积极创造条件向社会开放,招收附近居民子女入园。

---

① 资料来源:《幼儿园工作规程》(2016 版).

第十条　幼儿入园前,应当按照卫生部门制定的卫生保荐制度进行健康检查,合格者方可入园。

幼儿园入园除进行健康检查外,禁止任何形式的考试或测查。

第十一条　幼儿园规模应当有利于幼儿身心健康,便于管理,一般不超过360人。幼儿园每班人数一般为:小班(3周岁至4周岁)25人,中班(4周岁至5周岁)30人,大班(5周岁至6周岁)35人,混合班30人。寄宿制幼儿园每班幼儿人数酌减。

（二）建立档案与班级雏形

教师对本班幼儿的基本信息核查清楚之后,要为每个幼儿建立成长档案。成长档案包括幼儿的基本信息、家庭状况、发展能力等,这样教师可以随时与幼儿家长加强联系,对幼儿的发展进行针对性评价,并能够在幼儿今后的学习过程中进行追踪式的成长研究,也可以为家长提供比较客观的个人成长记录,让家长积极参与到对幼儿的教育行为与评价中。这样,幼儿成长档案建立后,一个新的班级雏形就确立下来了。当然,在最初的一段时间内,班级还会有细微的变动,如较晚入学的个别幼儿或班级之间幼儿的转入转出等,教师也要能够随时更新信息。

（三）入班教育与建立常规

入班教育是教师组织新入园幼儿及其家长进行的初次班级集体活动,可以是一次具体的生活学习指导活动,也可以是家长幼儿共同参与的亲子适应活动。教师在入班教育中主要介绍幼儿园的基本情况、教师情况、班级情况,告知家长和幼儿作息时间安排、教育教学活动计划、家园之间合作配合的事项、活动安全事项等,并简要解答家长的各种疑虑或问题。目的是增进相互的了解和熟悉,稳定幼儿入园的情绪,促进幼儿对班级集体活动的参与兴趣。同时,在入班教育活动中,教师还可以通过观察了解班级幼儿的基本活动状况和家长教育方式,在以后的日常教育过程中有针对性地采取不同的教育引导方式。

常规,简单来说,就是在班级中建立日常行为规范的制度。对于刚刚形成的班级而言,常规的建立要及时、规范。建立班级常规,是教师组织与管理班级的前提条件。教师要将幼儿园教育、家庭教育与幼儿发展等因素进行综合考虑,使所建立的常规既便于教师班级管理,又便于家长配合支持,还要便于幼儿遵守参与。

小资料

幼儿园一日常规儿歌[①]

早早起,不迟到,爸爸妈妈再见了。进园来,讲礼貌,看见老师说声早。

爱清洁,讲卫生,果皮纸屑不乱抛。排好队,做早操,步伐整齐队列好。

吃早餐,心情好,高高兴兴吃得饱。学习时,要专心,积极发言动脑筋。

---

① 资料来源:《幼儿园一日活动常规儿歌大全》.

活动后,不打闹,团结友爱兴致高。洗好手,吃午饭,不挑菜来不剩饭。
大小便,要洗手,不让细菌进入口。午饭后,睡午觉,安安静静睡得好。
梳洗后,吃点心,香香甜甜吃干净。玩游戏,真开心,动手动脑我最行。
吃晚饭,刚刚好,离园零食都不要。晚八点,就睡觉,早睡早起身体好。
好习惯,带回家,都夸我是好宝宝。

（四）集体归属与适应调整

在班级建立早期,教师要通过各种形式的活动,激发幼儿活动兴趣,引导幼儿积极参与,体验班级集体活动的快乐,产生基本的集体归属感。简单来说,教师能在较短的班级适应阶段,通过各种有趣的游戏活动,让幼儿相互了解,建立良好的同伴关系,产生对集体生活的认同,把班级营造出"家"的温馨感、安全感。因此教师除了要组织一些幼儿感兴趣的游戏活动和谈话活动,还要对班级的环境加以创设,如照片墙、主题墙、活动区角、自主创意空间等,让幼儿充分感受集体生活的温暖和乐趣,也让幼儿从心理安全和精神愉悦方面尽快适应班级集体。不过,在此过程中,教师还要对个别幼儿在日常生活中产生的集体生活焦虑的反复性适应做好应有的准备,随时调整幼儿的不良情绪,让幼儿能够及时地从教师这里获得安慰和心理归属。

（五）班级运行

通过以上的环节,幼儿园班级基本上可以正常运行了。教师在班级活动中通过科学合理的常规,帮助幼儿建立良好的生活、卫生、学习等行为习惯,促进幼儿对班级生活的自主参与和个人健康成长。班级正常运行中,教师也要随时关注幼儿的发展动向,并借助家庭教育资源,请家长协助配合幼儿的习惯养成教育,共同促进班级活动的顺利开展和每个幼儿的个性发展。班级是一个以教育活动组建而成的集体,它是有一定周期的。从小班到中班再到大班,三年的班级集体生活需要有一个完整的结束,当班级在教师的有效组织管理之下顺利走向大班毕业,班级就必然地走向解体。它是一个自然的过程,也说明幼儿顺利而健康的成长。

二、幼儿园班级组建的基本条件

（一）人员配备

班级的人员构成主要包括保教人员和幼儿。在通常情况下,保教人员又分为专任教师和保育员。有些地区为保证保教人员的优化,保教人员同时承担专任教师和保育员的工作。大多数幼儿园配备两名专任教师和一名保育员,或三名专任教师轮流承担保育工作;也有少数幼儿园仅配备两名保教人员(一教一保或

图9-2　班级幼儿人数不能太多

两教兼任保教）。

　　幼儿是班级构成的基本条件之一，没有幼儿，也就意味着班级不存在。根据我国现有的条件和水平，目前的幼儿园班额控制在25—30人/班。在幼儿园教师相对紧张的部分地区，幼儿数为30—40人/班。甚至还有极少地区幼儿数达到45—50人/班以上，严重影响了教师正常的教育教学和幼儿的健康发展，也给班级管理带来诸多的安全隐患。

小资料

幼儿园师生比[①]

不同服务类型幼儿园教职工与幼儿的配备比例

服务类型	全园教职工与幼儿比	全园保教人员与幼儿比
全日制	1∶5—1∶7	1∶7—1∶9
半日制	1∶8—1∶10	1∶11—1∶13

　　幼儿园教职工包括专任教师、保育员、卫生保健人员、行政人员、教辅人员、工勤人员。幼儿园保教人员包括专任教师和保育员。全日制幼儿园每班配备2名专任教师和1名保育员，或配备3名专任教师；半日制幼儿园每班配备2名专任教师，有条件的可配备1名保育员。寄宿制幼儿园至少应在全日制幼儿园基础上每班增配1名专任教师和1名保育员。单班学前教育机构，如村学前教育教学点、幼儿班等，一般应配备2名专任教师，有条件的可配备1名保育员。

（二）教育教学设备与物质资料

　　班级的教育教学设备是教师组织班级教育教学的基本条件，所以每个班级都应配备相应的教育教学设备，包括教具、玩具、家具与其他器具等。就普通幼儿园来说，班级中需要配备教师教学用的活动黑板、钢琴（或电钢琴）、多媒体设备，供幼儿游戏使用的桌面玩具、积木、拼图等玩具，桌子、椅子（或凳子）、床、橱柜等家具，以及其他辅助教学的电器、工具等基本设备，以满足班级教育教学活动的正常开展。有条件的幼儿园，还会在教育教学设备上增加投入，以为幼儿提供更先进的服务与技术支持。

　　为使班级活动顺利开展，还需要提供相应的供教师和幼儿操作使用的一些物质材料，如各类图书资料、区角活动材料、主题活动创设材料、幼儿自主游戏材料等。这些材料可以根据班级活动需要进行机动性的准备，以节约资源和节省班级有限的空间。

（三）活动空间

　　班级要有教师和幼儿组织、参与活动的基本空间，即固定属于某个班级的教室。幼儿园的

---

① 资料来源：《幼儿园教职工配备标准（暂行）》。

班级教室容纳了包括室内教学活动空间、盥洗室、卫生间、睡眠室以及教师办公休息区等在内的所有空间。换句话说,幼儿园的每一个教室都是一个相对独立的生活学习空间,是多功能、综合化、一体化的活动空间。这样可以保证幼儿在班级活动的稳定性、安全性和可掌控性。

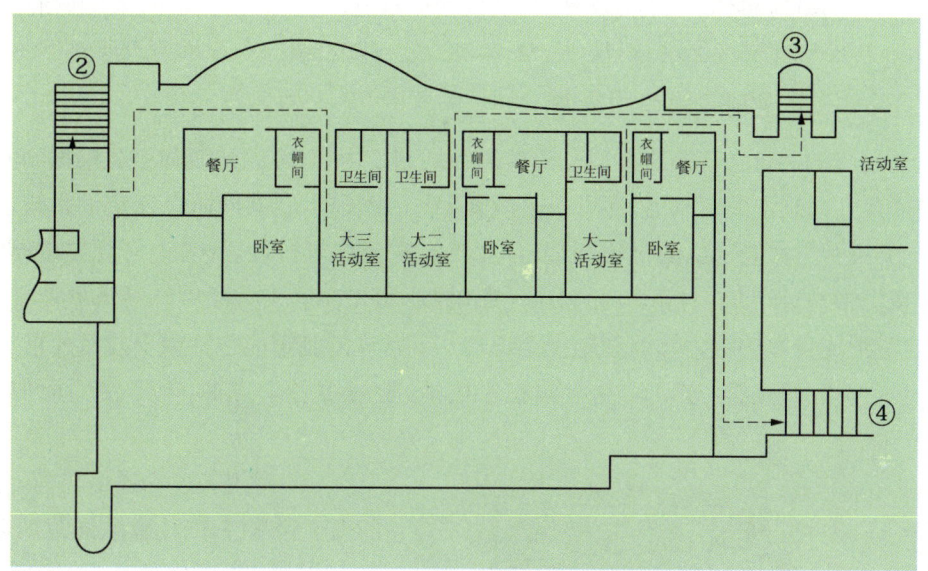

图 9-3　幼儿园大班教室活动空间划分

（四）班级制度

图 9-4　幼儿园班级公约

制度是幼儿园班级得以正常运行的准则和要求。幼儿园班级制度包括针对幼儿行为习惯养成的常规制度和针对教师的班级管理、安全、卫生、家园联系制度等。一般的,我们这里所说的班级制度主要是指针对于幼儿的常规制度的建立。班级常规制度可以有不同的形式,主要涉及幼儿生活、学习、安全、卫生、文明礼貌、独立意识、自理意识和集体意识等诸多方面。

三、幼儿园班级组建应注意的问题

为了能够组建一个运行健康的班级,教师还需要对班级组建过程中的细节问题加以注意。特别应注意的问题有下面几点。

（一）教师团队之间要充分互信

在幼儿园,班级教师的人数和分工是相对固定的。班级教师团队的形成,可以是幼儿园领导根据各位教师的能力、年龄、优势等方面因素综合考虑而组建的,也可以是幼儿园教师根据需要竞争上岗、自由自愿组建而成的。前者是幼儿园园长或业务主任综合协调的结果,搭班教师之间需要在工作中进一步了解、互相信任，以形成稳定的班级教师团队；后者是当下社会人才竞争的产物，所组建的班级教师团队相互之间信任有加，目标明确，有着强烈的团队意识。就目前的幼儿园发展来说，主要还是以前者居多。当然，通过一段时间的磨合，经过综合考虑组建的教师团队，只要互相信任，心往一处想，劲往一处使，教师团队同样会产生非常巩固的合作意识和效果。因此，团队中教师应发挥各自的优势，充分协作、充分信任，为班级的健康发展共同努力。

（二）一日常规制定具有可行性

幼儿园班级的一日常规制定可以是借鉴以往的制度内容，可以是教师团队根据幼儿实际发展特点与需要共同制定的新制度，还可以是教师主导、家长参与、共同协商制定的常规制度。总体上，不论哪一种方式制定出的常规制度，都要具有充分的可行性，或者说常规制度制定之后，教师可以依据常规对幼儿产生积极和健康的影响，让幼儿在班级生活中知道哪些不能做、哪些可以做，自觉形成良好的行为习惯和制度意识。一日常规的制定应包括以下几点要求。

（1）常规制定的完整，涉及幼儿在园在班生活、学习等各个方面，但不要面面俱到，千篇一律。

图9-5　班级是个大集体

（2）常规表述应通俗易懂，考虑幼儿的理解和掌握，以儿歌歌谣等琅琅上口的形式，让幼儿记住并在生活、学习中遵守。

（3）制定的常规教师和幼儿共同遵守，教师要在班级工作中做到以身作则，注意自己的言行举止，对待幼儿要公正公平、不偏不倚，奖惩有度。

（4）常规要有正确的导向性和相应的延伸性，要能够积极引导家长参与，并能够在家庭生活中约束、改善和促进幼儿行为习惯的养成。

（三）对群体与个别的共同关注

教师在组建班级时要对所有的幼儿全面了解，关注幼儿入班时的基本发展情况，既要对班级群体情况有整体的把握，也要对个别幼儿的发展有充分的了解。对班级整体的关注，需要教师了解幼儿整体的年龄区间范围，班级幼儿的性格差异、兴趣倾向等，还要对班级幼儿的生活习惯、身体健康状况有整体的认识。这样在班级工作中才会做到目标明确，教育教学有针对性。而对个别幼儿的关注，除了上述的基本情况外，还要对班级中出现的幼儿个别行为表现，如爱哭、不合群、分离焦虑、攻击行

图9-6　关注孩子的爱哭行为

为等方面给予关注,避免造成班级活动中幼儿的成长隐患。

(四) 幼儿档案信息的充实完善

我们知道,幼儿从报名入班第一天,他们的基本信息就会被本班教师收集整理起来,以便教师在班级教育中更加细致地开展相关工作。那么除了幼儿的基本信息,还要尽早尽快充实和完善其他相关信息,如幼儿身体素质健康信息、幼儿家庭成员构成信息、幼儿生活学习成长信息、幼儿兴趣发展倾向信息等。信息档案的充实与完善,必须要密切教师和家长之间的关系,请家长协助配合教师做好信息整理与补充。就所掌握的基本信息,如幼儿姓名、出生年月、家长姓名、联系电话、固定接送人员、幼儿生活习惯、家庭环境、社区环境以及家长教养方式、幼儿个性特点等方面,都需要与家长共同核实,避免因基本信息登记出错而造成后期教师工作中的失误和给家长带来麻烦。另外,教师要随时更新幼儿档案信息,如家长接送人或联系电话更改,幼儿每周成长记录单,班级幼儿日常疾病预防、给药、护理登记等。在充实完善的工作中,教师要力争为每个幼儿创建完整的成长档案,同时还要做好班级集体生活学习档案的整理工作。

第二节 幼儿园班级的管理

幼儿园班级的日常管理是对班级保教工作的管理,包括幼儿日常生活管理、幼儿教育活动管理。教师在日常保教活动中安排和组织多种形式的活动,为幼儿的成长创造一个健康、安全、卫生、和谐的发展环境。

共同讨论

1. 实习生在初次组织活动时,时常会碰到孩子自说自话的情况,实习生因此手足无措,整个活动场面显得混乱不堪。你在实习时碰到过这种情况吗? 如何分析这种现象?

2. 不同的班级,幼儿的整体表现不尽相同,有的班级常规很好,但过于沉闷;而有的班级积极活跃,又不容易驾驭。为何有这种不同? 从班级管理的角度做分析讨论。

班级是幼儿园教师和孩子共同的"地盘"和"领地",他们在这里每日相处,持续长达三四年的时间。教师是班级真正的管理者,负责班级的良性运转。

一、日常生活管理

幼儿园日常生活是幼儿在园所有活动的总和,这些日常生活活动对幼儿的发展起着非常重要的作用,做好了日常生活活动的管理,可以让教师的工作有着事半功倍的效果。因为日常生

图 9-7 教师是班级真正的管理者

活管理蕴含着潜移默化的作用。日常生活管理涉及班级常规建立和保育工作管理两个方面。

（一）班级日常生活活动常规要求

没有规矩，不成方圆。班级日常生活活动常规要求，就是在日常生活活动中对幼儿的各种行为方式、生活习惯等方面进行规范和约束，促进幼儿较快地适应班级集体生活以及对将来社会行为规范的自觉内化。

在幼儿园班级的日常生活活动中，常规管理需要靠明确而具体的制度得以实现。教师在制定相应的常规制度时，要充分尊重幼儿现有能力、发展特点及成长需要，针对幼儿日常生活活动的各个方面提出具体可行的要求。

表 9-1　某幼儿园小班一日生活活动常规细则

活动环节	时间	活动常规要求
来园接待	7:40—8:10	1. 衣着整洁，愉快来园接受晨检。 2. 主动有礼貌地向老师、同伴问早；向家长说再见。 3. 不带危险品、零食入园，将自己的随身物品整齐摆放在固定地方
晨间活动	8:10—8:50	1. 喜欢参加体育锻炼，乐意与同伴交换或合作使用体育器具。 2. 知道将脱去的衣物放在指定的位置。活动后能整理、摆放玩具、器具
如厕、洗手、喝水	8:50—9:00	1. 学会自理大小便。不弄湿自己和同伴的衣裤，便后会用肥皂、流水洗手。 2. 排队轮流洗手，方法正确。不玩水，并用自己的小毛巾擦手。 3. 用自己的茶杯喝水，用后放回固定的地方
早操	9:00—9:15	1. 上下楼梯靠右边逐级走，不推、不挤、不跑、不跳。 2. 做操时认真。爱惜器械，轻拿轻放，正确使用并收拾整理活动器械
教学活动	9:15—9:30	1. 喜欢参加学习活动，运用多种感官积极参与。 2. 喜欢探究，大胆想象，乐于交流、分享自己的经验和想法。 3. 能正确地使用和整理活动材料或用具。 4. 有良好的倾听、发言习惯，不随意打断别人的讲话；坐立姿势正确
如厕、点心	9:30—10:00	1. 能主动洗手、擦手。 2. 能安静吃完自己的一份点心
户外活动	10:00—10:50	1. 愉快地参加户外锻炼活动，主动活动身体。 2. 遵守体育活动规则，学会轮流、等待，能主动分享探索的乐趣。 3. 运动前后及时脱穿衣服，身体不适时会主动告诉老师。 4. 会正确使用并收拾整理活动器械
餐前准备	10:50—11:10	1. 盥洗、如厕要求同前。 2. 愿意和老师、保育员一起准备就餐用具
午餐	11:10—11:45	1. 安静进餐，保持桌面、地面和衣服整洁。 2. 不挑食、不剩饭菜，不过量进食，养成良好的进餐习惯。 3. 正确使用餐具。餐后漱口、用自己餐巾擦嘴，将餐具放到指定地点

续表

活动环节	时间	活动常规要求
餐后活动	11:45—12:10	和同伴一起安静地活动,不奔跑
午睡	12:10—14:30	1. 如厕要求同前。 2. 有顺序地穿脱衣物,放指定的地方,能自己盖被子,安静午睡。 3. 不带玩物上床,养成良好的睡姿与习惯
起床	14:30—14:55	1. 起床后自己学习叠被子、穿衣、裤、鞋,乐意帮助同伴。 2. 如厕要求同前
点心	14:55—15:20	1. 有序洗手。 2. 能吃完自己的一份点心
户外活动	15:20—15:45	要求同前
游戏活动	15:45—16:10	1. 能主动参与游戏,与同伴友好协作,注意安全。 2. 共同商讨并遵守游戏规则;会收拾整理玩具
离园活动	16:10—16:30	1. 能主动帮助老师收拾桌面及玩具,整理好自己的物品。 2. 安静耐心地等待家长。 3. 保持仪表整洁,主动和教师、同伴道别,跟随家长安全离园

（二）班级保育工作管理

保育工作管理是幼儿班级管理的重要组成部分,它是幼儿日常生活活动管理的具体化。班级保育工作的组织与管理,为幼儿良好的生活行为习惯、健康的身心发育成长、积极的社会适应能力与自我保护意识等的发展奠定扎实的基础。班级保育工作的组织与管理主要体现在以下几个方面。

1. 明确班级保育工作的具体任务

教师在班级教育计划中,明确提出保育要求和具体任务,在保育观念上树立保育为先的意识,在实践教育活动中保证保育工作的落实。教师还要加强集体、小组和个别研究,并对幼儿入园离园、点心午餐、如厕盥洗、课间活动、午睡起床等一日生活各环节中的幼儿保育工作进行细致指导,与班级教师团队共同协商讨论,创设和调整幼儿良好的生活环境和日常生活活动组织计划,如合理安排教学与保育工作的分工、轮岗等。

2. 营造班级保育工作的积极氛围

对于保育工作,每个人都要非常重视,并能够努力营造出参与保育工作积极的氛围,如在以 3 人教保兼任的班级教师团队中,通过教师——保育员的岗位轮换,让每个教师充分体验保育工作

图9-8　相互配合,营造保育工作的良好氛围

对幼儿成长的重要影响。生活技能是幼儿日常生活能力的重要组成部分，也是幼儿动手操作能力、社会适应能力的体现，教师要不断加强训练自己的保育技能，在工作中做到轻松自如地指导、服务幼儿。

3. 建立班级保育工作的保障机制

教师应在全园和年级管理的基础上，建立本班的保育管理机制，保证保育工作落实到位。如实行家长监督和评价机制，在月末，向家长发放家长保育工作满意度测评表，请家长对照班级幼儿生活护理的标准进行评价，确保保育工作能真正落实到每位幼儿。又如接受全园保育考核，教师对照全园保育工作考核与常规工作检查要点，及时发现工作中的问题和不足，调整班级保育工作内容与进度，确保班级保育工作的科学有序推进。

4. 完善班级保育工作的引导策略

教师要能够对幼儿的日常生活行为规范和良好习惯养成进行积极引导，包括班级中不同幼儿的生活习性、个性特点、身体素质、特殊需要等，都要根据个别幼儿的不同状况因人而异地开展生活护理和保育工作。为实现保育工作的连贯和一致，教师除了要做好幼儿在园日常生活指导和服务，还要能够做好家长的工作，如向家长传达正确、健康的保育观念和方法，幼儿营养、保健的知识和规范等，解除家长的担心和顾虑。与家长一起合作，共同开展保育工作，促进幼儿习惯养成和生活规范，做好幼儿在家庭中的生活行为和习惯引导工作。

二、 教育活动管理

幼儿园班级教育活动管理，是教师依照幼儿园课程和本班幼儿实际，在教育教学活动的组织实施中进行的目标性管理。作为一名合格的幼儿园教师，不仅要能够把自己的教学活动开展得有声有色，还应该在进行教育活动中加强对班级幼儿的活动组织与管理。幼儿园教师对于班级教育活动的管理主要包括：班级教学秩序的管理、幼儿学习管理和非教学活动的组织与管理。

（一） 班级教学秩序的调控与组织管理

班级教学秩序的调控与组织管理是教师在进行教育教学过程中实现教育教学目标的前提条件和重要保证。没有良好的课堂教学秩序或没有对班级课堂活动的秩序性意识，教师很难通过课堂达到自己的教育行为与教学目标的一致性。幼儿园教师增强班级教学秩序的调控意识，运用科学合理、多样化的调控手段，一定程度上可以提高教学效率，增强幼儿学习的注意力，甚至还可以树立教师的威信或者是幼儿心目中的"权威"。教师运用的一般调控手段与方法主要有以下三种。

1. 行为调控

行为调控的具体方式有语言调控法、动作调控法、表情调控法、暗示调控法与冷处理调控法等。幼儿园教师在班级课堂教学活动中最经常采用的行为调控措施是语言调控和动作调控。当教师在组织课堂活动时，幼儿的关注点不仅是活动内容本身，更多的则是教师对自己的注意。在这种情况下，幼儿就会为了教师对自己的关注，做出一些举动以引起教师的关注。此时，教师可以采取行为调控措施。如运用语言调控法："我们班的小朋友在听××故事时都非常地认真。接下来老师有一个问题想考一考小朋友们,有谁愿意回答老师的这个问题呢?"通过让幼儿来回答一些简单的问题获得满足和自信,或者提出稍难的问题引导幼儿思考,幼儿就会在问题的思考中集中注意力,并转移到教师组织的活动中去。又比如运用动作调控法:教师在组织一些课堂活动时,有的幼儿不感兴趣,就有可能做其他的事情,并影响到其他幼儿,这时教师可以走到该幼儿的身边,以相应的动作制止幼儿的行为,如教师可以蹲下来抚摸幼儿的头。

图 9-9　通过提问调控课堂进展

图 9-10　抚摸是亲昵,也是制止幼儿行为的一种方式

2. 环境调控

环境调控的方式包括对活动场地的安排与布置、墙面创设、材料的投放、学习的背景知识与生活经验、安全的心理氛围等几方面的调控。环境调控对班级课堂秩序的保持主要表现在物质环境基础上的心理氛围和情绪、情感的调控。例如,小班幼儿班级课堂秩序调控是有难度的,在组织教学活动的过程中,幼儿情绪不稳定,容易出现焦虑、紧张和哭闹的现象,并在短时间内严重影响其他的幼儿。在这种情况下,教师就要尝试采取预防性的环境调控手段降低突然事件的发生率,创设一个温馨安全的活动空间,以稳定幼儿的情绪。又如,幼儿园班级内的墙面创设,在原则上要具备一定的教育影响作用。教师通过对墙面创设的引导,让幼儿主动地认识课堂环境和遵守秩序,做到环境对幼儿心理的控制与管理。让幼儿一进入到班级中,就自觉按照要求玩与操作,具备主动学习的经验准备,最终实现环境育人的效果。

3. 制度调控

制度建设是班级课堂秩序规范化的必要途径。幼儿园班级课堂制度的建立,确保了课堂教学活动的有序性和幼儿良好行为习惯的养成。制度调控在幼儿园班级的使用,一般是针对年龄较大的幼儿。同时,制度的建立需要教师的示范与自觉遵守,带动幼儿的模仿与学习,共同完善制度的完整性、实效性与教育性。如幼儿园班级制度中要求幼儿在教学活动时有正确的坐姿和站姿,这是养成幼儿良好学习习惯的基本保障措施。在要求幼儿按规定的制度章程执行和操作时,教师如果没有注意到自己的行为与形象,坐姿与站姿都不是规定所要求的那样,就容易让幼儿形成遵守制度的矛盾心理,甚至是抵触心理,对班级的制度也会有所怀疑。如果教师也和幼儿一起按照制度执行相应的程序,遵守班级的教学活动秩序,则幼儿对教师的行为就能正确的认识与模仿学习，并在活动的组织过程中接受教师的调控与管理。

（二）幼儿学习习惯的养成与管理

良好的学习习惯是幼儿获得知识、发展智力、掌握一定的生活经验以及在今后继续接受学习的重要条件。幼儿的学习习惯包括学习兴趣的保持、学习注意力的集中、学习的任务意识及完成情况等。

1. 学习兴趣的保持——创设自主的学习氛围，激发幼儿对学习内容的兴趣

图 9-11　兴趣是最好的老师

兴趣是最好的老师。在幼儿的学习习惯养成中，要加强幼儿保持对学习的兴趣，并不是一件容易的事情。因为，幼儿在学习的过程中，其兴趣的形成与发展是跳跃性的，一会儿兴趣点在这件事物或事情上，一会儿兴趣点又转到了另外一件事物或事情上。而且，幼儿对所学习的对象的感知与兴趣，是建立在已有的知识经验水平上的。幼儿对学习内容的兴趣保持与其个人的兴趣爱好趋于同一方向。因此，在创设有效的学习氛围，激发幼儿学习兴趣时，就要考虑到学习氛围的兴趣点是多方面的。这样，可以保证幼儿对学习内容选择的多样性，同时也促进了全班幼儿在学习情景中的自由、自主选择。这样不仅可以满足个别幼儿参与学习的兴趣，更能够引导幼儿自主发现在各自学习的兴趣点，形成对班级学习氛围的有效建构。

2. 学习注意力的维持——建立科学的教学体系与方法，提高幼儿的学习效果

一般的，根据不同年龄特点，幼儿班级教学活动的时间安排是不同的。小班为 10—15 分钟，中班为 15—20 分钟，大班为 25—30 分钟。这种对学习活动时间的安排与规定，正是从幼儿学习时注意力不易长时间集中的方面考虑的。幼儿在专门组织的教学活动中，其注意力的集中时间一般为 5—10 分钟，而且这个注意力集中时间还要看具体的活动对幼儿是否有很大的吸引力。如果教师组织的活动本身没有什么趣味性，或者教师在组织活动中所表现出来的自身情绪和态度使幼儿难以产生愉悦感，甚至是幼儿不喜欢某个教师，都会对幼儿学习的注意力集中产生影响。因此，教师在教学活动过程中，要对所实施的教学内容进行系统地设计与组织。同时，在组织幼儿学习的过程中，应选择适合幼儿接受的方式。根据幼儿学习时注意力集中时间短的特点，在一次教学活动中选择多种学习方式和多个学习模块，不断调整教学组织形式、不断改变教学内容的呈现方式，以期集中幼儿的学习注意力，增强幼儿班级学习的有效性。

3. 学习任务意识的培养——养成完成学习任务的意识与习惯，促进幼儿的自主学习

学习任务完成与否，直接关系到幼儿对学习目标的接受与对学习内容的掌握。在幼儿园班级教学中，教师都会有意识地给幼儿布置一些相关的学习任务。这些学习任务对幼儿的能力水

平应该是适宜的,即学习任务是幼儿很容易独立完成的,或者学习任务由幼儿通过自身努力,在家长等成人的帮助、指导、协作下克服困难后共同完成的。比如,教师在课堂教学活动中通过示范、讲解与练习,使幼儿掌握了折纸的操作方法,在幼儿离园回家后再完成一件相同的折纸作品。这是对操作技能的练习,是简单的学习,幼儿能很轻松地完成学习任务。再比如,教师在教学活动中只给幼儿提供一些基本的学习材料,让幼儿根据材料的不同,选择自己喜欢的材料完成创造性的学习任务,这对于幼儿来说有一定的难度和挑战,但是幼儿愿意自己进行操作和实验,对其所选择的学习任务感兴趣,那么在成人的指导和帮助下,幼儿也会顺利地完成任务。在完成这类学习任务时,幼儿所获得的不仅是学习的内容本身,还有在学习过程中的坚持、耐心、自信等良好学习品质的锻炼。

（三）非教学活动的组织与管理

幼儿园的非教学活动如节日活动、娱乐活动,都是对幼儿进行社会适应和教育教学的有效补充形式。开展适度的非教学活动,既可以对幼儿扩大社会认识、参与互动,又能让幼儿在寓教于乐的活动中体验参与的愉悦心情。

节日娱乐活动的组织与管理主要体现在以下几个方面。

1. 根据节日主题,从幼儿兴趣出发,选择相应的活动内容与方式

节日和娱乐活动的主题,是教师在组织班级幼儿进行活动,并在活动过程中实施管理手段的中心。主题的确定,是组织节日娱乐活动的灵魂,而选择相应的活动内容与组织方式,则是组织活动的载体。节日娱乐活动的组织与管理,既要注意其教育作用,又要注意幼儿参与的主动性和积极性,要适合幼儿的年龄特点和心理需要。以幼儿比较喜欢的形式开展节日娱乐活动,是班级组织与管理活动的切入点。从幼儿参与活动的兴趣去组织活动,往往会让幼儿感觉

图 9-12　"六一"儿童节文艺演出活动

到教师对他们的尊重与支持;也会使幼儿认识到,在这一类活动中,他们可以用自己最喜欢、最擅长的形式和方式进入自觉遵守活动秩序的活动状态。比如,"六一"儿童节是采用文艺演出的形式,还是游园会的形式,在组织和管理上就有很大的不同。

2. 根据园所班级的实际情况,安排活动的人数与合理的场地布置

节日娱乐活动的具体实施,要考虑幼儿园及其班级实际情况。在班级活动组织中,班额越小,组织和管理起来越容易。但是在节日活动中,班额越小,也就意味着班级活动越显得单调,也就失去了节日活动的欢庆氛围了。环境和活动场地对幼儿参与节日娱乐活动也有一定的影响:场地太小,幼儿活动不开,容易造成场面拥挤导致伤害事故;场地太大,幼儿分散太远,教师

图 9-13　合理安排活动人数和场地

难以控制，不易集体管理。因此在节日娱乐活动中要注意对班级人数与活动场地进行有效控制和合理安排，并针对不同情况组织实施，如分组、竞赛等形式，在活动中促进幼儿之间的合作与分工、独立操作与互相帮助等。

3. 根据教师自身的能力水平，实现活动的教育价值与效果

要实现良好的活动教育价值与效果，教师必须注重自身能力水平的提高，加强活动组织与管理的自觉性。从教师自身水平出发的管理，不失为一种有效的管理。如一位刚刚毕业走上工作岗位的新教师在组织节日娱乐活动时，首先想到的是，将要运用什么样的教育与管理理论去指导自己在活动中的管理举措，但结果往往并不是预期的那样，甚至结果会更糟。而一位有着十年教龄的教师在组织活动时，首先起作用的是这位教师已有的经验，而这种已有的经验在很多场合下屡试不爽。因此，教师必须根据自身的能力水平采取相应的管理行为，不能照搬理论或经验，要针对不同的活动努力提高自己的管理能力。

第三节　幼儿园班级的文化

共同讨论

1. 自己所在班级的文化有什么特色，班级成员对班级集体有很深的感情和向心力吗？
2. 你了解幼儿园班级的文化吗？请根据自己的认识举例说说它有哪些具体的表现。
3. 怎样理解"让幼儿园班级的墙面会说话"这种说法？

一、幼儿园班级文化及其表现形式

（一）幼儿园班级文化

班级群体文化，简称班级文化。它是作为社会群体的班级成员间在态度、信念、价值观等方面达成共识、认同的复合体。班级文化是一个班级的灵魂，是每个班级所特有的，它具有自我调节、自我约束的功能。

幼儿园文化是幼儿园在长期的教育实践中积累和创造出来的，并为其成员认同和遵循的价值观念体系、行为规范准则和物化环境风貌的一种整合和结晶。而幼儿园班级文化是构成幼儿园整体文化的具体单元。由于班级教师教育观点和能力的不同、家庭教育资源利用的不同、幼儿的个性表现和同伴关系不同,造成了各个班级之间的班级文化氛围也有所不同。

（二）幼儿园班级文化的具体表现形式

1. 物质文化

班级物质文化是班级文化最直接、最直观的形式。它主要包括班级教室内外环境的设计、布置以及班级的教育设施等。具体又表现为:(1)环境卫生,如地面干净卫生、桌椅橱柜无落尘、窗台门窗整洁等。(2)物品摆放,如玩教具按类归置、图书材料整齐、睡眠室安静整洁等。(3)墙面利用,如主题墙面、照片墙、攀岩墙、信息张贴栏等。(4)活动区角,如自然区角、游戏区角、阅读区角、表演区角等。班级是孩子的第二个"家",良好的班级物质文化会对孩子产生"润物细无声"的浸润和熏陶。

2. 精神文化

班级精神文化是班级全体成员的群体意识、舆论风气、价值取向、审美观念等精神风貌的集中反映,是班级文化的核心。良好的班级精神文化使人身居其中,时时处处感到对集体的安全感、依赖感和认同感。具体又表现为:(1)人际关系,如师幼关系平等和谐、教师家长关系信任融洽、幼儿同伴关系团结友爱。(2)情绪情感,如主动维护班级形象、依恋认同教师、积极参与班级活动等。(3)心理状态,如参与活动表现活跃、听从教师安排游戏角色、保持积极的自我适应等。

3. 制度文化

制度文化是班级文化的文字表现形式,是班级文化的书面化。制度文化包括班级的各种规章制度、班级公约、活动纪律、日常行为规范和口头约定等。具体又表现为:(1)规章制度,如幼儿园教师和保育员工作制度、幼儿园家长工作制度、班级卫生值日制度等。(2)日常行为规范,如班级幼儿卫生习惯要求、自主游戏注意事项等。(3)口头约定,如小红花奖励、礼貌问好、说普通话等。制度文化既是班级精神文化的外在显现,也是班级物质文化建设的有力保障,因此在幼儿园班级文化中,制度文化具有十分重要的作用。

二、幼儿园班级文化建设

（一）物质文化建设

优质的班级文化建设不能忽视良好物质环境的准备和创建。我们所熟悉的"环境育人"主要就是讲物质环境的。整洁的、有创意的班级物质环境文化,能让幼儿身处其中,并时时感受到教室布置的亲切温馨、物品陈设的舒适自然、环境设计的艺术感染。环境创设能让班级的每一面墙壁会说话,每一个角落都启智,能让有限的教室空间发生无限的教育资源,对幼儿的成长具有潜移默化的教育影响力和感染力。

班级环境创设的服务对象是不同年龄阶段的幼儿,因此,班级物质文化建设也要根据班级幼儿的整体能力和兴趣的不同而选择不同的风格。如小班物质环境在创建时,就要考虑小班幼儿对家庭环境和幼儿园班级环境上的衔接和适应，教师在创设时增添幼儿喜欢的玩具，粉刷或张贴色彩鲜艳、形象可爱的图案，并配以极具童趣、富有个性的涂鸦作品，让这些物质环境深深地吸引着幼儿，增强幼儿对新环境的适应，形成对教师和教室环境的安全感和依赖感。

班级物质环境的创设，还要能够随教育主题和季节变化而进行相应的更新。班级物质文化建设不是一成不变的，它需要不断地变化、完善、更新，始终为幼儿成长和学习服务，为班级教育教学进展和主题活动变化服务，体现班级物质环境的实效性，避免把物质环境特别是墙面文化变为一种摆设。

（二）精神文化建设

积极健康的精神文化环境能让人心情放松、精神愉快、心理健康。幼儿园班级的精神文化建设要从幼儿的身心和谐健康发展出发，以优质的物质文化建设为基础，以规范的制度文化建设为保障。和谐的班级人际关系是精神文化建设的核心。

1. 建设班级精神文化，必须建立民主平等的师幼关系

在班级精神文化不断成形的过程中，教师应尊重、接受幼儿的情感、态度和行为。这是建立师生间积极关系的基础，也是进一步培养幼儿良好社会性行为的基本条件。如在日常生活中，教师的微笑、注视、抚摸等表情和动作，表示教师对幼儿的关心、接纳、爱抚、鼓励；交谈时蹲下来和孩子说话，恰当的眼神、表情的使用也能使幼儿对教师的情绪状态和对自己行为的反馈有更为明确、深刻的体会。

2. 建立良好的同伴关系，及时加以情感引导

幼儿园班级应该有一种相互关心、友爱的氛围，这是创设良好精神文化环境、帮助幼儿产生各种亲社会行为的重要基础。例如，游戏时玩具共享不抢夺；不小心碰到别人说"对不起"；交往时应习惯说"请"、"谢谢"、"对不起"等礼貌用语。教师要鼓励幼儿积极参与活动，以增强其自信心和积极、愉快的情感等。

图 9-14　建立良好的同伴关系

图 9-15　班级组织亲子户外活动：摘草莓

3. 建立家园共育协作的教育氛围，维护幼儿教育环境的一致性

幼儿园的各项教育始终离不开家长的配合。教师要经常和家长交流，互相学习，取长补短，共同教育好幼儿。教师与家长的交流和沟通，要确保家园教育资源的共享，增强教师与家长关系的默契，搭建家园共育的平台，形成良好的人际关系和精神氛围，给孩子以良好的隐性教育环境。

（三）制度文化建设

制度文化首先表现为文本化的各种规章制度，这样的制度既有国家颁布的教育方针、政策、法律、规章，也有政府主管部门制定的各类章程、规则、指示、要求等，还有班级结合自身实际而制定的大量有关教育教学、科研、工作、学习、日常管理等规章制度。这些外显的、物化的规章制度就是幼儿园班级中要求大家共同遵守的，具有科学性、思想性、教育性的办事规程或行动准则，它是幼儿园制度文化中重要的物质财富。

在制定相关班级制度，建设班级制度文化过程中，教师要身体力行，为幼儿树立良好的榜样。制度文化是幼儿园班级重要的文字和经验财富。制度内化为教师个体的素质，转变为教师个体思想观念、道德认识水平、价值观念等方面的内隐的"规章制度"，即职业道德和文化修养。而当教师把这种制度规范转化为内部自我需要和自觉要求时，不仅是建立外显的、物化的规章制度的目的和归宿，也有利于幼儿园形成一种良好的制度文化氛围，从而最终影响积极的班级制度文化创建和幼儿行为习惯的自觉养成，才能为幼儿发展营造出良好的人文环境以及优秀的制度文化氛围。

------- ● 单元回顾 ● -------

　　幼儿园班级的组建，包括入园报名与随机编班、建立档案与班级雏形、入班教育与建立常规、集体归属与适应调整、班级运行等环节；要考虑人员配备、教育教学设备与物质资料、活动空间、班级制度等条件；还要强调教师团队之间要充分互信、一日常规制定具有可行性、对群体与个别的共同关注、幼儿档案信息的充实完善等。

　　幼儿园班级的日常管理包括幼儿日常生活管理和幼儿教育活动管理。日常生活管理涉及班级常规建立和保育工作管理两个方面。班级教育活动的管理主要包括：班级教学秩序的管理、幼儿学习管理和非教学活动的组织与管理。

　　幼儿园班级文化是构成幼儿园整体文化的具体单元，包括物质文化、精神文化和制度文化。

单元讨论

教师不一定要做"执法者"①

身为幼儿园教师,每天充斥于耳朵里的恐怕就是各类报告了。说开了,不外乎是孩子间的纠纷、矛盾。对于类似以下这种事情,该怎么处理呢?

大三班上出了一件"大事":张璇种的"魔豆宝宝"不知被哪个小朋友不小心把刚长出来的茎碰断了。为了要以正视听,作为老师理所当然地要"立案调查"。于是,张老师对全班小朋友说:"到底是哪个小朋友弄的?"见没有一个小朋友承认,接着说:"其实,老师知道是哪个小朋友弄的,就看这个小朋友诚不诚实。"一旁的朱老师也追加了一句说:"对的,只要这个小朋友承认错误,我们就原谅他了。"听了两位老师的话,全班小朋友都郑重其事地摇着头,说:"不是我弄的,不该弄的。"

面对这种尴尬的境地,两位老师有点骑虎难下,但又不能就这么算了,气氛就这么僵持在那儿。该怎么处理这件事呢?

当老师的权威受到全班孩子的挑战时,当全班孩子都无辜地看着你时,应该怎样冷静又恰到好处地维护孩子的自尊和老师的威信?

结合本单元内容,讨论并分析教师在班级活动管理时应注意哪些问题,教师应该如何有效管理幼儿班级。

单元任务

1. 对照目标指引,检测自己对本单元目标的实现情况,并及时回顾与巩固。

2. 创造机会,实地观摩幼儿园半日或一日活动,分析所观摩班级的管理状况及问题。

3. 选取某一个"推荐资源",或安排一次幼儿园见习活动,在组内或与同伴讨论分享幼儿园班级管理的相关问题。

推荐资源

1. 纸质资源:

(1) 唐淑,虞永平. 幼儿园班级管理:综合卷[M]. 南京:南京师范大学出版社,1997,12.

(2) [美]华纳等. 幼儿园班级管理技巧150[M]. 曹宇,译. 北京:中国轻工业出版社,2011,2.

2. 视频资源:

电影《看上去很美》,张元导演。

① 朱家雄,张亚军. 给幼儿教师的建议[M]. 上海:华东师范大学出版社,2010,6.

单元作业

观看电影《看上去很美》，结合教材内容，撰写不少于 500 字的观后感，尝试从教育管理的角度，分析故事中方枪枪的成长环境。此处可记录要点或提纲：

_____

_____

_____

_____

_____

_____

_____

_____

_____

_____

_____

_____

_____

_____

_____

_____

_____

_____

_____

_____

_____

_____

_____

_____

幼儿园教育的合作

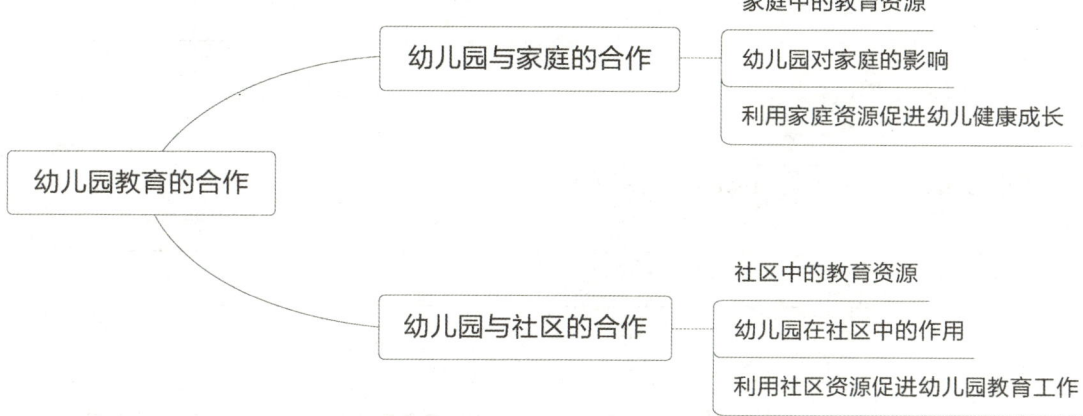

1. 能主动梳理家庭中的教育资源,了解幼儿园教育对家庭教育的指导和影响,学会掌握有效利用家庭的教育资源、促进幼儿健康成长的方法。

2. 了解和发现社区中的教育资源和价值,认识幼儿园对社区建设的基本作用,熟悉、掌握利用社区资源促进幼儿园教育工作的途径和方法。

课前准备:浏览教材内容,尽可能完成以下任务。

1. 提炼教材要点:

_____

_____

_____

_____

2. 提出需要向教师请教的问题：

_____

_____

_____

3. 同伴讨论：(1)幼儿园与家庭和社区之间的关系是什么？(2)如何充分利用家庭和社区教育资源？(3)指导家长与家园共育是否矛盾？如何理解幼儿园教育与家庭教育的关系？

讨论记录：

_____

_____

_____

课堂讨论：积极参与课堂讨论，并记录要点：

_____

_____

_____

课后延伸：

查阅意大利瑞吉欧幼儿教育的相关资料，梳理其有关与家庭、社区合作共育的要点：

_____

_____

_____

单元导言

新学期快到了，王老师带新一轮的小班。拿到花名册后，王老师认真地看着这些还未见面的孩子的信息。这时电话来了，一个新生的家长很不好意思地说："王老师，有个冒昧的请求，请你抽空来我们家做客吧，顺便买个玩具给孩子送来，当然这个钱由我们来付。我们家孩子胆子小，比较畏惧上幼儿园，我们想如果你能带着礼物来看孩子，对孩子适应幼儿园肯定有好处的。"

如果你是王老师，如何看待家长的请求？你又会如何回应家长呢？

第一节 幼儿园与家庭的合作

《幼儿园教育指导纲要（试行）》中提出："幼儿园应与家庭、社会密切合作，与小学衔接，综合利用各种教育资源，共同为幼儿的发展创造良好的条件"，"家庭是幼儿园重要的合作伙伴，应本着尊重、平等、合作的原则，争取家长的理解支持和主动参与，并积极支持、帮助家长提高教育能力"。因此，幼儿园作为学前教育的专业机构，应将家园合作成为工作的重心之一，并有针对性地帮助家长端正教育思想、掌握科学的育儿知识、纠正教育行为的偏差，更好地发挥家庭教育资源的作用，整合家园教育的共同优势，形成教育的合力，促进幼儿的全面发展。

共同讨论

1. 幼儿园教育与家庭教育有何不同？哪个更重要？

2. 在教育上，幼儿园比家庭更专业，幼儿园与家庭是指导与被指导的关系？

3. 孩子上幼儿园之前，教育的职责在家长；上幼儿园之后，教育的职责就完全是幼儿园老师的了？

一、家庭中的教育资源

家庭是幼儿自然成长和接受教育的第一环境。在幼儿的家庭生活中，蕴含着诸多有益幼儿发展的教育因素和资源。促进幼儿健康成长，实现幼儿园与家庭的合作，就要充分利用家庭中的教育资源。这些教育资源包括下面所述的五个方面。

（一）居住环境

幼儿的成长离不开物质环境的支持。家庭作为人们的日常居住环境，对幼儿的成长有着至关重要的作用。它是幼儿认识外部世界的窗口，也是获得生存与安全需要的物质基础。家庭中有关房间布置、器具安放、空间规划、物品陈设甚至是照明采光等，都会对幼儿的日常生活和环境适应起到潜移默化的影响。

（二）人际关系

家庭中的人际关系是建立在以幼儿为中心、以家庭血缘情感为纽带的人与人之间的相互关系。在中国普通家庭中，家庭成员的构成主要是"1—2—4"的形式，即幼儿—父母—祖父母和外祖父母。由于是以幼儿为中心的，所以需要家长要建立更为融洽的、民主的、理性的人际关系，否则极容易导致所有家庭成员对幼儿的溺爱，进而影响幼儿的健康成长。

（三）家长职业

家庭成员也属于社会成员，家长作为其中的一分子，每个人都担当着不同的社会角色。家长的职业角色意识会在日常的家庭生活中表现出来，而职业意识对幼儿的发展会产生重要的影响，体现在对幼儿的生活习惯、社会意识和社会交往适应影响等方面。

图 10-1　家长同样担当不同社会角色

（四）生活方式

在家庭生活中,日常起居、饮食习性、人际来往等方面都是相对固定的,这些生活方式是在长期的家庭组织运行中得以形成的。家庭生活方式对幼儿有着非常重要的影响,如每天早餐吃什么、父母几点钟上班下班、由谁每天负责接送孩子上幼儿园、每个人的休闲娱乐活动方式是什么等。

（五）教育观念

教育观念的不同,取决于家长自身的文化及教育素养。家庭成员之间的教育观念有着各自的差异,而教育观念对幼儿的发展起着重要影响。幼儿良好的生活习惯、学习习惯和行为规范的养成,都是在家长教育观念的渗透和教育行为的指导下,逐步接受、适应和成形的。而这些习惯一旦形成,就会影响幼儿一生的发展。

图 10-2　家庭教育的常见问题:过分宠爱

图 10-3　孩子的无所适从

二、幼儿园对家庭的影响

幼儿入园后,作为专业教育机构的幼儿园应该对家庭科学教养观念的形成产生积极影响。这些影响会体现在以下三点。

（一）家长教育观念的转变

一般而言,幼儿园教师的教养观念和水平,要比家长群体更专业。同时,家庭中隔代教育的现实,容易形成溺爱、放任等教育方式。幼儿园通过家长会、家园联系等方式,对家长的教育观念进行不断地转化,如指导家长通过阅读一些科学育儿之类的教育书籍,主动认识和了解幼儿的身心发展特点和认知规律;指导家长在家庭中为幼儿创设一个独立的小空间,并提供丰富的玩具材料,让幼儿自由自主地进行一些创造性活动;指导家长学会倾听幼儿的心声,尊重和满足幼儿游戏与自我发展的权利等。

（二）家庭生活方式的调整

从家长把幼儿送到幼儿园第一天起,家庭生活方式就会发生明显的变化。家长要考虑幼儿园的作息时间,早上什么时间送到幼儿园按时进班,下午几点钟去接幼儿安全回家。因此家长不得不调整家庭的生活方式,以保证幼儿几年的幼儿园生活有秩序地进行。家长要从调整作息时间、安排生活内容等方面综合考虑,逐步改变原来的生活方式。

（三）幼儿人际关系的变化

幼儿在家庭中一般处于中心地位,所有的人际关系都是以幼儿为核心运转的。到了幼儿园,班级的幼儿有二三十个之多,幼儿不再像在家庭中总是处于中心位置。人际关系由亲子关系变成了师幼关系和同伴关系,这些关系是共生的、自由平等和自主选择的。幼儿园中人际关系的变化,也要求家庭做出相应的调整和适应。如幼儿在家中为了满足自己获得玩具、食物的需要,采取一些像哭闹、发脾气等极端的方式,往往家长都会尽量满足。再如有些家长喜欢在上幼儿园期间,给幼儿带玩具、水果或其他物品,而且告诉幼儿不要与小朋友分享。这些在幼儿园都是不提倡的。因此,这样的家长都要慢慢地做出调整,以便让孩子适应集体生活和同伴关系的转变。

（a）

（b）

图 10-4 从亲子关系到同伴关系

三、 利用家庭教育资源促进幼儿健康成长

幼儿园充分利用家庭教育资源,是幼儿园教育与家庭教育合作的重要任务。幼儿园教师要根据不同的家庭的特点,对家长进行全方位的指导,促进家长教育观念和行为的改变。幼儿园教师对家长的指导主要表现为以下几方面。

（一）指导家长培养幼儿良好的生活习惯

幼儿良好生活习惯的养成,有助于其日后的生活和学习。家庭中的物质生活环境,对学前儿童是最熟悉的。比如家庭中的各个房间被父母布置得温馨舒适、错落有致,所有的生活物品也都摆放整齐、有条不紊。教师要帮助家长认识到习惯的重要性，让幼儿从小就能在父母的影响下，慢慢养成良好的生活习惯。如，健康的饮食和卫生习惯，让幼儿在和父母一起进餐时不挑食、不大声交谈或边进餐边看电视、学会帮父母收拾碗筷；为他人和自我服务的习惯，让幼儿和父母一起整理自己的衣物，学会正确的叠放方法；学会在玩玩具时不损坏玩具、轻拿轻放，不乱扔玩具，知道怎样收拾和放置玩具，等等。

（二）指导家长培养幼儿的积极情感体验

家庭人际关系和谐、民主，家庭成员之间相互尊重、平等友善，就会使幼儿在未来的社会生活中获得融洽的人际关系。相反的，如果家庭成员之间人际关系紧张，在日常琐事中经常推卸责任、互相埋怨，甚至出现家庭冷暴力，则会使得幼儿产生消极的情感体验，不利于其日后的健康成长。教师应指导家长在平常生活中，相互尊重、学会倾听幼儿的想法，对幼儿的积极行为进行肯定和鼓励等。

（三）指导家长培养幼儿动手操作能力

家庭是一个比较自由的活动环境，在属于家庭的内部空间里，幼儿和家庭成员可以随意地使用家庭中的一些材料，进行生活、工作和学习等方面的操作。教师可以建议家长和幼儿进行有意义的操作与探索活动，如对阳台的空间布置与利用，父母就可以和幼儿一起，找一些废旧的物品进行趣味改造，或种植一些绿色植物等，用以装扮阳台。

（四）指导家长培养幼儿的独立自主意识

自由安全的家庭环境，能够让幼儿在熟悉的家庭生活中获得安全感和独立自主意识。教师在指导时，可让家长考虑幼儿在家庭中是否感到安全。如家庭环境中的物品、材料和家具等物品，以及家庭室内空间大小、通风、采光、装修、水电问题是否具有安全性。也可以让家长和幼儿共同布置独立空间，在其中自由、独立和有兴趣地完成自己的事情，如自己的玩具、床铺、衣服鞋袜和其他物品的整理等。在幼儿需要时家长还要提供帮助，以培养幼儿的独立自主意识。

第二节　幼儿园与社区的合作

共同讨论

1. 当代社会社区环境有哪些可以有效利用的教育资源？
2. 幼儿园与社区的关系是什么？
3. 幼儿园教育工作与社区活动可以从哪些方式相互配合、协作？

可结合自己所在的社区谈谈对以上问题的认识。

一、社区中的教育资源

（一）社区的物质资源

社区的物质资源主要包括社区的花草树木、景观建筑、机构设施等。广阔的田野、茂盛的蔬菜园区、秀丽的公园、忙碌的工厂、整洁的道路、历史遗迹等，这一切为我们的教育提供了得天独厚的条件。不同的季节，社区里有不同的自然风景，可以让幼儿了解身边的科学、认识周围的自然。社区里的各种机构设施，也是一种可以利用的教育资源。如带幼儿实地参观，可加深对社会生活的了解。

（二）社区的人力资源

社区蕴涵着丰富的人力资源。家长是我们可以最大程度利用的教育资源。幼儿园的各项教育活动，都离不开家长的支持和协助。家长来自不同的岗位和职业，一定程度上显示出社会生活的多姿多彩。社区中有从事各行各业的人员，如消防员、超市收银员、清洁工、劳动工人等，他们的劳动展示着多彩的社会职业，给幼儿认识社会角色提供丰富的素材。社区里的离退休老人、劳动模范、民间艺人等更是潜在的教育力量，邀请他们融入幼儿活动中，幼儿更容易接受，可以起到教师不可替代的作用。

（三）社区的文化资源

每个社区都有自己的文化特色，大到风俗节日、民间传统，小到社区居民的仪表言谈、邻里关系、文明素养等。优秀的社区文化是公共无形的教育资源，同样也是幼儿园教育的宝贵资源。比如重阳节组织幼儿到社区慰问老人、送自制礼物、表演节目，进行尊敬老人的教育。社区中的特色文化，如刺绣、剪纸等极具民族文化魅力；本地的革命历史故事，可以激发幼儿爱家乡、爱祖国的情感。

（a）

（b）

图 10-5　社区文化

可见，社区中蕴涵着丰富的教育资源，为幼儿园教育的开展，提供了丰富的内容、活泼的形式，扩大了幼儿园教育的深度和广度。

二、 幼儿园在社区中的作用

（一） 发挥社会宣传职责

作为专门的学前教育机构，幼儿园应主动担负向其所在社区及社区成员宣传党和国家的教育方针和传授科学育儿知识的任务。如将社区家长学校或社区早期教育指导中心设在幼儿园里，承担家长学校相应的职责，并及时摘选一些教育文化信息、科技知识、教育政策法规等材料向幼儿家长和社区人员进行宣传介绍。还可以利用家长宣传栏，宣传科学保教知识的内容和方法。

图 10-6　幼儿园开展早教社区家庭指导　　　　图 10-7　幼儿园向社区人员进行早教指导

（二） 利用幼儿园特有资源，为社区提供早教服务

作为社区的一个学前教育机构，可让社区婴幼儿共享学前教育资源，最大程度地发挥幼儿园教育资源的利用率。如与社区合作，在幼儿园成立社区幼教活动中心，与社区共享幼儿园的会议室、演出设备场地等；邀请社区家长和婴儿参加亲子活动，在双休日定期向社会低幼孩子开放户外大型玩具。通过活动，使得社区中未入园的婴儿提前熟悉幼儿园的环境，为以后适应幼儿园生活提供了基础。

（三） 发挥精神文明阵地的影响辐射作用

幼儿园自身通过提高教职员工素质、加强园风园纪建设，树立教师良好的文明形象和专业形象，发挥社区精神文明阵地的影响作用。比如积极组织教师、幼儿参加社区的社会实践活动，如社区植树活动、环保活动、公益募捐活动等，为社区的精神文明建设做出榜样示范。积极开展幼儿教育入户指导，向社区成员展现教师的专业素养和教育文化水平，引导社区人员接受先进教育思想、充实个人和家庭文明教育观念等。

三、利用社区资源促进幼儿园教育工作

（一）研究与整合社区资源的优势

社区是一个较为系统、自然和完善的社会环境，要最大限度地利用社区环境，就必须对幼儿所处社区环境的优势进行研究与整合。社区环境教育资源包括社区意识、社区归属感、良好的社区氛围、社区互助的伦理规范等。在研究这些资源及其价值时，幼儿园教师首先要研究其内容与功能，可以利用现代化的手段，建立有关信息库，包括资源的数量、种类、质量、结构、功能等，为合理统筹所需要的或者可以利用的环境资源做好前期准备。

图 10-8　组织幼儿参加社区环保志愿服务

（二）发现与运用社区资源的特色

社区资源很多，在选择和利用社区资源时，幼儿园教师要注意资源的利用率，发现幼儿社区环境与众不同的特色，找到各个社区环境之间的差异，以便于运用不同的社区资源和特色开展相关活动。幼儿园教师要主动与相关单位，如街道办、居委会联系，与之形成教育资源合力，积极运用各种方式，把社区环境资源转化为环境教育和特色区域课程。

（三）利用与拓展社区资源的场所

社区环境的场所，是所有社区内不同家庭和其他社会人员共同生活和使用的空间场所。利用与拓展社区环境的场所，可以促进幼儿在社区环境中获得基本的社会生活经验，并在自然的社会生活场景下培养关心他人、关注社会等情感。幼儿园教师要善于利用并积极开展一些特色的、适合幼儿的社区集体活动。如市民广场的大面积绿化、社区公园的小型创意建筑、流经小区的自然河道、社区街道附近的图书馆或博物馆等公共文化场所等，都可以将其作为社区环保教育和文化传承的自然和人文课堂，让学前儿童真切感受到人与人、人与自然、人与动植物、人与文化氛围之间亲密和谐的关系。

（四）参与与创设社区资源的活动

许多社区都建设了一定的公共场所和设施，以满足周围人们的日常生活及娱乐休闲活动。正是由于人们每天都会在这些场所中有相对固定的活动内容，才使得整个社区活动丰富多彩，充满生活的气息。因此，幼儿园教师和家长要有意识地引导幼儿去了解社区文化活动内容和形式，并积极地参与一些娱乐活动。同时幼儿园还应该担负起社会教育功能，积极引导与创设社区活动，如带领幼儿欣赏社区节日庆祝演出、到相关机构中采访慰问、发放有关科学育儿的调查问卷、组织幼儿园开展文艺演出等。

单元回顾

　　家庭中的教育资源包括居住环境、教育观念、家长职业、生活方式、人际关系等方面；幼儿园教育应对家庭教育产生积极影响，包括引起幼儿人际关系的变化、家庭生活方式的调整、家长教育观念的转变等；幼儿园要利用家庭教育资源促进幼儿健康成长，包括指导家长培养幼儿良好的生活习惯、积极情感体验、独立自主意识、动手操作能力等。

　　社区中的教育资源包括文化资源、物质资源、人力资源等；幼儿园在社区中可以发挥社会宣传、早教服务、精神文明辐射等作用；要利用社区资源促进幼儿园教育工作，包括研究与整合社区资源的优势、参与与创设社区资源的活动、利用与拓展社区资源的场所、发现与运用社区资源的特色等。

社区图书馆已成为离城市居民最近的"公益大书房"①

马上就要到"世界读书日"了,但在"全民阅读"的大背景下,读书绝不能局限在某一日。今年的全国两会上,"全民阅读"和"书香社会"依旧是代表委员们关注的热点话题之一。有政协委员提出,社区图书馆是大力推进全民阅读的有力手段。"静立窗前观云起,默坐桌边闻书香"。一眼望去,书架上文学类、科学类、法律类、历史类、少儿类一应俱全,旁边的杂志架上,还有各种期刊,几位读者在认真翻阅。这是新城区昆仑社区图书馆的日常情景。

社区图书馆,是指为一定地域内居民服务的具有公益性、教育性、休闲性等特征的文献信息集散场所,其功能包括开展社会教育等,可以说是离城市居民最近的"公益大书房"。"近年来,随着全民阅读活动的蓬勃发展,打通公共文化服务'最后一公里'的建设如火如荼。我馆在全市已经建成了20多个社区图书分馆,这些社区图书馆的书籍,有的全部由我馆提供,有的提供部分。"据徐州市图书馆馆长助理管黎介绍,居民距离公共图书馆比较远的,借书还书都落到社区,真正做到了打通全民阅读的"最后一公里",大大方便了群众。

可以说,社区图书馆的建立在给居民提供免费看书场所、满足居民精神文化需求、激发居民阅读积极性等方面起到了积极作用,而这无疑对全民阅读和书香社会建设产生不小影响。

结合以上材料讨论所在社区的教育资源,我国未来社区应具备哪些教育功能? 幼儿园应如何与社区合作共育?

1. 对照目标指引,检测自己对本单元目标的实现情况,并及时回顾与巩固。

2. 利用下园实习或创造机会,访谈幼儿园园长或教师,了解幼儿园与家庭合作共育的有效措施。

3. 考察所在社区教育资源,做出分析评判。

---

① 资料来源:徐州日报.

推荐资源

纸质资源：

（1）汪秋萍，陈琪.家园沟通实用技巧[M].上海：华东师范大学出版社，2013，6.

（2）[美]钱德勒·巴伯等.家庭、学校与社区——建立儿童教育的合作关系（第4版）[M].丁安睿等，译.南京：江苏教育出版社，2013，1.

（3）尹建莉.好妈妈胜过好老师[M].北京：作家出版社，2009，1.

（4）[日]黑柳彻子.窗边的小豆豆[M].赵玉皎，译.海口：南海出版社，2011，1.

以下可分组完成,每人参加 1 项。

1. 利用下园实习的机会,通过实地考察或访谈园长教师,了解幼儿园与家庭合作共育的有效措施,撰写不少于 500 字的访谈报告,突出幼儿园的实际做法及自己的体会。

此处可记录要点或提纲:

_____

_____

_____

_____

_____

_____

_____

_____

_____

_____

_____

_____

_____

_____

_____

_____

_____

_____

_____

_____

_____

_____

_____

2. 小组任务:利用周末时间,深入各个社区调查社区文化建设和教育资源,可采取笔记、拍照、摄像、访谈等方式获取一手资源,完成社区文化资源调查报告,不少于500字。

_____
_____
_____
_____
_____
_____
_____
_____
_____
_____
_____
_____
_____
_____
_____
_____
_____
_____
_____
_____
_____
_____
_____
_____

幼儿园教育的衔接

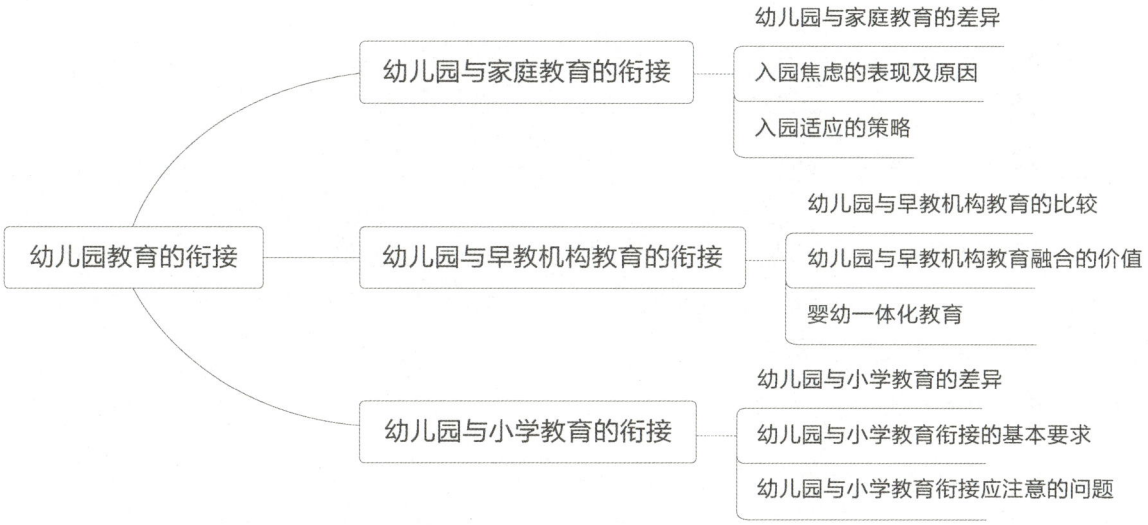

1. 了解幼儿园与家庭教育的差异,能分析幼儿入园焦虑的表现及成因,掌握缓解幼儿入园焦虑的方法。

2. 了解幼儿园与早教机构教育的差异,理解幼儿园与早教机构融合的价值和可行性,掌握幼儿园与早教机构教育衔接的方法。

3. 了解幼儿园和小学教育的差异,理解幼小衔接的基本要求和要点,全面掌握幼小衔接的具体实施策略。

4. 能正确区分幼儿入学准备教育与小学化倾向的本质区别,并指导幼儿园教育实践。

学习指导

课前准备：浏览教材内容，尽可能完成以下任务。

1. 提炼教材要点：

_____

_____

_____

2. 提出需要向教师请教的问题：

_____

_____

_____

3. 同伴讨论：(1)新入园幼儿为什么会哭闹，怎么应对？(2)你对 0—3 岁早期教育机构了解多少，有什么特点？(3)联系个人成长经历，说一说幼儿园和小学的差异。(4)如何看待幼儿园教育小学化倾向，危害有哪些？

讨论记录：

_____

_____

_____

课堂讨论：积极参与课堂讨论，并记录要点：

_____

_____

_____

课后延伸：

1. 利用实习机会访谈家长和幼儿园教师（或查阅资料），了解幼儿入园适应情况，整理要点：

_____

_____

2. 访谈小学生或其家长，了解小学新生入学适应情况，整理要点：

 **单元导言**

　　开学的第一天，妈妈开车送戴维去学校。突然，戴维发狂式地在他的小书包里翻找，"我的水彩笔呢？"他语气紧张地问妈妈。"宝贝，听着，小学就像幼儿园一样。老师会给你水彩笔的。"妈妈语气平静地解释说。"但是我现在就要，"戴维说，"我必须把你画下来，这样在学校里我就不会忘记你的模样。"

　　戴维的举止说明了什么？你还记得自己第一天上幼儿园的情景吗？还能描述自己第一天上小学的情景吗？

第一节　幼儿园与家庭教育的衔接[①]

 共同讨论

1. 幼儿园与家庭教育的不同之处有哪些？这些对孩子而言意味着什么？
2. 你见过新生入园第一天的场面吗？父母和幼儿园教师通常会怎么做？

一、幼儿园与家庭教育的差异

（一）从形式上看，家庭教育是个别化教育，幼儿园教育是集体化教育

　　我们知道，现代家庭以独生子女家庭为主要类型，因此家庭教育在形式上表现为个别化的教育，即家长以单个幼儿为教育对象，采取一对一或多对一的形式。而幼儿园是以班级集体为

---

① 吴雪明. 托班幼儿分离焦虑的现象、原因及缓解措施[J]. 现代幼教,2013,7. 本节参考了此文,有改动.

图 11-1　幼儿园的集体教学活动

基本活动单元的，不管是日常生活活动、游戏活动还是教学活动的组织，都是集体或分组共同完成的，很少以个别教育为主。由于教师配备和教育资源有限，采取一对多或少对多的形式，在形式上表现为集体化教育。

（二）从内容上看，家庭教育注重生活养成教育，幼儿园教育注重保教结合教育

在教育内容上，家庭日常生活是基本的活动内容。每个家庭的生活方式、习惯各不相同，家庭成员的教育观点、方法也有不同。在对待幼儿的家庭生活教养与教育引导上，家庭教育往往注重于在生活养成教育，注重于幼儿的身体生长发育和生活行为的自然发展。幼儿园的主要任务是对幼儿实施保教结合，促进幼儿身心健康和谐发展，注重保育与教育相结合，在教育内容上以保育为主，兼顾教育，力争做到保中有教、教中有保。

（三）从教育者看，家庭教育中是家长承担教育工作，幼儿园教育是专任的保教人员承担教育工作

家长是家庭教育的主要承担者。家庭教育有效与否，取决于家长自身的教育观念、教育方法和教育行为，但家长要成为合格的家庭教育者需要不断地学习以提升自身的教养水平。幼儿园是一个专门的、专业化的教育机构，幼儿园教师（含保育员）必须持证上岗，意味着所有的幼儿园工作人员都经过专业培养和学习。专任的保教人员根据幼儿园工作的整体要求，承担和实施专门的幼儿园保教工作。

（四）从教育影响看，家庭教育提供的是松散的、片段式的教育影响，幼儿园教育提供的是系统、整合式的教育影响

家庭给幼儿提供的教育影响是松散的、片段式的，是根据家庭生活场景、具体生活事件，由家长随机引导和实施的影响。幼儿园从幼儿入园第一天开始，直到幼儿从幼儿园顺利毕业，都在对幼儿进行非常系统的、有计划的、持续的综合教育。

（五）从幼儿成长环境看，家庭教育给予幼儿单独的、相对自由的环境，幼儿园教育给予幼儿群体适应的集体环境

在幼儿成长过程中，不同环境的变化对幼儿健康发展有着重要的意义。如古代所提出的"近朱者赤，近墨者黑"、"蓬生麻中，不扶自直；白沙在涅，与之俱黑"等观点，都是对幼儿教育环境的形象比喻。家庭教育因为是幼儿从出生就一直接触的自然生长环境，家中的房间布置、物品器具、父母的教导与沟通等，都是给予幼儿单独的环境支持。在家庭这样一个比较自由的生长环境中，幼儿的成长也受到家长和家庭氛围的熏陶和内化。幼儿园教育是一个社会化的集体

生活学习环境,幼儿在这种环境下要学会锻炼独立生活的能力,学会怎样和其他同伴交往、怎样和别人分享、怎样约束自己的行为,适应集体活动等。

正是因为幼儿园与家庭教育的诸多不同,离开熟悉的环境造成了幼儿入园的诸多不适应,称之为分离焦虑。入园之初与家庭教育的衔接实质上就是应对入园焦虑,让幼儿高高兴兴上幼儿园。

二、 入园焦虑的表现及原因

（一）表现

幼儿入园年龄大多在 2—3 岁之间,他们刚上幼儿园就遇到了人生的几个第一次,如第一次长时间离开亲人,第一次在陌生的环境里没有亲人陪伴,第一次在短时间内接触较多的陌生人,第一次和众多的同伴在一起分享玩具等。因此,他们感到害怕,产生了焦虑情绪,并表现出各种行为。

（1）被家长吃力地抱进教室,然后大哭大叫,在地上打滚,随手扔东西,甚至会对教师"拳打脚踢"。

（2）家长离开后,会对老师反复说着"我要妈妈"、"我要回家"、"打电话叫妈妈来接我",唠叨时间持续较长。

（3）早晨入园时情绪反应不是很强烈,默默流泪,也不愿意参加游戏活动,但是到了吃饭和睡觉时间就哭,甚至看到别的家长来接孩子也会哭。

（4）不顾一切,独自一人往外跑,找家、找亲人。

另外,孩子的焦虑也会引起部分家长的焦虑,表现为看到哭闹的孩子,自己眼睛湿润了;把哭闹的孩子再带回家,暂时不上幼儿园;躲在活动室外偷偷看孩子;在幼儿园内徘徊,久久不愿离开;上班时心神不定,牵挂孩子。

（二）原因

1. 环境的变化

幼儿离开了熟悉的环境,来到陌生的环境中,很多方面都不适应,例如,不适应周围陌生的人群(老师和小朋友),不习惯幼儿园的生活用品,口味上不习惯幼儿园的饭菜,不适应有规律、有约束的集体生活等。

2. 家长的教养态度

由于父母工作忙碌,部分家庭对孩子是隔代养育,一些祖辈的溺爱,使孩子对家人产生过分的依恋,形成较强的分离焦虑情绪。也有些家长在孩子生活方面过分包办,导致孩子生活自理能力较弱,使孩子在幼儿园感觉失去了依赖,难以适应集体生活。还有部分家长不当的教养方式使孩子失去了与别的孩子交往的机会,导致孩子交往能力较弱,不能较快地融入到幼儿园这个集体中来。少数家长的焦虑情绪影响了孩子的入园情绪。另外,有的家长拿老师吓唬孩子,引发了孩子恐惧,产生焦虑情绪,如:"你不听话,老师要骂你的","再调皮就把你送到幼儿园去"。

3. 幼儿的个体差异

幼儿年龄越小,个体差异越大,相差几个月的幼儿在适应能力方面存在着较大差异。部分月龄小的幼儿,和稍大一点的幼儿玩不到一块,感到孤独;有些性格内向的幼儿,不愿意与老师和小朋友交流,不愿意参加集体活动,加重了他们的分离焦虑情绪。

4. 老师的措施

如果老师接待幼儿的态度不热情、语言不亲切、对幼儿情绪观察不仔细、缓解分离焦虑的措施不恰当、没有针对性地进行幼儿入园适应方面的引导等,都会使幼儿的焦虑情绪在短时间内难以消除。

图 11-2　创设温馨氛围

三、入园适应的策略

（一）环境创设

开学前,老师要为幼儿创设一个充满温馨的和具有安全感的像家一样的氛围,其中包括幼儿的生活照、全家福照片和喜欢的玩具等。

（二）亲子活动

幼儿正式入园前,分批开展亲子活动。教师按照平时的作息时间安排幼儿一日活动,让幼儿在家长的陪伴下和老师一起做各种有趣的活动。几天的亲子活动,既让家长了解了孩子在幼儿园的生活情况,又让孩子在家长的陪伴下开始逐渐适应幼儿园生活。

（三）老师的爱心

老师要用自己的爱心去关爱每个幼儿,用耐心去抚慰焦虑的幼儿,重视幼儿的情感关怀,给幼儿以安全感和信任感。

（四）家长工作

老师要重视做家长分离焦虑的缓解工作。家长和孩子之间的焦虑情绪是可以相互影响的,老师通过开学前后一系列的家长工作,可以消除家长不必要的担心,让家长以乐观的情绪去影响孩子。

总之,新入园的幼儿特别需要老师用爱心、耐心、细心和智慧,去帮助他们缓解分离焦虑情绪,使他们尽快适应幼儿园的集体生活,顺利迈出走向社会的第一步。

图 11-3　用爱心关爱每个幼儿

分离焦虑应对攻略

1. 允许幼儿适度哭闹和发一些小脾气，合理释放焦虑情绪。

2. 根据幼儿的情绪变化适时调整活动内容，转移他们的注意力。例如，在多数幼儿哭闹又哄不好的情况下，老师可以带他们做游戏，说一些他们感兴趣的话题，玩喜欢的玩具，使他们快乐起来，暂时不依恋家人。

3. 用乳名或"宝宝"来称呼幼儿，并抚摸或抱抱他们，给他们以亲切感。

4. 经常鼓励幼儿，增强他们的自信心。例如语言鼓励法："你今天上幼儿园没哭，真棒！"物质奖励法：给没哭的幼儿一张卡通贴画或一个喜欢的玩具；榜样激励法："今天××上幼儿园时一点都没哭，真棒！谁和他一样也没哭？"

5. 允许幼儿暂时带着自己的"依恋物"入园，但老师要帮助他们逐步减少对"依恋物"的依赖，直到完全摆脱"依恋物"。

6. 避免出现一些能引起部分幼儿分离焦虑的因素，例如，人（其他幼儿的家长或易被误认为家长的人）、语言（易引起幼儿想家、想亲人的话题）、物品（易让幼儿触物生情的玩具和用品）、场景（易让幼儿触景生情的地方）。

7. 可以适当满足幼儿的合理要求。例如，幼儿入园时哭闹着不让家长离开，并强烈要求家长陪一会儿，这时应该满足幼儿的这一要求，如果幼儿每天都要求家长陪，那么就要和家长沟通好，每天缩短陪的时间，直至不再陪。

8. 针对个别分离焦虑情绪严重的幼儿，老师要有耐心，并与家长沟通，寻找有效办法，共同帮助幼儿摆脱不良情绪。

第二节　幼儿园与早教机构教育的衔接

早教机构教育针对0—3岁婴儿，向家长提供科学的养育咨询与指导，对家长和婴儿共同开展相关教育活动。随着全社会对学前教育的重视，家长的教育观念也在不断更新，在正式机构接受婴儿教育的需求越来越大。

 共同讨论

1. 3岁以前的孩子有接受正式教育的必要吗？

2. 早教机构的婴儿教育实际上是对父母的教育，这句话有无道理？

3. 早教机构的婴儿教育与幼儿园教育有何不同？

4. 早教机构将会遍地开花，走向普及吗？

一、幼儿园与早教机构教育的比较

（一）幼儿园与早教机构教育的相同点

1. 服务于学前儿童

幼儿园教育与早教机构教育的根本出发点，都是为现代社会生活中的家长和婴幼儿提供科学的教育指导，服务于学前儿童的健康成长和发展。在幼儿园和早教机构中所提供的教育服务，都是面向社会的、面向所有婴幼儿的，任何家长和婴幼儿都有选择和接受的机会和权利。

2. 有较为专业的教师师资和课程体系

在幼儿园和早教机构中，教育教学人员是经过专业培训和考核，持有相应资质的专业人员，如幼儿园教师资格证、育婴师职业资格证等。同时，幼儿园和早教机构都拥有整套的课程体系，并利用自身的专业能力和资源，开发出不同的教育教学模式，方便家长和婴幼儿选择相应的课程。

3. 经教育主管部门批准的正规学前教育形式

幼儿园和早教机构，都是经当地教育主管部门严格审查批准的正规学前教育形式，无论是公立性质还是社会力量办学，都必须具备相应的办学资质，获得相关办学许可，接受教育主管部门的监督和指导。两者均属于教育事业，在办学中不以营利为主要目的，应兼顾教育机构的社会责任和义务。

（二）幼儿园与早教机构教育的不同点

1. 教育对象所处阶段不同

图 11-4　早教对象以 0—3 岁婴儿为主

虽然早教机构和幼儿园都属于学前教育的机构形式，都是对学龄前儿童实施教育，但两者的教育对象所处阶段是不同的。早教机构接收的教育对象以 0—3 岁婴幼儿为主，而幼儿园教育接收的教育对象以 3—6 岁幼儿为主。早教机构与幼儿园在教育对象的年龄阶段上也会有一定的重合。如幼儿园为了满足社会和家长需要，开设托班（或叫小小班），招收对象为 2—3 岁；早教机构也为保证课程体系的完整性，将早教课程延伸至 3—4 岁甚至更晚。

2. 教育工作形式不同

一般的，幼儿园教育工作的方式，是在一日活动中完成的，包括入园离园、生活活动、教育活动、游戏活动等方面。保教结合是幼儿园教师在教育工作中采取的主要方式，既要照顾幼儿的日常生活，又要关注其中的教育引导。

在早教机构中，家长自主选择活动课程的内容和时间段，组织相应的亲子互动活动，如各类亲子游戏和成长体验活动等。因为多数情况下有家长的密切配合,婴儿的日常生活照料活动一般不需要教师来特别关注。

3. 教育内容与方式不同

幼儿园的教育活动内容是严格参照《幼儿园教育指导纲要(试行)》等文件执行的,包括教育计划的制定、教育内容的选择、教学活动的组织等。幼儿园教育内容具有阶段性和连贯性,在教学方式上,采取班级集体活动为主、小组活动和个别活动为辅的方式。

早教机构的教育活动内容是按照特定的早教理论开发的针对家长和婴幼儿共同成长的亲子活动总和。其教育计划的制定、教育内容的选择、教学活动的组织,都要根据婴儿的个别需要进行个性化的设计。在教学方式上,采取一对一的个别指导方式,由专门指定的教师根据特色化的课程方案开展教育活动。

二、 幼儿园与早教机构教育融合的价值

(一) 促进幼儿园教师提升对学前教育的科学认知

幼儿园教师熟悉早教机构教育,能够更为清晰地了解婴幼儿的发展水平和发展需要。在活动中对家长的认识,如教育观念、教育方式、教育能力等有了更深入的了解,可以促进教师及时调整自身的教育理念与教育方法。与早教机构教育中的教师进行平等的交流和经验分享,能不断地提升幼儿园教师对学前教育的科学认知水平。

(二) 促进幼儿园教育向低龄化教育阶段有效延伸

早教机构主要面向0—3岁的婴儿开展教育工作,是一项非常专业和细致的工作,对幼儿园教育有一定的学习、借鉴价值。现在由于国家对学前教育的重视,国家关于学前教育政策的导向,影响了各地教育部门对学前教育的重新定位和对幼儿园办学模式的革新。如在幼儿园附设亲子园,一定程度上有效地促进了社区早期教育的发展,增强了幼儿园作为教育机构的社会服务功能。

(三) 促进婴幼儿身心的健康持续发展

幼儿园教育与早教机构教育同属于学前期教育。现阶段,随着国家经济发展、对学前教育的重视、社会和家长对婴幼儿发展的科学认识,都为0—6岁婴幼儿完整连续的学前教育提供了发展的可能性与必要性。而当前早期教育机构与幼儿园在教育形式、教育内容、教育观念等方面的融合,都体现出新的学前教育观和儿童成长观。因此,学前教育阶段从原来的两个截然分开的阶段,到融合的整体性发展阶段,从根本上保证了婴幼儿身心的健康持续发展。

三、 婴幼一体化教育

(一) 早教机构内的婴幼一体化

早教机构不仅为幼儿进入幼儿园接受教育提供预备期,同时也在一定程度上缓解了幼儿入

园的压力。早教机构内的婴幼一体化教育，不仅能够促进婴幼儿身心健康成长与发展，同时还对家长进行了科学的教育指导。但就目前情况看，很多的早教机构不具备相应的办学条件，还需要在教育部门的统一协调和管理下，规范办学，科学管理。

（二）幼儿园内的婴幼一体化

为顺应教育部"重视0—3岁早期教育"的要求，各地有条件的幼儿园纷纷涉足婴儿教育，除招收2—3岁幼儿的普通托班，还办起了招收0—3岁年龄段的亲子园或亲子班。这不仅满足了年轻家长的需求，同时也提升了自身的知名度，保持了学前教育的延续性。

第三节　幼儿园与小学教育的衔接

幼小衔接是指幼儿园和小学教育两个阶段的衔接。因为两个阶段教育模式的不同，在衔接上就要尽量符合幼儿身心发展特点和遵循教育阶段的发展规律。幼小衔接工作需要幼儿园与家庭、小学方面密切配合，顺利完成从幼儿园教育到小学教育阶段的过渡。

共同讨论

1. 有人说，幼儿园教育是为入小学做准备，怎样理解这种说法？
2. 幼儿园教育与小学教育存在哪些区别？
3. 幼儿园需要学习拼音、写字、英语等内容吗？

一、幼儿园与小学教育的差异

幼儿园与小学教育都是国家基础教育的组成部分。虽然说幼儿园和小学是相互衔接的两个教育阶段，但在教育性质、课程设置、教学方式等方面都存在着极大的不同。

（一）教育属性不同

有家长办理入园手续时需要缴纳一定的学费，心里感到不公平："小学生上学都不用交学费了，怎么幼儿园还要交学费呢？"为什么呢？因为幼儿园属于非义务教育，家长需缴纳一定费用。国家和教育部门提倡幼儿在学龄前入园，不具有强制性。而小学属于义务教育，义务教育具有强制性、普及性的特点。

（二）教育内容不同

幼儿园实施保教结合的教育。保教结合是指保育为主、教育为辅，保中有教、教中有保。幼儿园在对幼儿进行生活照料和全面保育的基础上开展相应的启蒙教育活动，主要关注幼儿身心健康和谐的发展、日常生活行为习惯养成、初步的社会适应和自我意识形成。

小学则是知识学习为主的教育。小学教育依据国家制定的统一培养目标和课程标准对学生进行有目的、有计划的德、智、体等全面发展的教育,关注学生的学习兴趣、学习能力、知识掌握和社会道德品质的发展。

（三）教育方式不同

游戏是幼儿园教育的基本形式,注重让幼儿在游戏中学习,在活动中体验。活动生动有趣,易于激发幼儿的积极参与,幼儿的学习任务多是动手操作之类,总体上较为轻松愉悦。

小学则以课堂教学为主,对学生进行系统的文化知识传授,以课堂讲授形式进行教学。学习是学生的主要任务,学生需要完成一定量的作业。

（四）作息制度不同

幼儿园的作息制度和日常生活常规没有严格的时间限制,幼儿可以根据自身身体需要,进行个别或集体的如厕、喝水、盥洗等生活活动。幼儿园一日活动中包括午睡、午餐等都是在幼儿园内完成的,需要教师的悉心照料。幼儿的入园和离园必须要有家长接送。

小学的作息制度相对较为统一和固定。学生遵照统一的时间安排进行相关活动,如上课、课间休息等。一般上课时间,学生未经许可,不得随意活动。小学日常教育活动分为上午和下午时间段,除低年级学生外,一般不需要教师看护和家长接送。

> ## 小资料
>
> ### 幼儿园和小学衔接存在的六个断层问题[①]
>
> 1. 关系人的断层。孩子入学后,必须离开"第二个母亲"——幼儿园教师,而去接受严格要求、学习期望高的小学教师,这使孩子感到压力和负担。
>
> 2. 学习方式的断层。小学中正规的科目学习方式与幼儿园的自由游戏、探索学习和发现学习方式有较大区别,孩子必须有适当的时间加以适应。
>
> 3. 行为规范的断层。通常在幼儿园被认为是理所当然的个人要求,在小学不再被重视,孩子入小学后,必须学会正确地认识自己,融入集体,他们以往的感性将渐渐被理性和规则所控制。
>
> 4. 社会结构的断层。孩子入小学后与幼儿园的友伴分离,重新建立新的人际关系,结交新朋友,寻找自己在团体中的位置并为班级所认同。
>
> 5. 期望水平的断层。家长和教师都会对上了学的孩子给予新的期望和压力,为了学业而减少了孩子游戏活动的时间等。
>
> 6. 学习环境的断层。幼儿期的自由、活泼、整合的学习环境转换成为分学科学习、有作业、受教师支配的学习环境。

---

① 朱慕菊."幼儿园与小学衔接的研究"研究报告[M].北京:中国少年儿童出版社,1995,10.

二、 幼儿园与小学教育衔接的基本要求

幼儿面临从幼儿园到小学学习方式、学习环境、学习内容等多方面的变化，需要幼儿园教师给予适当的指导。具体表现如下。

（一）作息时间的调整

为使大班幼儿能够尽早适应小学的教育教学活动安排，教师要对幼儿的作息时间进行渐进的、科学的调整。比如，幼儿园原先规定班级集体活动应控制在 30 分钟左右，而到了大班第二学期，教师要对每个集体活动时间适当延长到 35 分钟左右，缩短集体活动之间的生活活动（上厕所、喝水、洗手等）的时间，逐步接近小学的作息时间。

（二）学习习惯的养成与规范

幼儿良好的学习习惯需要长期引导，是在日常生活教育中养成的。良好的学习习惯，如掌握正确的坐姿、站姿、阅读书写姿势等，都是从幼儿入园就要开始规范的。在大班后期教师可以进行学习技能的专门训练和指导，如适当地进行阅读、握笔、书写等练习。同时，为强化幼儿的学习习惯与行为，还要进行一日常规的适应性训练，如引导幼儿在集体活动时间里逐渐保持注意的稳定和持久；集体活动时能专心听讲，积极举手发言；自觉遵守课堂学习纪律和完成简单的作业等。

（三）个人生活能力的培养

幼儿上小学后，个人独立生活能力的形成非常重要，因为幼儿园实施保教结合的教育，教师会专门承担保育工作，幼儿在园生活的各个方面都是在教师的组织监护下完成的。到了小学后，课间和课余时间都是自由支配的，生活需要自理，个人要独立完成上课学习之外的所有生活活动。幼儿学习掌握基本的生活自理能力，独立进行自我服务，学会整理个人学习用品等，显得非常现实和重要。教师要组织幼儿进行练习，养成良好的独立生活意识和行为，才能适应小学的生活和学习。

图 11-5　我要上小学啦

（四）心理适应能力的锻炼

教师通过向幼儿讲述有关小学和小学生学习生活的情况，帮助幼儿了解小学生可能遇到的困难，知道一名合格的小学生的基本要求，进一步激发幼儿对小学生活的向往和对未来学习的热情，做好健康的心理准备。比如，教师在大班下学期专门组织"我要上小学"等一系列主题活动，帮助幼儿了解小学学习生活：小学一年级学习的具体内容和形式是什么样的；和幼儿园教师相比会要求小学生做哪些事情；幼儿园小朋友在上小学后会不会还是同班同学，等等。通过各种活动的组织与开展，帮助幼儿建立进入小学的信心，加强心理适应能力的锻炼，促进幼儿对未来学习新环境的适应。

三、幼儿园与小学教育衔接应注意的问题

（一）衔接工作应贯穿整个幼儿期

幼儿入学准备应当是在整个学前期循序进行的，因此，为幼儿入学打好基础应作为幼儿园的一项基本任务。幼儿入小学所需要的生理、心理条件，都需要经过长期系统的培养，而且要早抓、抓好。如学习兴趣、求知欲望、独立生活和良好的学习习惯，都必须从小班开始培养才行。良好行为习惯、自信心、独立性，在幼小时培养是容易形成的，能收到事半功倍的效果。促进儿童身体的生长发育，增强体质，更是整个学前期的主要任务。因此，幼儿园教师要根据幼儿在园学习生活三年的情况有计划地进行入学准备教育。

（二）幼儿园、小学、家庭通力协作

《幼儿园教育指导纲要（试行）》明确指出："幼儿园应与家庭、社区密切合作，与小学相互衔接，综合利用各种教育资源，共同为幼儿的发展创造良好的条件。"建立幼儿园与小学之间的联系，共同搞好衔接工作，一是加强幼儿园与小学的联系，了解小学教改情况，熟悉小学教学特点，开展衔接研究工作，了解以往幼儿入学后的表现，共同探索改进幼儿园工作的重点和措施。二是安排具体的互动活动，如带领幼儿参观小学，引导幼儿认识小学的环境，观摩一年级小学生的上课活动，举办幼儿园与小学生的谈话和联欢活动等，激发起幼儿对小学学习生活的向往，从思想上、情感上做好入学准备。三是做好家长指导工作，如指导家长为幼儿购买书包、铅笔等入学时必需的文具用品，毕业典礼上建议家长利用假期时间到小学实地参观等。这样，使幼儿园、小学和家庭形成合力，共同帮助幼儿尽快适应新的学习环境。

图 11-6　幼儿园组织大班幼儿参观小学

（三）避免"小学化倾向"

幼儿园可以通过改变幼儿的作息制度以适应小学作息制度的变化,可以将活动室布置成具有小学班级的特征,如设立黑板、桌椅成排摆放、减少游戏角等,都能够帮助幼儿做好入学前的环境准备。但这样做的目的,主要是为了提高幼儿的入学适应性,而不是提前在这种环境下教给小学的知识。应该看到的是,有些幼儿园的幼小衔接工作往往会出现偏差,注重识字、做算术的准备,忽视学习兴趣与习惯、社会交往能力、独立自理等能力的培养。我们的教师要对幼小衔接工作有清醒的认识,把幼小衔接工作的重点放在培养幼儿的入学适应性上,针对幼儿的特点和实际需要,培养幼儿适应新环境的各种能力,帮助幼儿顺利完成幼小衔接,避免出现"小学化倾向"。

小资料

幼儿园"小学化倾向"的表现和危害①

一、表现

内容照搬小学:开始学习拼音、写字、英语、算术甚至 100 以内的加减运算。

布置家庭作业:组织考试和竞赛。

课堂教学为主:使用小学语文、数学等教辅材料。

教育评价单一:停留在会写多少字、计算多少算式题上。

组织毕业考试:颁发毕业成绩单等。

二、危害

孩子未上学就已厌学。

扼杀了幼儿天性,剥夺了幼儿的成长快乐。

不利于幼儿身心和谐、全面发展。

错过了幼儿成长的"关键期"。

不利于幼儿良好行为习惯的养成。

拔苗助长,给幼儿入小学后造成压力和负面影响。

① 潘华.学前教育学[M].合肥:安徽教育出版社,2012,7.有改动.

单元回顾

　　幼儿园与家庭教育存在着差异,家庭教育具有个别性、零散性、随机性、亲情性等特征,幼儿园教育具有群体性、系统性、计划性、专业性等特征;由于这些差异,加之环境的变化、幼儿的个体差异、家长的教养态度、老师的措施等因素,幼儿入园之初表现出各种分离焦虑,教师可从环境创设、关爱幼儿、亲子活动、家长工作等方面采取应对措施。

　　幼儿园与早教机构既有专业教育机构的共性特征,又有服务对象、教育内容和形式的差异,两者的教育可相互融合,实现婴幼一体化教育。

　　幼儿园与小学教育在教育属性、教育内容、教育方式、作息制度等方面存在着差异;幼儿园与小学教育衔接体现在作息时间的调整、学习习惯的养成与规范、心理适应能力的锻炼、个人生活能力的培养等各方面;幼儿园与小学教育衔接还应贯穿于整个幼儿期,幼儿园、小学、家庭要通力协作,更要避免"小学化"倾向。

单元讨论

入学准备与小学化

入学准备	小学化
内容上全方位的准备	内容上局限于知识
时间上贯穿于整个幼儿园阶段	时间上局限于临近小学,将小学内容提前
基本素质构成的一般性准备	某些方面的强化训练

　　入学准备与小学化究竟有何本质区别? 如何做好入学准备工作,又如何避免小学化倾向?

单元任务

　　1. 对照目标指引,检测自己对本单元目标的实现情况,并及时回顾与巩固。

　　2. 利用学校安排或自己创造机会,了解早教机构及小学的基本情况,并与幼儿园教育相比较。

　　3. 利用下园或自己创造机会,了解新入园幼儿分离焦虑的表现及应对策略。

推荐资源

1. 纸质资源：

（1）中国福利会保育研究室.爱上幼儿园——新生入园入托适应指南[M].上海：中国福利会出版社,2009,3.

（2）董旭花,李芳.幼小衔接——帮孩子轻松上小学[M].北京：中国轻工业出版社,2012,2.

2. 视频资源：

18 集纪录片《成长的秘密》。

1. 观看视频资源《成长的秘密》或《小人国》,结合教材内容,撰写不少于 500 字的观后感,突出自己观影后对幼儿成长的发现和体会。此处可记录要点或提纲:

_____

_____

_____

_____

_____

_____

_____

_____

_____

_____

_____

_____

_____

_____

_____

_____

_____

_____

_____

_____

_____

_____

_____

_____

_____

_____

2. 结合本单元内容并查阅资料,对幼儿入园、入学适应做系统梳理,以表格方式呈现,包含前后两个机构的差异,幼儿适应问题表现,原因分析,应对策略等。

_____

_____

_____

_____

_____

_____

_____

_____

_____

_____

_____

_____

_____

_____

_____

_____

_____

_____

_____

_____

_____

_____

_____

_____

_____

_____